北京大学震旦古代文明研究中心学术丛书之三十九

价值与权力

中国大遗址展示的观察与反思

王思渝 著

上海古籍出版社

图书在版编目（CIP）数据

价值与权力：中国大遗址展示的观察与反思／王思
渝著. —上海：上海古籍出版社，2019.12
（北京大学震旦古代文明研究中心学术丛书）
ISBN 978－7－5325－9432－0

Ⅰ.①价…　Ⅱ.①王…　Ⅲ.①文化遗址—文物保护—
研究—中国　Ⅳ.①K878.04

中国版本图书馆 CIP 数据核字（2019）第 272815 号

北京大学震旦古代文明研究中心学术丛书

价值与权力：中国大遗址展示的观察与反思

王思渝　著

上海古籍出版社出版发行

（上海瑞金二路 272 号　邮政编码 200020）

（1）网址：www.guji.com.cn

（2）E-mail：guji1@guji.com.cn

（3）易文网网址：www.ewen.co

上海展强印刷有限公司印刷

开本 787×1092　1/16　印张 12　字数 256,000

2019 年 12 月第 1 版　2019 年 12 月第 1 次印刷

ISBN 978－7－5325－9432－0

K·2744　定价：65.00 元

如有质量问题，请与承印公司联系

电话：021-66366565

Aurora Centre for the Study of Ancient Civilizations, Peking University

Publication Series , No.39

Value and Power:
Reflections on the Presentation of the Great Sites

Wang Siyu

Shanghai Chinese Classics Publishing House

序

杭 侃

《价值与权力：中国大遗址展示的观察与反思》一书基于王思渝的博士论文修改而成。

这篇论文一直是我所期待的，期待的原因是因为这篇论文所讨论的问题，在我看来是中国考古学的最核心问题之一。2005 年出台的《大遗址保护专项经费管理办法》中，将大遗址界定为"包括中国古代历史各个发展阶段涉及政治、宗教、军事、科技、工业、农业、建筑、交通、水利等方面历史文化信息，具有规模宏大、价值重大、影响深远特点的大型聚落、城址、宫室、陵寝墓葬等遗址、遗址群及文化景观"。这样的大遗址数量约有 500 个，它们是"中国考古学的重中之重"。这些大遗址给我们提供了多样化的学术命题。在这些命题当中，大遗址的展示与当代社会的发展密切相关。

具体来说，一个遗址的发掘，过去常被认为就是考古专业人员自己的事情。现在出于公众考古的需求，一些工地会在发掘期间选择性地组织公众参观。即便如此，考古专业人员与社会的接触也还是有限的。但是，当我们讨论一个大遗址的保护规划的时候，就会发现情况要复杂得多，似乎谁都可以置喙。而当这个规划进入实施环节之后，涉及的利益相关方就更多。

我一直不认为考古学是纯书斋里的学问。不论中外，考古学的产生都与当时的社会背景密切相关，它的发展也离不开现实的土壤。我们时常可以听到关于考古纯洁性的讨论，甚至有人觉得考古学就是象牙塔里的学问。但是，果真如此吗？试想如果我们连大遗址都保不住，又何谈将来考古学的发展呢？举例来说，殷墟的学术价值毋庸多言，成为世界遗产之后进行了规划、保护和展示等一系列工作。实际效果如何呢？据李晓莉、申红田在《商业时代下的殷墟遗址保护区发展研究》公布的数据，殷墟小屯村集体收入申遗前为 60 万元，申遗后为 2 万元；花园庄村集体收入申遗前为 200 万元，申遗后为 5 万元，"申遗十多年来，社会民生发展水平急剧下降。内部矛盾不断激化，引发系列社会问题，甚至出现村支书带头盗掘的恶劣现象"（见《从考古遗址公园 1.0 到 2.0 的创新实践——殷墟国家考古遗址公园规划》，清华同衡规划播报，2019 年 4 月 30 日）。

在大遗址的相关问题中，展示是一个核心的问题。既然遗址有巨大的价值，那么，怎么样才能让公众理解其价值所在？展示是最直接的方式。问题是这个展示是"谁的展示"？不同的利益相关方对于展示的诉求并不相同。所以，王思渝选择大遗址的展示作为研究的中心，进而发问：这些我们日渐熟悉了的"文化遗产"，它们是生来便理应被理解为一种保护或展示对象吗？抑或，"文化遗产"也更类似于一种身份，是由隐藏在其背后的主体所赋予的呢？

王思渝想探讨的问题让我想起了英国学者 Rodney Harrison 的论述："把遗产放到一个特定的历史情境下，作为一种社会、政治与经济现象考察，我希望不仅能探讨自 20 世纪 70 年代实施《世界遗产公约》以来遗产与我们之间发生了什么样的大变化，同时也表明，遗产最重要的不是关乎过去，而是我们与现在、未来的关系。"

Rodney 认为，"当我们在考虑当代地理政治问题时，遗产问题就变得十分紧要。遗产不能仅仅理解为对存留至今的古物进行被动地保护，它还是一种将物、场所与实践主动聚集起来的过程，其中，我们的选择犹如一面镜子，映照着我们在当代所持并希冀能带进未来的某种价值体系"。也就是说遗产是客观存在的，但是，对遗产价值的认知是我们主体做出的。比如对于"红色文物"的认知，其实代表着我们的一种价值选择。而对于价值的展示和利用，又因为各个主体的认识不同而会采取不同的行动，大遗址的展示实际是不同的利益相关方在一定时期"共谋"的结果，"共谋"的过程是不同的主体对于价值认知和利用进行博弈的过程。所以，王思渝将"价值"与"权力"作为讨论大遗址展示问题的切入点。在他的研究中，"价值"指代的是不同主体所具备的价值倾向或价值动机，它代表了主体们想要做什么；"权力"指代的是主体所处的权力位置或权力关系，它代表了在一种彼此约束的背景下主体们能够做什么。作者希望通过"想要做什么"和"能够做什么"来共同建构起主体们在大遗址展示问题上最为核心的行为逻辑。对于文化遗产的问题，中国的学术界更多的在讨论术，而不是道，讨论"怎么做"，却甚少回应"是什么"和"为什么"；学术界也少以一种学术化的语言来对这些问题建构出一套话语框架。这种现象不仅意味着诸多对现实社会饶有启发的话题被粗糙地掩盖了，也意味着学术本身的发展缺乏了"踩在前人的肩膀上"的传统，这些问题的讨论如果没有学理层面的根基，很容易陷入"各执一词"的浮泛当中。另外，"本书的写作时间正好是业界希望在此问题上能重新寻找到新方向的时期，传统在大遗址问题上所惯有的大规模投入、移民搬迁、话语垄断等做法开始受到新思想、新行动的挑战，是否能够找到新的合作方式、发展出新的运营方向，业界需要在总结经验的道路上继续前行，因此，这也是本书的一份希望"。

从上述问题的讨论当中，不难看出作者企图建立起对于大遗址展示问题的宏观认识的雄心，为此，作者参阅了国内外相关学科领域的大量文献资料，也实地考察了许多遗址展示现场。在此基础上，论文重点讨论了各级政府、考古学家和在地社区在大遗址展示方面所起的作用和存在的问题。阅读全文，时常可以感受到一个年轻学子的学术敏锐和事业心与责任感。我们经常感叹现在的学术生态。1998 年我毕业的时候，有一天在未名湖畔陪宿白先生散步，说起当时学术界的一些乱象，宿先生说"大浪淘沙"。现在学术界确实存在许多泥沙俱下的情况,但是,披沙拣金,我们也看到有许多年轻的学子在学术的道路上孜孜以求,这是我们未来的希望所在。

此书并不易读。我想可能是三方面的原因:一者就如同作者所言,针对大遗址需要有一套学术的话语框架;二者作者所讨论的问题涉及考古学、文化遗产、哲学、社会学、人类学等不同的学科领域;三者作者的语言表述还需要再锤炼。记得在答辩的时候徐天进老师说作者的有些句子太长,理解起来费劲,读起来是一种"折磨"。我笑言"王思渝同学才折磨您几天,他已经折磨我好几年了"。

此书还有一个明显的问题是大遗址涉及的利益相关方中,规划设计人员和企业也应该是很重要、需要加以研究的对象,作者在文中仅有所涉及而已。我也理解是由于时间等方面的因素,文中讨论还不充分,使其结构不够完整。不过,也正是因为有这些不足,作者的未来还有很大的发展空间。

目 录

导言　作为一种现象的
大遗址展示

近年来,"文化遗产"已经日益成为一个"风靡"的概念。对于普罗百姓而言,这个概念似乎不再是曾经的少数精英阶层或学术群体故作高深的游戏。故宫、长城,再到某某胡同、老街,都成了大众身边常见的文化遗产。无论是归因于更具上层思维的国族身份的建构,还是追溯到更具大众意识的怀旧情绪的泛滥,总言之,我们对于那些被称为"文化遗产"的事、物、场所乃至精神都显得愈发熟悉了。

那么,我们是否考虑过这样一个问题:这些我们日渐熟悉了的"文化遗产",它们是"生来"便理应被理解为一种保护或展示的对象吗? 抑或,"文化遗产"更类似于一种身份,是由隐藏在其背后的主体所赋予的呢?

关于这个问题,我们可以做更多的关于文化遗产史、保护史、历史观、保护观的研究,对其进行更深的"知识考古"。但是,本书的精力远不能全面覆盖这些内容,暂且只能"妄自"选择上文两个疑问中的后者作为展开余下讨论的基石。如果,"文化遗产"可以被理解为一种身份,那么关于文化遗产的保护或展示行为,其实更接近于一种主体行为之下的现象。进而,"文化遗产研究"的对象便不应该只包含遗产对象,而忽略了其背后的主体。

对于我个人而言,我认为有必要对主体的研究予以更多的重视。这虽然看似是在进一步挑战"文化遗产研究"的学科边界;但实际上,在我看来只有这种挑战才能让"文化遗产研究"与更广泛的学术群体产生共鸣,同时也能让我们更清晰地理解"文化遗产"这样一种身处当代社会中、与各方群体发生着千丝万缕联系的存在。

以上便是我展开全书研究最为基本的学术动机。

在此动机的基础上,我不希望仅是"泛泛而谈"。我需要在广博的文化遗产领域内选择一类特定的遗产对象,进而选择与该对象相关的一类特定方面作为切入点。因此,大遗址展示的问题被纳入了我观察与反思的范围。

所谓"大遗址",首先有必要对其做一个说明。本书所说的是基于不同理据而被称为"大遗址"的遗址本身,抑或是作为一种政策被提出进而变成一种浪潮被推广应用的这一现象? 我想,本书所指主要集中在后者。

尤其是在 2000 年以后,作为我国文化遗产和博物馆领域最高官方代表的国家文物局开始将"大遗址"这一概念作为政策来推行,对原本的考古遗址中"价值大"、"范围广"以及"影响深远"的部分考古遗址予以单独地关照,同时把展示作为其中的一个重要工作内容来强调；此后，我国各地地方政府开始积极响应这项政策，并发展出各地不同的行动与实践；这场行动与实践影响深远，包括且不仅限于考古学家在内的学术群体、规模庞大的在地社区都被不同程度地"卷入"其影响之中。本书想要解决的问题，简言之，无外乎去关心在此背景下的各方主体，他们围绕着"大遗址展示"都做了些什么，以及他们为什么要这样做。

描述和解释特定主体的行动和背后的原因，一直是整个人文和社会学科长久以来研究的兴趣点，也由此产生了大量的学术成果和解释框架。具体到遗址展示这个"小话题"而言，即便不靠过分"僵硬"的学术推理和论证，我们目前所积累起来的知识经验可以为我们提供的答案已有很多：例如技术，毕竟只有当展示技术发展到一定程度之后，特定的展示设计才能实现其可行性；例如社会关系网络，当这个社会愈发成为一个信息爆炸的社会之时，选择什么样的设计、什么样的合作方式更加依赖于以社会关系网络为基础的信息传递和"人情"；再例如偶然，在展示设计的各个环节，因为上游合作方的一个偶然失误导致下游主体不得不根据现实需求修正自己接下来的行动，这在展示设计领域已是常事。

在这些"众说纷纭"的答案提供者当中，以"批判"为名的研究者们也是其中一支。在我看来，这些以"批判"为名的研究者们的讨论共同持有两个立论的根基，其一在于"价值"，其二在于"权力"。因此，为了与这些研究者们所作的贡献相呼应，并为展开本书、解决我们自身所关心的问题找到更具启发性的视角，本书也选择了这两个关键词作为全书的脉络。关于这两个关键词的含义和学术意义，书中将专门予以说明。在这里，我可以简单地把它们解释为："价值"指代的是不同主体所具备的价值倾向或价值动机，它代表了主体们想要做什么；"权力"指代的是主体所处的权力位置或权力关系，它代表了在一种彼此约束的背景下主体们能够做什么。总体来说，我希望通过"想要做什么"和"能够做什么"来共同建构起主体们在大遗址展示问题上最为核心的行为逻辑。

这种做法的意义应该放到更长远的学术研究史当中。就"文化遗产研究"既有的研究传统来说，当前的学术界更惯于对"怎么做"问题保持较高的兴趣，却甚少回应"是什么"和"为什么"，尤其是对于官方政策以外的主体问题，总被认为存在着大量的"不可言说"，从而学术界也少以一种学术化的语言来为此建构出一套话语框架。这对于学术本身的发展而言无疑是一种缺憾。它不仅意味着诸多对现实社会饶有启发的话题被粗糙地掩盖了，也意味着学术本身的发展缺乏了"踩在前人的肩膀上"的传统，而容易陷入"各执一词"的泡沫当中。

同时，从更广阔的中国社会来说，正如我在前文所描述的，大遗址展示将不同层面的官方与非官方、强势与弱势、保守与激进等多方力量均"卷入"其中。通过对大遗址的讨论，本书也为观察和反思至少在文化遗产视野下的当下我国的政治、经济和社会生态提供了一个重要窗口。

另一方面，从大遗址展示的实践来说，本书的写作时间正好是业界希望在此问题上能重新寻找到新方向的时期,传统在大遗址问题上所惯有的大规模投入、移民搬迁、话语垄断等做法开始受到新思想、新行动的挑战,是否能够找到新的合作方式、发展出新的运营方向,业界需要在总结经验的道路上继续前行,因此,这也是本书的一份希望。

至此,我希望已基本解释清楚了本书所选择研究的话题是什么,以及为什么会如此选择。

此外,作为本书的导言,我还希望在此对与本书相关的两个基本问题作出交代。第一,以政策框架为纲,我对大遗址展示的基本发展脉络作出了梳理,它将有益于后续各章的讨论,也可以帮助第一次听闻"大遗址"这一概念的读者最快地理解其言内之意。第二,我也在此对全书的章节安排和基本的研究方法加以说明。

0.1　大遗址展示问题的政策框架

"大遗址"这一概念提法相对晚近,但是其所指的遗址对象自新中国成立之后历来为国家层面所重视。

在新中国成立之后的文物事业发展初期,尤其是 2000 年以前,国家层面对考古类遗址的政策引导仍以如何科学有效地发掘和保护为主,对于展示问题的直接考虑相对较少。但是,仍有大量的规定、原则及其形成的制度惯性对后期的展示问题产生了不可忽视的影响。

首先,这涉及由谁来保护和管理遗址及出土文物。从 1950 年的《古文化遗址及古墓葬之调查发掘暂行办法》开始,我国已将博物馆作为出土文物转交的最佳去向,考古学家可以留有少量研究资料,地方政府在其中担当起协调管理的作用。1951 年的《地方文物名胜古迹的保护管理办法》提出在各地方设立"文物管理委员会",将其正式作为最基层的遗址管理和文物保护的单位。1961 年的《文物保护管理暂行条例》中设立出县(市)、省(自治区、直辖市)、全国重点文物保护单位的级别制度。至此,基本上所谓的文化遗产"在地管理"的政策格局已经形成,由此对应的包括国家文物局、地方政府、考古学家和基层文物管理机构在内的各大主体对遗址的保护和展示问题能形成的话语权也已基本确立。1982 年《文物保护法》的颁布从更高的法律层级对此问题予以解释和确定。

其次,在遗址保护和管理的制度建设中,部分理念原则已确立,这些原则在后来的展示工作中也持续扮演着重要的角色。

例如,1950 年的《古文化遗址及古墓葬之调查发掘暂行办法》已有规定"进行发掘工作时,不得损坏古代建筑、雕刻、雕像、碑文及其他附属地面上之古物遗迹,或减少其价值"(第八条)。

再如,1961 年的《文物保护管理暂行条例》已经规定"在进行修缮、保养的时候,必须严格遵守恢复原状或者保存现状的原则"(第十一条),1982 年的《文物保护法》要求"必须遵守不改变文物原状的原则"(第十四条),1986 年的《纪念建筑、古建筑、石窟寺等修缮工程管理办法》对"不改变原状"原则作出定义，即"始建或历代重修、重建的原状"①（第三条），这一系列的规定奠定了我国文化遗产理念中对于"真实性"问题的看法，也形成了在展示当中类似重建行为会引发争议的根源之一。

再如，1962 年的《文物保护单位保护管理暂行办法》中提到"有些文物保护单位，需要保护周边环境的原状，或为欣赏参观保留条件，在安全保护区外的一定范围内，其他建设工程的规划设计应注意与保护单位的环境气氛相协调"（第四条），1986 年的《纪念建筑、古建筑、石窟寺等修缮工程管理办法》中对于"保护性建筑物与构筑物工程"也明确规定"须与文物及环境风貌相协调，不可喧宾夺主。对于文物本身和其周围的历史残迹，必须严格保护，不可因附加安全措施而遭受损坏"（第四条），这些都与后来的展示问题中所出现的环境问题、类似重建行为引发的争议等密切相关。

在展示相关的原则这一问题上，最能体现 2000 年以前成果的当属 2000 年通过的《中国文物古迹保护准则》。在理念原则上，它继续总结了上文已经提到的环境、不改变文物原状等问题；在操作上，它开始强调了保护规划与展示之间的关系。它提出，"制订保护规划必须根据评估的结论，首先要确定主要的保护目标和恰当的保护措施。一般规划应包括保护措施、利用功能、展陈方案和管理手段四方面内容，特殊的对象可制订分区、分类等专项规划"（第十三条）以及"列入规划的展陈和教育计划，也应当进行专项设计"（第十四条）。而在《关于〈中国文物古迹保护准则〉若干重要问题的阐释》中还回应了同样在本书后文会反复讨论的经济价值在展示当中所扮演的角色等争议，提出"通过合理的利用充分保护和展示文物古迹的价值，是保护工作的重要组成部分……文物古迹除只供科学研究和出于保护要求不宜开放的以外，原则上都应当是开放的和公益型的。其利用的功能和开放的程度，要以文物古迹不受损伤，公众安全不受危害为前提；发挥文物古迹的社会效益，首先要通过有效的保护手段，真实地展示其自身的历史形象；同时可以恰当地使用多种艺术与技术手段，准确地向公众解释其价值"。

除了上述这些制度和原则上的铺垫以外，2000 年以前的遗址展示实践也在中央和地方各级政府的支持下业已展开。1962 年国务院批转文化部的《关于第一批全国重点文物保护单位保管和破坏情况及今后意见的情况》中提到："在第一批公布的一百八十处全国重点文物保护单位中，有一百二十三处有专门机构或有人负责保护管理。其中设有专门的保管或研究所的，有四十八处；建立为博物馆和纪念馆的，有十八处；由其他机关使用管理及委托有关方面代管的，有五十七处。"1962 年的《文物保护单位保护管理暂行办法》中提到"广泛地运用各种方式，对文物保护单位进行经常的宣传与介绍工作"（第三条），以及"文物保护单位设置的专门机构，在保护管理方面应进行下列工作……（四）引导参观，

---

①　该法条中进一步规定："修缮时应按照建筑物的法式特征、材料质地、风格手法及文献或碑刻、题铭的记载，鉴别现存建筑物的年代和始建或重修、重建时的历史遗构，拟定按照现存法式特征、构造特点进行修缮或采取保护性措施；或按照现存的历代遗存、复原到一定历史时期的法式特征、风格手法、构造特点和材料质地等。"由此可见，"不改变原状"原则最初是面向建筑遗产的修缮工作，但是或受到《文物保护法》当中规定的影响，其可以广泛地被理解为整个文化遗产领域在涉及再加工工作时所应普遍遵循的一个基础原则。

向群众进行文物保护和文物知识的宣传工作"(第七条)。可见,当时国家层面所认为的展示工作是与知识宣传教育这一目的紧密结合的。1987年《国务院关于进一步加强文物工作的通知》中也提出"遍布全国各地的丰富多彩的文物古迹,是吸引来访外宾和国内外广大旅游者参观的重要内容,是我国旅游事业发展的重要条件……要相互协商,共同制定规划"。

事实上,当时我国以遗址博物馆的形式在实践中所积累起来的案例已有不少,遗址公园也零星可见。例如,1953年在周口店建立中国猿人陈列馆;1958年的半坡遗址博物馆通常被视为我国第一座史前遗址博物馆;1959年成立的定陵博物馆、1979年开放的秦始皇兵马俑1号坑展览大厅,均是最早得到中央高度重视而得以建立的遗址展示的典范;1978年广西甑皮岩洞穴陈列馆、1983年大葆台西汉墓博物馆、1984年湖北古矿冶遗址博物馆、1986年新乐遗址博物馆、1987年殷墟博物苑、1992年三星堆遗址博物馆、1993年南越王墓博物馆等一大批由当时最为重要的考古发现转变而来的博物馆纷纷落成,它们对遗址本体的关注程度各有不同,但总体上均代表了从20世纪70年代末期以来到八九十年代遗址展示形态在地方的逐步推广。

到了2000年以后,随着大遗址问题的推进,我国的遗址展示问题也随即进入了一个崭新的阶段。

之所以要以2000年作为一个重要的时间节点,除了与大遗址展示相关的诸多政治经济环境确实在此阶段发生了转变之外,更为直接的因素是1999年国家文物局向国家发展计划委员会提交了《大遗址保护展示体系建设规划基本思路》。作为一份首次正式在标题中直接以大遗址为题的专门性文件,它在前言中除了强调保护之外,也提出"国家应制订具有长期指导作用的大遗址保护展示体系建设规划,并纳入国民经济和社会发展计划",从而掀开了新时期的大遗址保护与展示问题的序幕(孟宪民等,2012)。

在这之后,大遗址的问题正式形成一种热度还是应当从2005年国家文物局联合财政部共同出台《大遗址保护专项经费管理办法》开始算起。这套管理办法一来是对所谓"大遗址"作出了基本的定义;二来也意味着一种具备合法身份的官方支持已经正式就位。同时,该办法也就展示问题予以了充分的重视。例如,该办法中将原则定为"中央主导,地方配合,统筹规划,确保重点,集中投入,规划先行,侧重本体,展示优先"(第三条);在具体的支出内容中设立"保护性设施工程支出",将其定义为"指对大遗址本体保护、展示为目的的工程建设、设施建设支出,包括……展示设施工程等"(第九条);再如"国家文物局会同财政部对立项申请进行评估。评估标准为:……(四)实施保护措施后具有良好的保护和展示效果"(第十六条)。

其次,国家文物局在2006年12月份下达《"十一五"期间大遗址保护总体规划》,并在此后10年间相继下达《大遗址保护"十二五"专项规划》(2013年)、《大遗址保护"十三五"专项规划》(2016年),形成以五年规划的形式来引领实践发展的传统。关于这三部规划的阶段性特征和历时性变化,我将在第四章进一步展开。单就对展示问题的重视与否这一议题来说，从《"十一五"期间大遗址保护总体规划》开始便已继承了《大遗址保护专项经费管理办法》中的"侧重本体、优先展示"原则，并试图"到 2010 年，初步建立比较完备的大遗址保护管理体系……探讨大遗址保护展示的科学途径，建设大遗址保护展示示范园区（遗址公园）和遗址博物馆"，具体要求编制 100 处大遗址总体保护规划纲要，并对已列入项目库的 100 处大遗址实行统筹规划、分步实施，并"建成 10～15 个高质量、高标准的大遗址保护展示示范园区（遗址公园）和一批遗址博物馆"。至此，上述提法都反映了国家层面在 2000 年以后对于遗址展示问题的核心蓝图和热情。到了 2013 年和 2016 年的规划时，虽然政策制定者视实际情况在保护、展示和基础研究问题的分配上略有调整，但其基本格局仍不逃脱"十一五"规划时所奠定的框架。

再者，与大遗址展示问题直接相关的另一股"热潮"，便是这一时期中央和地方对考古遗址公园的推动和规范。考古遗址公园与大遗址之间的关系从上文所述的《"十一五"期间大遗址保护总体规划》中便可得见。这份文件将"考古遗址公园"视作"大遗址保护展示示范园区"。2009 年国家文物局发行《国家考古遗址公园管理办法（试行）》，将国家考古遗址公园定义为"以重要考古遗址及其背景环境为主体，具有科研、教育、游憩等功能，在考古遗址保护和展示方面具有全国性示范意义的特定公共空间"（第二条）。并在其所附《国家考古遗址公园评定细则》中将"遗址的展示与阐释"单列一项，具体包括"展示规划实施"、"展示设施建设"、"遗址现场展示"、"公众参与"和"延伸展示"五个子项。若以博物馆展示的框架来看待这五个子项，其中已包含与整体规划协调、博物馆建筑设计、陈列内容设计、形式设计、教育服务等全部内容，并且强调了遗址的特殊定位、环境的整体展示和面向公众的公共性质等方面。2012 年相继出台的《国家考古遗址公园规划编制要求（试行）》也大致继承了这一思路，并将"阐释与展示体系规划"纳入了总体设计内容当中，其具体包括"策划"和"结构"两方面，确定展示的对象、内容、手段、分区、点线结构等方面。并在遗址公园的总体布局当中，单独划分出"遗址展示区"，将其"仅限于空间位置、形制和内涵基本明确的遗迹分布区域"。对于展陈设施，将其分为"现场保护展示设施、遗址博物馆或陈列馆、考古工作站等"，在风格上已提出风格简洁、环境协调、配合保护、因地制宜、控制体量等要求。在这一系列政策之下，国家文物局在 2010 年、2013 年、2017 年分别公布了三批"国家考古遗址公园"的名单和立项名单，以期起到示范作用。2017 年 10 月出台《国家考古遗址公园创建及运行管理指南（试行）》，旨在对怎样建设和后续运营考古遗址公园作出指导，包含对遗址公园的新建热潮予以质量上的导向和关注可持续发展问题的倾向。

同时，考古工作作为展示工作的重要前提和约束条件，在大遗址这一进程下，也有了新的规范和要求。最为集中的体现便是 2013 年的《关于加强大遗址考古工作的指导意见》及其所附的《大遗址考古工作要求》。在这份要求中，正式将考古作为展示的"科学依据和基础"，确认了"考古先行"、"贯穿始终"、"统筹考虑"、"考古监理"等长期被认为会与展示工作存在潜在冲突的问题，并强调"考古研究和成果转化"以服务于展示。

2015 年,国家文物局发布《大遗址保护规划规范》,在这项规范当中就考古、研究、保护和展示的系列问题作出了细致的梳理,可视作是对上述政策文件的一次总结。

除了上述政策文件之外,在这一时期,受到官方推动或者支持的一系列大遗址保护和展示相关的论坛相继开展,如,2005 年"洛阳大遗址保护研讨会"、2005 年无锡"全国大遗址保护现场会"、2008 年西安"大遗址保护高峰论坛"、2009 年杭州"大遗址保护良渚论坛"、2009 年洛阳"大遗址保护洛阳高峰论坛"、2011 年荆州"大遗址保护荆州高峰论坛"。在"展示"这一议题上,这一批会议的成果以《关于建设考古遗址公园的良渚共识》最具代表性。该共识强调了考古遗址公园的保护、展示与利用,以及兼顾休闲游览的多功能性;展示设计是"为公众提供了开放和直观的考古教材";而根本目的应该仍是围绕"保护展示遗址本体及其内涵和价值",并"采取针对性的保护展示方式",设计应以遗址自身内涵和价值为前提。

在此基础上,还应注意到:2000 年以后国家文物局对大遗址展示问题的重视并不是一个孤立的话题,它与国家文物局对更广义上的不可移动文物乃至更广泛围内的文化遗产的政策调控也密切相关。典型的包括 2003 年由文化部发布的《文物保护工程管理办法》、2004 年国家文物局推行的《全国重点文物保护单位保护规划编制审批办法》和《全国重点文物保护单位保护规划编制要求》、2011 年国家文物局通过的《国有文物保护单位经营性活动管理规定(试行)》、2013 年财政部和国家文物局联合发布的《国家重点文物保护专项补助资金管理办法》、2014 年国家文物局发布的《全国重点文物保护单位文物保护工程申报审批管理办法(试行)》以及 2015 年最新修订的《中国文物古迹保护准则》。这些政策在各个侧面对大遗址展示工作造成的影响将在本书的余下各章中逐步体现。

0.2　章节安排与研究方法

通过上述政策梳理,我相信已经铺垫出了一条关于大遗址保护与展示进程的基本脉络。这条脉络将在后文贯彻始终。

后文的研究会从以下七个章节来展开。

第一章首先对大遗址展示中的相关概念作出界定,借此来框定我讨论问题的基本边界。同时,也会对学术界既往的研究作出回顾,这是我讨论问题的基础,也只有以此为基础,才能寻找到新的发展方向。此外,这一章还会对作为一种结果的大遗址展示形态作出梳理,即,今天的大遗址到底都被展示成了什么样子。如此一来,一方面能够帮助读者更清楚地理解大遗址展示所能产生的实际影响能力;另一方面,这也代表了我的一种思维方式,因为我确实是先看到了这一系列作为一种结果的展示形态,再以此为契机去观察和反思,是什么样的主体性过程塑造了这样的结果。

第二章解释了"价值"和"权力"这两个关键词的含义与意义。此时,我会提到,本书之所以如此关心价值和权力的问题,是基于一种所谓的批判研究的思路的启发。因此,我在这一章中会对批判研究自身的思想起源以及对遗产和博物馆研究的影响作出回顾。在我看来，与其将批判研究理解为一种边界清晰的理论流派，不如将其看作一种切入问题的视角和方法；而在这种视角与方法之下，对于揭示一套话语体系背后的主体问题是有益的。

第三章表面上看似会暂停对"大遗址"问题的讨论，将时间线退回到 2000 年以前，回顾自新中国成立以来的考古遗址展示问题。但我并不认为这一章会"抛离"大遗址太远，原因在于，大遗址展示看似是 2000 年以后的新现象，但是与它密切相关的诸多主体价值和权力实际上早在 2000 年以前便已奠定。如果忽略了这一过程，那么对于理解 2000 年以后的大遗址展示也必将有所缺失。

第四至六章正式进入对大遗址展示中的不同主体的讨论，分别关心政府、考古学家和在地社区。选择这三个主体来展开讨论，并不意味着这便是大遗址展示当中的全部主体，而是因为：政府的力量代表了整个话语体系当中最为主导、最为官方的一支，但是它们也并非可以"为所欲为"，我将代表了中央的国家文物局和各地地方政府分而论之，试图展现它们所面临的压力、秉持的诉求以及形成的权力博弈；而与政府相对的，在地社区作为长期被认为是被忽视、被压抑的一个群体，他们在大遗址展示问题上所处的价值与权力现状上或"去"或"留"，个案的多元性在这一议题上显现得最为充分，也最值得在今天这样一个呼吁"民生"的时代对其予以更多的关注；不过，在政府与在地社区之间，我还插入了一整章关于考古学家的讨论，这一方面是考虑到考古学家确实是在众多的知识群体中，在整个大遗址展示的过程中价值与权力的波动体现得最为明显的一个群体，另一方面我更是希望将其作为对"政府"与"市场"、"官方"与"非官方"这样两对二元结构以外的模糊地带来讨论。总体来说，我当然能够意识到这三个主体远非大遗址展示当中的全部，但是我还是希望能够借此将大遗址展示当中最主要的框架和问题暴露出来。

第七章为全书的结语，主要是对前文已述的主要思路和结论作出概括，并指出本书也是一本"未尽"的研究。

如果想成为一本成熟的研究，除了上述章节安排之外，自然需要在研究方法上多加考虑。作为一门新兴的交叉学科，文化遗产研究在研究方法上一直未有定型，一直试图从别的人文社会科学当中汲取养分。在这种情况下，我反而希望借助这种"未定型"的好处。在本书中，基于各个不同章节的不同内容和目标，我对于经验研究中各类常见的研究方法也有着不同的侧重。

首先，文献梳理是必不可少的工作。它尤其大量出现在本书的第一至三章。这一方面是为了更好地看清历史，无论是学术史，抑或是考古遗址展示史；另一方面，我所说的"文献"当中，新闻媒体的报道也占有重要的地位，一来是它能在部分程度上担当起档案记录的作用，二来它也能弥补在特定情况下无法再对案例亲历者进行访谈的遗憾。

其次，整体来说，政策研究（包括相关的制度分析）和案例研究是支撑起本书主要结论的最重要手段。

政策研究所反映的不仅仅是政策或者制度本身的表述,它还代表着不同主体在特定时期内产生价值和权力关系的背景与结果。

而案例研究的选择依据则是考虑其对于具体研究内容而言的代表性。为了避免引发争议,我所选择的案例均是在狭义的国家文物局"重要大遗址"名录中所能见到的。部分案例由于涉及的研究对象的要求或者话题的敏感度,对案例的名字或被访谈者的姓名采取了匿名代号的形式。

进一步而言,由于本书始终围绕价值和权力这样的主体性话题,因此,通过实地调研和深度访谈能够更好地反映出这类话题的现实情况。本书中对于这些案例的实地调研大多是基于我在 2013 年到 2018 年期间的走访工作所展开的,尤其是对于在地社区问题的理解也是基于这五年间或正式或随机的与遗址所在地的邻里百姓的"访谈"而完成的。相较于此,我也面向来自各个机构的考古学家、规划设计师、遗产研究者、遗址博物馆或遗址公园的一线从业者或管理者开展了更多更为官方和正式的半结构式访谈,借此服务于我对诸多官方机构的观察和讨论。

总体来说,通过这些研究方法的交叉使用,我希望能够真实有效地反映出各方主体在大遗址展示问题上的价值与权力现状,也能为后续的研究者在本书基础上做进一步批评、修正和衍生的研究奠定实证基础。

第一章　大遗址展示的概念、既有研究与整体现状

　　为了展开全书的研究,本章首先须完成以下两项工作:其一是明确本书所讨论的基本概念,这代表着研究问题的边界;其二是回顾相关的既有研究,这代表着研究的基础。

　　此外,本章将就大遗址展示的整体现状一并作出交代。本书旨在探讨展示背后的价值与权力问题,换言之,已将价值与权力问题划归为了一项"幕后"的问题,而价值与权力对展示造成的影响则被划归为了"台前"。这些"台前"虽然不是本书关心的重点,但是它们确是展开讨论的契机和线索;因此,有必要在这第一章对此进行说明。

1.1　问题的边界:"大遗址"和"展示"

　　从本书的标题便可看出,"大遗址"和"展示"是本书展开研究所围绕的两个基本概念。

　　就这两个概念来说,相对而言,"大遗址"一词所面临的争议要更为明显。

　　在文化遗产研究当中,"遗址"一词似乎更为常见,它与"保护"、"展示"、"利用"等词汇连用,组成常见搭配。实际上,在不同的语境和需求当中,该词所指代的含义也略有不同。

　　在国内,"遗址"曾经长期被看作是不可移动文物的一种,区别于墓葬、壁画等遗存类型,更接近于所谓的居址、城址等概念。例如,在《中华人民共和国文物保护法》中,"遗址"一词通常与"古墓葬"、"古建筑"、"石窟寺"、"石刻"、"壁画"并列,并加上"近代现代重要史迹"和"代表性建筑"共同构成"不可移动文物"的分支类别。2015 年最新版的《中国文物古迹保护准则》中同样采用了此并列提法。基于考古学研究的角度,也存在类似的提法。如,《中国大百科全书(考古卷)》中,"遗迹"与"遗物"并列,而所谓"遗迹"又被界定为"古代人类通过各种活动遗留下来的痕迹。包括遗址、墓葬、灰坑、岩画、窖藏及游牧民族所遗留下的活动痕迹。其中,遗址又可细分为城堡废墟、宫殿址、村址、居址、作坊址、寺庙址等,还包括当时的一些经济性的建筑遗存……防卫性的设施也属此类"(中国大百科全书总编辑委员会《考古学》编辑委员会,1998)。

　　而"大遗址"的提法,也一度与这种"遗址"的范畴相类似。苏秉琦先生在 20 世纪 80 年代讨论"古城、古文化、古国"的概念时最早论及该问题;部分学者认为,从政府层面来

看,则是 1997 年 3 月国务院在《关于加强和改善文物工作的通知》中第一次明确提出"大遗址"这一说法,并强调将该类遗址的保护工作纳入当地城乡建设和土地利用规划(陈稳亮,2010)。实际上,该通知建立在 1994 年国务院组织的专项调查之上,该调查所形成的文稿中关于"大遗址"的提法是"在文物比较集中的地区,特别是大遗址和陵墓区"(孟宪民等,2012)。可见,此时的提法强调的是文物资源的丰富,暗含面积规模庞大的含义,以及将其与墓葬相并列。

但是,1999 年,首次以"大遗址"为题的国家文物局正式文件《关于拟将我国大遗址保护展示体系建设规划列为十五规划专项的请示》中所使用的"大遗址"这一概念,包含了聚落、城市、墓葬、特殊行业或者宗教遗迹等所有类型,强调它们"起讫年代久远,分布地域广阔,气魄宏大、埋藏丰富"(孟宪民等,2012)。这种提法到了国家 2005 年出台的《大遗址保护专项经费管理办法》中,正式形成了一版关于"大遗址"问题的官方定义,其界定为"包括中国古代历史各个发展阶段涉及政治、宗教、军事、科技、工业、农业、建筑、交通、水利等方面历史文化信息,具有规模宏大、价值重大、影响深远特点的大型聚落、城址、宫室、陵寝墓葬等遗址、遗址群及文化景观"。而后的考古遗址公园建设中涉及的"遗址"概念也依托在这一界定之上。换言之,此时所谓的"大遗址"已被确定为了一种宽泛的囊括性概念。

如此这般的概念转换一方面自然是引起了学术界更加激烈的讨论(陈昀,2015),另一方面也折射出来自官方的政策制定者在使用特定的概念时所暗含的价值和权力企图。关于此问题,我将在下文对国家文物局的情况进行讨论时另行展开;不过在这里需要说明的是,狭义上的"遗址"与墓葬、壁画等类型之间的区分在它们所面临的价值与权力问题上并无明显的区别,其共同作为政策意义中的"大遗址"概念下的一分子,接受着来自各方主体的改造。因此,本书也无意去作出进一步的甄别,我们所使用的"大遗址"概念也主要指向以国家文物局为代表的官方政策中所描述的意涵。

与之类似的,"展示"的概念所指虽然争议较小一些,但是也存在在不同的语境中含义不同的情况。

在曾经长期作为博物馆研究的教材使用的《中国博物馆学基础》一书中,它使用的是"陈列"一词,通常也被认为与"展示"近义,它指的是"在一定空间内,以文物标本为基础,配合适当辅助展品,按照一定的主题、序列和艺术形式组合成的,进行直观教育、传播文化科学信息和提供审美欣赏的展品群体"(王宏钧,2008)。在近年来的博物馆研究中,"实物"、"物证"乃至"文化遗产"等概念逐渐替代了这里所谓的"文物标本"的位置(王思渝,2016);但总体而言,以一定数量的物品实体组合来传达特定的信息(或基于知识教育,或基于艺术欣赏),已构成"展示"这个概念最为核心的定义。

只不过,当具体到"遗址"这一特定对象时,范围略有所延伸。我国在 2009 年推出的《国家考古遗址公园评定细则(试行)》中单独列出"遗址的展示与阐释"一项。除了强调建在遗址场所范围内或附近的博物馆的场馆建设、陈列内容、陈列手段之外,该细则还单独强调了"遗址现场展示"的重要性，并将"标识系统"纳为该名目的子项，突出了在大环境整体展示时每个要素所可能产生的影响。尤其是列出了"延伸展示"这一项，具体包括"周边展示"（指场外及周边展示设计）和"远程展示"（指专门的公园网站）。可见，此时所谓的"遗址展示"实则是接受了一种广义博物馆概念的影响，不仅将遗址视作展品来处理、参观路线视作展线来对待，并且由于体量扩大，因而对于周边环境和大空间范围内的标识元素都产生了更进一步的重视。这种视角在学术界也得到了一定程度的接纳。王方等（2016）在论及考古遗址公园内的"陈列展览"定义时，同样也是在强调将雕塑、景观、环境等内容应纳入其中的必要性。

本书所使用的"展示"的概念也同样更接近于上段所述，强调以一种广义博物馆的思维来看待遗址现场所形成的可视的实物组合。这里的实物，既包含了传统意义上的可移动文物和遗址本体，也包含了必要的辅助性展示设施（如复制模型、必要的展具等），以及阐释手段所依托的在场实体设施（如传统的标识体系等），同时还包括了对环境问题的考虑（包括自然环境和人造环境）。

1.2　关于大遗址展示的既有研究

在有了上述概念界定、明确了本书的讨论边界之后，紧接着的疑问是，围绕着这些边界内的内容，过往的学术讨论都已经关注过哪些问题，为我展开余下的工作奠定了怎样的基础，同时又留出了怎样的空间。

总体来说，我倾向于将已有的对大遗址展示的讨论研究分为两个方面：其一，多围绕"展示"这一行为具体的方式、原则来展开，具体而言又可细分为从遗址博物馆到考古遗址公园两个阶段；其二，侧重从主体的角度，以广义上的遗址管理为线索，对国家文物局、地方政府、考古学家和在地社区等在本书后文中将重点提及的对象予以讨论。

1.2.1　大遗址展示的方式与原则

我将在本章的下一节中说明，遗址博物馆和遗址公园并非两个对立的概念，它们在实践中愈发长期共存着；但是，从概念产生的先后来说，遗址博物馆确实早于遗址公园，以至于遗址公园被提出之时也曾被理解为是冲击了遗址博物馆的一种新做法。因此，从既有研究的角度，以遗址博物馆和遗址公园为主题的分野还是非常明显的。

遗址博物馆作为较早出现的一种遗址展示形态，在学术界最早受到关注。

随着 1958 年半坡遗址博物馆的对外开放，20 世纪 80 年代以来在实践中也出现了一批新兴的遗址博物馆。与之相呼应的，在 80 年代后期以来的博物馆研究中，与遗址博物馆有关的讨论开始展开。当时多强调遗址博物馆是一类以遗址作为展示的主体、区别于传统以可移动文物为重的博物馆从而作为一种特定类型而存在的博物馆；将展览定性为专题类，强调应与遗址的考古内容紧密相关；对于必要的辅助设计，视作强化艺术效果、增进参观气氛的有效手段(孙霄,1989)。吴永琪等(1999)随后所强调的"遗址博物馆学"实则也是延续了这一思路,《遗址博物馆学概论》一书的出版更是强化了这样的观点。从展示的角度而言,此时的遗址博物馆展示除了强调遗址在整个博物馆当中所具备的中心地位以及由之引发的就地展示之外,原状复原、模拟场景、辅助展品等手段也与普通博物馆无异。此外,在娱乐性上更突出、真实性上更显争议的动态展示、文化村等话题在这一时期已纳入讨论范畴之内,如孙霄(1987)所提,此时的遗址博物馆已有"集历史知识、实验考古、游览休息为一体;以科学性、知识性、趣味性为宗旨,向观众展示一个直观和立体的史前社会的生活图景"的意图。

进入2000年以后,随着大遗址政策在实践中的推进,学术界对此问题的讨论也随之逐步迈入了新一轮的高潮。

首先,以遗址博物馆为主题的讨论还在继续。但这一时期尤其是随着国内博物馆学自身的发展,一批受信息论影响更深的研究开始进入这一领域。遗址等考古资料被视为整个信息传播过程中的一环,在此基础上仍然需要建构主义、信息阐释等努力才能实现完整地将信息向观众进行传递(陆建松等,2012;刘璟煜,2013;柴晓明等,2014;黄洋,2014)。

其次,伴随着大遗址和考古遗址公园建设的热潮,学术界开始致力于对现实中已出现的日趋多元化的展示形态进行分型分式。例如,陈同滨(2005)曾根据大遗址背景环境遭受的不同程度的破坏威胁,而以大遗址与现行行政区划的关系将其划分为位于城镇建成区、城郊或城乡接合部、村落、荒野四种。她的分类更多地从整体规划的角度出发,但对于展示而言,也仍有启发。具体到展示行为上,原址原状与不同程度的复原、室内与室外、标识、模拟等方式开始被不同程度地提出(李阳生等,2006;陶亮,2008)。

再者,当遗址展示进入"大遗址"层面之后,"规模宏大"的展示、对遗址公园的推崇便意味着必然要吸收更多城乡规划、景观设计领域的工作。陈同滨(2009)曾经总结过以大遗址保护为基础出发的规划制定路线和技术创新,尤其强调一条从基础研究、价值评估、总体规划、专项规划再到保障实施的框架,其中"展示"问题是被放在了各细分专项中的"利用"环节。更为直接的,在2005年以后出现了大量考古遗址公园规划设计的个案介绍和经验讨论,均涉及具体的遗址展示方式和原则的问题,同样以遗址公园的整体性、文化提取、多功能协调等议题为重(胡畔,2007;王语萌,2008;张琳等,2010;杨晓青,2011;林琴,2012;焦鑫,2012;孙鸣飞,2014)。在这当中较具代表性的研究包括:何光磊(2010)将遗址公园的规划设计原则分为针对遗址保护所提出的原真性、整体性原则,针对遗址特性所提出的可持续发展、文化性、主题性原则,以及针对规划设计所提出的以人为本、生态原则;赵文斌(2012)则更加重视保护与展示相统一、真实客观反映遗址价值、多学科结合、注重对遗址工艺和材料的研究、保护展示留有余地等方面,并将考古遗址公园中的展示规划相关类型具体分为本体保护展示、周边环境保护展示、遗址博物馆保护展示、考古工作展示和展示服务设施;王璐艳(2013)则集中在公园绿化这一问题上,提出了绿化的客观性、延续性原则,注重于遗址环境和历史格局的统一,对过度绿化和照搬城市模式等问题予以了批评。

此外，由展示设计所引发的另一个话题便是关于遗址博物馆建筑背后的设计思想的讨论。它看似不是一个直接的遗址展示话题，但实际上，对遗址博物馆建筑的选择密切影响到了从遗址本体到整体规划园区的风格的选择。总体来说，在建筑设计领域整体较为公认的"功能决定形式"这一基本理念之下，遗址博物馆的室内展陈和建筑布局需要以遗迹现象本身为重、流线围绕基本的遗迹点来展开，这一思路基本能得到绝大多数研究者的共识。但是，就建筑的外观呈现上，王路（2006）总结道："当代博物馆的发展呈现出极其多元化的倾向。伴随其发展和演变的是两种截然不同的博物馆理念的对抗、交融或妥协。一种认为：博物馆应该是一个容器。一个中性的盒子，重要的是其内容，而不是容器本身，作为背景的建筑，不应该与展品争奇斗艳。另一种则认为博物馆建筑本身也应该成为一件被展示的艺术品容器的形态，也可表达强烈的情感，使建筑成为博物馆展品中最大最重要的展品。"简言之，前者重简约、重建筑与其他元素的协调，后者优先考虑建筑本身的象征性含义。具体到遗址博物馆乃至"保护性建筑"的设计上，也存在这两方面的分野，也即，有学者总结的"弱化建筑体量的设计手法"和"建筑表达遗址主题的设计手法"之区别（雷炜，2013）。对于前者的提倡包括"大象无形"设计理念、整体性设计理念等提法；对于后者的提倡最为明显的则以对具备展示意义的保护性建筑为重①（张男，2004；裴胜兴，2015）。

同时，这一时期爆发的最为明显的学术争议围绕在遗址公园身上。在大遗址的理念之下，尤其是随着大明宫遗址案例的"典范"效应的影响，国内一时之间兴起了一股普遍建设遗址公园的热潮。

在学术界，最初对遗址公园实则赋予了"厚望"，认为这种展示形态能弥补传统的遗址博物馆在协调周边区域环境、促进休闲娱乐的民生发展等层面的不足（孟宪民，2001；孙秀丽，2002；李春华，2006；单霁翔，2010）。但是，具体到更为细致的展示方式和原则之后，学术界的分歧愈发明显，基本可概括为公园特性与考古特性之争。

一方面，学者们将遗址展示视为一种信息表达方式，强调对遗址文化形象的再现。同时，正式提出"文化展示"的说法，旨在"将抽象的传统文化主题通过具象的形态展示出来的一种场景设计方式"，由此，延伸出意象、主题、情景模拟等更加多元的手法。为了支持这类说法的合理性，强调体验的旅游真实性概念被引入其中，而表达这一系列的再现式做法最终均以观众为导向（郑育林，2009；朱晓渭，2011；刘卫红，2013；吴铮争等，2013）。

这类说法最终引起争议的要点便在于，另有学者认为，这在很大程度上将展示的重点从遗址本体抽离开来，从而与考古学研究乃至文化遗产保护经典意义上所关注的重点相背离。在考古学家方面，例如，杜金鹏（2010）强调遗址保护应作为公园建设的第一位考虑，"新的展示项目和展览内容主要依靠考古学的新发现和新研究……考古遗址公园里面

---

① 由于该内容在本书第四章当中另有专文讨论，所以对其相关的理论回顾将留待后文再行展开。

应该为考古学家留出位置"。张忠培(2010)更直接地指出,"国家考古遗址公园要以持续的、与时俱进的考古工作为支撑……公园的形式得服从、服务和表现国家考古遗址这个内容"。徐光冀(2016)所提出的"展示必须以保护本体为前提"、"保护棚不宜高大",同样也是在回应过分强调公园式展示所带来的问题,并提出考古遗址公园的建设仍应以保护为第一位,并且应当是有条件地针对少数大遗址而进行。

除了考古学家以外,也有不少学者从文化遗产保护自身的原则出发对此类公园式的文化展示做法提出质疑。例如,阙维民(2015)从"考古遗址公园"这一定名出发,其所指的实际上依然是以公园为名,大量进行开发建设工作的时弊。葛承雍(2015)则从废墟审美的角度,将一系列楼阁复建、移植草皮等公园式的做法视作"除旧布新、以假乱真",是一种缺乏审美意识的表现。

实际上,若单从逻辑上比对这两派争议观点的冲突之处,不难发现二者并非毫无并存的可能。"文化展示"的提法从未说到自身对遗址本体是不闻不顾的,而强调考古学家地位和废墟审美的讨论也并不等于一定就是在对观众的需求置若罔闻。因此,这两派学术观点的争议,反映的更重要的现象反而在于一种实践层面的压力,反映出在大遗址展示的现实过程中特定主体的价值倾向和权力位置正在不断受到挑战。

1.2.2 大遗址与主体

除了上述直接与大遗址展示相关的讨论之外,由于本书的讨论重点密切围绕主体,因此我认为也有必要对遗产研究领域内关于主体的讨论加以回顾。从主体的角度来看,政府、考古学家和在地社区等问题也早已在学术界受到关注。

在这当中,首推的当属中国文化遗产研究院(2016)编著的《大遗址保护行动跟踪研究》。书中不仅对大遗址保护的进程作出了历时性的回顾、详细的案例总结。更为重要的是,它从政策出发,就中央层面的专项财政投入、具体案例中地方层面的配套响应等问题提供了更为详细的数据材料和分析,同时也是在国内较早且较为集中的从土地制度的角度切入大遗址保护目前所存在的问题的专著。

就具体各个分主体的专门研究而言:

首先,国内研究惯于从管理的角度切入,去探讨政府与市场的边界问题以及政府间的问题(孟宪民,2001;徐嵩龄,2003)。该问题延续至今,已形成的多数意见主要提倡一种政府主导、多方力量(包括市场和作为第三部门的社会资本)参与平衡的管理模式,试图在遗址管理中切分出所谓的"公益性业务"和"非公益性业务",从而便于解决保护与经营之间的矛盾(赵宇鸣,2006;王晓梅,2007;刘世锦,2010)。在这当中,由大遗址的"规模宏大"属性所引发的区域发展和城市整体结构协调的问题尤其成了学者们支持在大遗址框架内引入更具市场特性的产业模式的重要原因(朱海霞等,2007;曹恺宁,2011;刘卫红,2013)。

而与这类政府与市场间关系的讨论相比,学术界对政府间问题的讨论也有端倪,但仍明显不足。现有研究当中对此问题旁触较多的集中在关于统一机构的讨论。简言之，这类讨论试图解答的问题在于，既然大遗址涉及的层面诸多、经费复杂、利益相关者彼此纠葛，那么能否为其寻找到一条相对独立的管理路径，突破地方层级各部门间交叉管理所带来的弊端（吴荔，2008；陈稳亮，2009；陈德胜，2013；马建昌，2015；孙华，2016）。

这类讨论当中所谓的"统一"，依然是在地方政府所辖的各职能部门之间的统一。相较于此，更为激进的讨论直接面向于以国家文物局为代表的中央政府和各级地方政府之间的价值与权力差异。在相关的研究当中近年来也仍有部分呼吁"国家公园制度"这类"垂直管理"模式的讨论（张颖岚，2015）。于冰（2016）的研究实际上也直接面向了这一话题，他以财政制度作为切入该问题的主要视角，看到了"各级地方财政预算为主、中央财政补助为辅"这一基本的制度背景，指出大遗址专项经费仍大量集中在工程项目、缺乏预防性原则、地区间配置不均衡等问题。他将最终的落脚点回到了保护区、展示区与混合居住区的三分模式之上，提出在这三者间中央与地方的不同职责和权限。

其次，就考古学家的身份问题，目前研究当中涉及较多的包括对考古遗址公园中考古特性的强调，"大遗址考古"作为一种专门性的理念和方法的提出，以及从更宏观的背景而言的对"公共考古"①的推崇。

对考古遗址公园中考古特性的强调在本章上文已有提及。

而所谓"大遗址考古"的提法，杜金鹏（2009）作出过相对明确的总结。他认为，这是一项具有重要性和复合性（尤其是将保护展示的问题纳入考虑）、长期性和连续性、科学性和系统性的工作，尤其强调将工作规范化、常态化，既要适度，又要渐次推进。具体到实践当中，这尤其体现在一些数字化技术、空间信息技术在大遗址对象上的应用（刘斌等，2016；白晓燕，2016；周磊等，2017），以及在工作思路上整体调查和重点发掘的关系乃至整个研究目标从局部向整体的转变（张建林等，2010）。

至于"公共考古"这一问题，它的意义在于推动考古学家从传统的"纯洁性"的考古研究当中寻求转型，参与到诸如大遗址这类更为当代的议题当中来。这从 20 世纪 90 年代末关于"考古围城"、"考古象牙塔"的讨论开始，2000 年以后开始转为更为学理化地吸收西方公共考古学发展的成果。至今，该领域已在国内形成大量的研究文章，涉及传媒、教育、公众展示等实践方面的讨论，在概念理论方面也屡有文章对"public archaeology"相关问题进行过梳理总结（李零，1996；陈星灿，1996；魏峭巍，2011；贾博宇，2011；刘文科，2013；范佳翎，2013；湖南省文物考古研究所，2013）。在这当中，也有少量的笔墨开始关心考古资源的合理配置问题，以及考古学家在这个过程中所处的权力位置（刘庆华，2010；魏峭巍，2011）。

最后，就在地社区发展的问题上，现有研究一方面从更倾向于伦理正当性的角度，强

---

① 英文原文应为 public archaeology，国内有"公众考古"和"公共考古"两种主流的译法。本书的目的不在于详细讨论其差别，故在正文行文中统一使用"公共考古"这一译法，当引述到他人的具体文章时，再尊重原作者本人的译法。

调在地社区应当对此问题享有发言权(刘军民,2006;刘世锦,2015);另一方面则强调在规划当中对在地社区的吸收和纳入,沟通规划、弹性规划等思想开始被大量重视(陈稳亮等,2007;陈稳亮,2010;邢宇等,2016);同时,也有研究从政府政策和经济转型的角度,强调对在地社区的扶持(郑育林等,2009;周剑虹等,2011;刘波,2013)。

1.2.3　小结

综上所述,国内关于大遗址展示的既有研究实际上已经为本书余下的讨论奠定了基础。在这些既有研究当中,作为一种"台前"工作而存在的展示本身已经充分引起了学术界的兴趣,展示的技术和方法已经通过这些研究被广泛而清晰地描述了出来。关于"幕后"主体的讨论,虽然多是站在保护与管理的立场上,但是,这至少已经回答了究竟存在着哪些主体与大遗址这一现象是密切相关的。

与此同时,既有研究为本书展开余下的讨论仍然留有空间。

既有研究对展示方式的讨论也好,对主体的讨论也罢,它们直接面向的都是遗产的"怎么做"的问题,类似于"术"的层面,鲜少涉及对遗产生成方式的讨论,不习惯于将遗产本身视作一种话语。而这后者恰好才是我在导言里面所提出的最为关心的话题。我希望用这种视角来重新观察过往近 20 年间的大遗址展示。因为,只有将大遗址展示理解为一种现象,将遗产视为一种话语乃至于一面镜子,我们才能更加清晰地看到它背后所隐藏的当代我国政治、经济和社会力量在遗产这类文化公共事业上所面临的价值和权力关系。

看到这一点、完成这样的一场观察也并非纯粹出于一种研究兴趣而毫无现实意义。因为,借助这种更为宏观同时也更为固化的价值和权力关系为视角,我们能更好地理解特定主体"为什么偏要这么做"、"为什么不这么做",尤其是站在主体自身所处的价值和权力立场去思考"不这么做"的合理性。如若不解决这里所谓的"为什么",那么对于"怎么做"的讨论依然是有所缺憾的,我们的观察也是不完整的。而想要解决这里所谓的"为什么",对大遗址展示这种现象的生成方式的讨论、秉持一种话语建构的立场,是极为必要的。也正是有基于此,我在第二章开始才会引入对批判理论的讨论,去关心大遗址展示背后所隐藏的各方主体的价值和权力关系。

1.3　大遗址展示的现状

在完成了概念界定和研究回顾的工作之后,我希望在本章再完成的一项工作是对大遗址展示的当下现状作出基本交代。导言部分便已提出,我倾向于将各方主体参与到大遗址展示当中这一过程整体上视作一种现象,并着力探寻这个现象中所蕴含的机制及其背后的价值和权力动因;但是我也应该用特定的篇幅向读者铺陈出这种现象所造就的后果,借此让读者进一步理解该现象的现实影响力。同时,作为一名研究者,我在介入此问题时的观察视角本身便是从这种后果开始的。正是看到了这种后果当中所蕴含的诸多难以解释清楚的问题，才吸引我进一步去关心这种后果之前的过程，以及这个过程当中的价值和权力。因此，我将在这里就这些"后果"作出交代。

1.3.1　考古特性的突显

在当下的大遗址展示现状当中，首先引起我重视的是一种前所未有的对考古特性的突显。在国内的文化遗产和博物馆领域，将原本如土堆一般的考古遗址视作展示和设计的重点可以被理解为是 20 世纪的最后十年间才开始逐渐出现的现象。在 2000 年以后的大遗址展示政策推出以后，这一现象被进一步加重，成了绝大多数的遗址展示项目所必备的元素及首要考虑的话题。

具体来说，这种现象的首要表现是一种回到考古状态的追求。

对于一处经历过考古发掘的遗址而言，围绕着它的一套工作流程中最常提及的便是所谓的发掘、研究、保护、展示、利用。而在展示考古学相关信息的过程中，常见的一种做法便是追求使遗址回到发掘之初的考古状态。

通常认为，考古状态本身是否具有可观赏性是一项重要的约束条件。例如，类似于海龙屯遗址这样的案例通常会被认为在展示的过程中要显得更加容易。海龙屯遗址本身位于贵州省遵义市，遗址本体大量由砖石建筑组成，形象基本完整，因此，关口、道路等遗迹现象在现有的展示形态中基本不见后天的过多干预设计，只做基本的加固和清理即可；相对较为脆弱的、地下发掘揭露出来的建筑地面、铺砖等现象则也仅需在其上方添加基本的保护大棚即可（详见图 1.1）。

1. 海龙屯遗址上的关卡　　　　　　2. 海龙屯遗址中的新王宫遗址铺地

图 1.1　海龙屯遗址的关卡和铺地①

当具备了明显的完整形象之后，展示形态上便选择不再在基础上做过多的处理

---

① 本书所附照片，如无特殊说明，均为作者拍摄。

但实际上，具备观赏性与否的问题本身并没有成为大遗址展示设计时绝对意义上的标准。尤其是对于对考古学相对陌生又缺乏废墟审美的观者而言，考古状态中的灰坑、土坑墓、夯土城墙、建筑基址等现象，实则显得差异不大。在此基础上，后天添加的展示设计是否有选择性地重视这类现象、是否愿意运用特定的手法对其进行烘托营造反而成了更加重要的问题。

在这种情况当中，后天添加的展示设计又有通常所谓的"高调"与"低调"之分。但无论哪种做法，考古状态往往占据着空间和游线意义上的核心地位。

所谓高调的案例可以河南省洛阳市的隋唐洛阳城遗址为代表。该遗址2006年开始列入"重要大遗址"名录，展示内容以隋唐时期的天堂、明堂两座建筑的基址为主。基址本身保持了发掘之初的考古状态，而在展示基址的同时，也在基址上方修建了体量巨大的"保护性建筑"以辅助展示。关于"保护性建筑"的高调之处，本书下文还将进一步展开。与此同时，两处基址都被作为观者参观游线的起点来加以设计，"保护性建筑"的设计及建筑空间内相关的展陈设计也是围绕这两处基址为几何中心而展开的（详见图1.2）。

图1.2　隋唐洛阳城遗址内的建筑基址

无论上方的建筑和展陈设计是高调还是低调，
这一基址仍然占据了空间和参观位置上的中心

而相对低调的案例则可比对浙江省慈溪市的上林湖越窑遗址。该遗址同样从2006年开始列入"重要大遗址"名录，在展示时曾一度长期采取的方式是让遗址本体保持不动，在此基础上在周边搭建非密闭式的简易保护大棚，一方面将人为的设计因素降至最低，另一方面也诱导观者顺参观大道环遗址一圈，实则形成一种颇具仪式感的圣物膜拜的效果。

所谓的低调，有时也是刻意而为之的低调，江苏省无锡市的鸿山遗址便是一例。在该案例中最主要的展示内容集中在鸿山遗址博物馆，而该博物馆的建筑外观在设计时比照江南民居作出了相对低调的处理，建筑以外的绿地环境也依据公园标准进行了修整，但不见大体量的标识、雕塑等做法。尤其是丘承墩大墓展示厅所建的覆斗形封土堆，其建筑形象在一定程度上应和了对于封土堆完整形态的想象，但所用材质和外观特点又同时贴近江南地区常见的木质民居，因此，并不会造成太强的现代感视觉冲击。丘承墩大墓作为整个博物馆的展示重点，遗址本体保留在考古状态，在游线上被安排在了最终的高潮位置，并借助前序展厅的昏暗压抑与遗址所在展厅的开放明亮作出强烈对比（详见图1.3）。

图1.3　鸿山遗址内丘承墩大墓展厅的建筑空间

　　设计者将这一系列的做法表述为，建筑外观风貌奉行"将对遗址区原始风貌的影响减小到最低"的原则，将主馆半埋入地下，从而尽量减弱体量；建筑平面的线条也尽量与现有田地形态相呼应，追求建筑形体在整体环境中的"潜藏"感（崔愷，2007）。博物馆以外公园区域的景观设计追求对"场所的回归"、要求"最大限度地保存已有历史信息，减少人工雕琢的痕迹"（赵文斌，2009），并提倡"遗址公园的不同在于它不可能以房屋等建筑为主，比如湿地本身及周围的自然环境也许就是一种有效的展示"（郑慧，2006）。借这种方式实现"以吴越文化遗存为内涵，以自然生态湿地为特色，融历史悠久的吴越文化、自然野趣的生态湿地、富有魅力的水文化和质朴的田园风光为一体，展现出江南地区深厚的历史人文底蕴和原生态的自然风光"①。

　　在回到考古状态以后，考古信息的展示依然面临的一个问题在于：很多时候遗址并不会不言自明，缺乏考古学基础的观众仅通过观赏遗址本体并不能完全理解所谓的考古学信息。此时，借助图文标识、游线设计等手段，在保持考古状态的基础上，对外传播考古

①　据鸿山遗址博物馆现场展板。

学信息便成为余下工作的重点。

最简单的做法是通过设计一套标识系统和游线参观顺序,在标识系统中适度引入考古学的专业话语名词。

以江苏省徐州市的龟山汉墓为例,作为 2013 年列入"重要大遗址"名录的"徐州汉墓群(含徐州汉代采石场)"当中的一部分,它的展示形态得益于其足够庞大的墓室体量,因此能够采取一种通过参观步道引观众入墓室从而获得沉浸式体验的方式来进行展示。在此基础上,值得注意的是,从观众正式进入参观游线开始,便能频繁通过附着于遗址本体对应位置的文字和图版说明看到清晰的考古学特定名词,如封墓石、墓体筑造技术、甬道、墓道、各个墓室的职能分工、陪葬品,这一系列的展示内容均遵照考古学的常规研究路径展开(详见图 1.4)。观众行于其中,实际上是在接受一场考古学信息的依序阐释过程。

图 1.4　徐州汉墓的参观游线
从封土到墓室,沿此路线进入,沿线均有详细的标识加以说明

类似的还如河南郑州的郑州商城遗址,该遗址 2006 年列入"重要大遗址"名录。在笔者 2016 年的现场调查当中,其城墙剖面的展示由于使用了加固材料而导致地层之间的土质土色划分并不明显,但是现场仍然特意使用了白色材料清晰地勾勒出来考古学地层轮廓,并加上"灰坑"、"夯筑"、"堆筑"、"窑址"等考古学名词加以标识。

在此基础上,更为复杂的展示设计开始不满足于单纯对考古学知识成果的传授,转而寻求一种沉浸式的做法,发展至对考古学语境的渗透之上。

例如,汉阳陵遗址位于陕西省西安市,同样是在2006年列入"十一五"期间的"重要大遗址"名录,2010年又被评为第一批国家考古遗址公园。整个遗址公园内包含了外藏坑遗址保护展示厅、考古陈列馆、宗庙遗址、南阙门遗址保护展示厅等部分。尤其在外藏坑遗址保护展示厅部分,建筑采用全地下的模式,进入展厅后大量使用特殊玻璃材质对遗址本体进行围合,将观者的参观路线与遗址本体进行区分,并有意使遗址本体与观者之间达成环绕浸入的效果,即,设计者特意而为之的多元化的"设计行为设定"和"视角转换"(详见表1.1)。

表1.1　设计者对汉阳陵遗址外藏坑遗址保护厅的设定

序号	地　　点		设计行为设定	设计心理设定	视角
1	东阙门		站	高山仰止	仰视
2	入口及引道		寻	别有洞天	
3	入口门厅及引道		引	循序渐进	直视
4	遗址大厅	过厅	停	纵览外藏坑全局	环视
5		参观廊	绕	追寻探密	平视
6		参观桥	跨	俯察外藏坑特色	平俯视
7		13~14号坑	靠	近距观察文物细节	近视
8	幻影厅		观	深度挖掘文物内涵	影视
9	文物厅及引道		品	品味考古研究成果	
10	出口及引道		悟	思考阳陵文化内涵	

注：表格摘自刘克成著《汉阳陵帝陵外藏坑保护展示厅》(刘克成,2012)。

在这当中尤为重要的是,当借助特殊材质的玻璃兼顾了保护目的之后(吴晓丛,2006),其为汉阳陵遗址博物馆带来的最大裨益在于,借此能够实现将大量的地下文物放置于出土时的原初位置加以展示。在经典的博物馆学研究当中,以考古信息为展示目的的博物馆却将可移动文物剥离开其出土环境,这种做法本身便颇受质疑,毕竟在考古学的研究范式当中,出土地点、地层关系乃至微环境观察等均是与可移动文物的出土环境密不可分的,在展示中剥离了原生环境便自然也意味着在一定程度上放弃了这部分信息。而与此同时,在传统的经验当中,不可移动的遗址往往由于体量巨大的原因而被认为难以被全封闭式展示;再加之,传统的文物保护观点又普遍反对将可移动文物放置在露天、不可控的环境当中保存。因此,既然无法让不可移动文物封闭,也不能让可移动文物暴露,那么妥协的结果便是只将二者强行分离,这一直构成了想要全面地展示考古学信息上的一种缺憾,破坏了原有的考古学语境,也容易让观者产生一种分离感,而如今的汉阳陵遗址案例终于原则上完成了这一挑战。

除了汉阳陵遗址案例以外，四川成都的金沙遗址案例当中的"遗迹馆"的做法也有所类似。遗迹馆高19米，跨度63米，建筑面积7 588平方米，采用全钢架建筑结构，观众通过栈道走到遗迹上方，横穿现场。同时，它的展示形态当中最为特别之处在于将"探方"这一考古学上的基本研究单位呈现在观者的面前。甚至在一定程度上，它所追求的都不再是特定遗迹现象的观赏与否，而是借助这种大面积探方的展示形态，对重要遗物的出土位置加以标识，将少量遗物停留在探方中的出土位置，对观者形成一种整体性的气氛烘托，完成对考古语境的渗透。与此同时，在取消了玻璃隔挡之后，土遗址完全裸露在空气当中，这样的做法也时常令金沙在文物保护方面遭受争议；对此，金沙遗址博物馆索性将文物的现场保护方面的工作都纳入了展示内容中。时常派专业工作人员在现场进行文物保护的日常维护工作，对于出现病害需要修复的部分也直接现场操作，参观的观众均可以随机偶遇这些现场工作。如此一来，这实际上在观众眼中客观上形成了一种表演式的效果，暗喻着博物馆方面的责任心的同时，也再次强调和传达出考古学的专业性。

1.3.2　与公园的"联姻"

除了这种对考古特性的突显之外，2000年以后的大遗址展示政策在后果上带来的最直接的一种转变便是"考古遗址公园"这一概念的产生和普及。

那么，何为"公园"呢？

在我国的《公园设计规范》当中提到，公园即"供公众游览、观赏、休憩、开展科学文化及锻炼身体等活动，有较完善的设施和良好的绿化环境的公共绿地。公园类型包括综合性公园、居住区公园、居住小区游园、带状公园、街旁游园和各种专类公园等"。《城市绿地分类标准》当中也有明确规定："'公园绿地'是城市中向公众开放的、以游憩为主要功能，有一定的游憩设施和服务设施，同时兼有健全生态、美化景观、防灾减灾等综合作用的绿化用地。"从这些定义当中便能够看出，游览、观赏、休憩、开展活动等提法都将公园的意义首先指向一种休闲价值，以绿地的形式，无差别地面向公众开放。

在大遗址展示当中引入休闲价值最直接的符号式的体现便是绿化面积的明显增加。休闲价值开始广泛地影响此阶段的展示形态以后，无论是位于城市核心区还是城郊的遗址公园，无论是以遗址公园为名还是仅命名为遗址博物馆，其园区内或园区周边都出现了大量的环境绿化，在加入了一定的设计感之后，面向游人开放。王璐艳（2013）对遗址公园建设与绿化之间的现状作出过细致的讨论。她肯定了"绿化是发挥遗址公园休闲功能的主要手段之一"，并对遗址区和非遗址区的绿化手段分别从保护、展示、诠释以及与景观营造、暗示文化内涵、服务公众等角度进行过讨论。

实际上，对绿化手段的大面积提倡首先集中体现在城市核心区的遗址展示。

这与20世纪90年代以来我国城市化水平迅猛增长，进而城市问题也频频出现的背景密切相关。早在1992年国务院便已通过《城市绿化条例》，2000年建设部制订并颁发

《创建国家园林城市实施方案》和《国家园林城市标准》，正式将城市空间内的园林绿化问题上升至政策层面，城市绿化建设问题也成为国内一、二线城市所普遍追求的热点（王雁，2003）。在此背景下，城市核心区的遗址展示开始大量吸收公园式的绿化手段。

例如，北京的元大都城垣遗址公园对绿化手段的应用甚至早于大遗址概念全面铺开之前。该遗址公园的工作起始于 2003 年前后，此时大遗址的概念才刚刚孕育，元大都遗址本身也一直没有列入国家文物局现有的重要大遗址名单内，但它的做法代表了一种早期的范式，并能在后来的大遗址展示形态中屡见其痕迹。

凭借着全北京市内"第一个人文奥运景观"的名义，元大都城垣遗址公园于 2003 年正式全线竣工。该遗址公园初建之时，强调的是其"创下城区最大的带状公园、城区最大的人工湿地、北京最大的室外群雕三项之最"（张军等，2003）。这种表述实际也概括了当时的元大都城垣遗址公园的基本展示形态。"带状公园"是由于主要以元大都北部城墙为展示对象，"人工湿地"则是考虑到与现存的护城河遗迹相配合，而"室外群雕"则是基于土遗址的可视性不强的问题，属于在城市公园理念主导下新增的人工展示点。后文即将提及的大明宫遗址案例中所见到的主题统一、追求辉煌宏大的时代风格等特点在此时的元大都城垣遗址公园中便有所体现，尤其体现在这一批新增的展示性雕塑之上。当时所大力打造的"铁骑雄风"、"大都鼎盛"等雕塑广场均是在着力反映北京城曾经的辉煌。而对于遗址本身，高于地面的城墙如何保护和展示曾一度引发讨论和关注，当时的设计者基于展示的需要，曾考虑在熊猫环岛附近重建两段各长 400 米、高 16 米的土城墙，并在安定路两侧设立城墙剖面展示（邱晓华，2003）。而对于公园范围内绝大多数的城墙遗迹来说，当时有学者所提出来的方案是"清理现有植被，减少灌木层次，在通透的乔木下，将土城遗迹的风貌，清晰地展示在人们面前"，而作出这样的选择的理由是"她是一条遗产廊道"（俞孔坚等，2003）。从中可见，在当时的理念中，栽种根系不深的树木的方式能够以一种类似于标识的手段起到较为"通透"地展示遗址的效果，同时兼顾保护的真实性和完整性的需求，是处理遗址保护与展示之间矛盾的有效手段。并且，也在"土城上普遍植草，使城土不再继续流失"（檀馨，2003）。

随着大遗址展示问题进一步得到强调之后，这种绿化所代表的在城市核心区内的休闲价值也随之大范围深化。

例如，淹城遗址位于江苏省常州市，2013 年列入"十二五"期间"重要大遗址"名录当中。淹城遗址的展示形态将主要精力围绕在保持淹城子、内、外三重城圈，并有水环绕的遗址结构之上。因此，园区内部主要的展示手法包括了大面积栽种绿化植物，间隙增设诸多与春秋时期（即该遗址主要代表的年代）存在一定关联的人文展示点。遗址本体散布在这些人文展示点当中，并被绿化植物所覆盖。但绿化植物也并没有在诸如勾勒遗址轮廓、对遗址点所在位置作出明显的差异化处理等方面有明显的着力，标明遗址点所在位置的方式主要依靠标识牌，此时，绿化植物的作用更强烈地泛化为一种面向观者的休闲所需（详见图 1.5）。

图 1.5 淹城遗址内的绿化与水系
一方面致力于对城圈结构的勾勒,另一方面也呈现出明显的绿化公园的特征

常州淹城由于受到地方旅游开发动机的影响,就园区圈定了封闭式的四至。相较于此,还有大量类似案例的边界往往更为开放,收费低廉乃至免费,与城市其他功能分区融合度更高。遗址位于其中,构成公园的主题,同时也是市民游憩的景点之一,从而更接近于城心公园的概念。例如,郑州商城遗址的展示主要由数段高耸的城墙遗迹组成,现代城市的道路横穿过这些城墙,因此,该遗址公园实则也被切分成为不同的段落。但是,无论是哪一个段落,铺设步道、栽种植被均是最主要的展示手段。入口处与现代道路相接,不设封闭的出入口,游人可自由进出。通过可登临的城墙、特意保留的不栽种植物的城墙段落和少量对遗址性质加以说明的文字标识,来区分出其作为一处遗址公园的考古特性,但整体来说仍然呈现出明显的绿化公园的特征。

并且,随着时间的推进,这种对绿化手段的应用逐渐不再局限在城市核心区范围内,诸多城郊乃至农村地区也开始吸收这种休闲价值。

例如,城村汉城遗址位于福建省武夷山市,属于典型的闽北农村地区,虽然紧邻著名的武夷山景区,享有独特的自然风光,但是由于地处山区、交通不便,因此依旧知名度有限、旅游发展滞后。近年来,遗址的管理者为了促进旅游,推动遗产活化,其采用的主要方式是在遗址范围内大面积种植荷花,并增设小型儿童游乐设施(详见图 1.6)。

此外,在已建成的大型遗址公园中类似的案例还有很多,如鸿山遗址案例、汉阳陵遗址案例、牛河梁遗址案例、阖闾城遗址案例、三星堆遗址案例等,均能在园区内找到明显的带有服务休闲色彩的绿化打造。这种绿化打造与基本的恢复自然生态有所不同,而是带

图 1.6　城村汉城遗址内的荷花与游憩设施

有了更多的公园式的人工园区规划的思路，暗含对游线、景观等问题的追求。

　　而对于那些尚未建成的位于城郊或农村地区的大遗址而言，大量案例也在保护展示规划当中试图向这类思路靠近。例如位于河南省淮阳县郊外的平粮台遗址在已经对外公布的规划设计当中，依然是按照环境整治的原则，将现有的围墙范围以外的区域予以绿化植被的打造。类似的还如河南省舞阳县郊外的贾湖遗址，在立于遗址现场可见的规划设计当中，采取的方式同样是在遗址已发掘区域以外打造生态农业、狩猎景观区域，甚至借助"贾湖"这一意象和当地已有的湖面，将湖水在该区域内扩大，形成萦绕博物馆建筑和遗址本体之景观。而有趣之处还在于，无论是平粮台遗址抑或是贾湖遗址，其所处的地区均属于国家级的贫困县；在这种情况下所贯彻的绿化休闲思路究竟代表了怎样的价值倾向，便更值得深思。

　　除了绿化休闲以外，与公园的"联姻"的另一重要体现是被进一步深化的主题化做法。

　　所谓的主题化，字面上，凡是公园，在其展示设计和经营管理的过程中多会围绕特定的自然或文化主题，主题性看似无处不在；但实际上，在"公园"这一大概念中，还存在着所谓的"主题公园"这一特定的提法。本章想要回应的主题化概念更接近于后者。学术界启用该概念仍更多地描绘"根据一个共同的或一系列的主题设计，结合了景观、环境、游乐设施、表演和展览等内容的综合性休闲娱乐场所"（钟士恩等，2015）。这样的公园一方面仍满足于休闲价值这一作为公园的基本界定,同时另一方面又带有了大量的娱乐化倾向。当它变成一种极致的操作手段付诸实践之后,便会出现所谓的"迪斯尼化"。艾伦·布瑞曼(Alan Bryman)曾将主题式公园中的"迪斯尼化"现象概括为"主题化"、"混合消费"、"促销"和"表演行为"四个维度(Bryman,2004)。它意味着,当这种做法影响到具体的展示形态时,一方面会继续强调公园本身所依托的文化内涵挖掘的重要性,另一方面又会将大量的精力致力于将此抽象的文化转换为具体的可视设计,转换的过程中会大量强调设计的创新性、真实性①、多元性、艺术性、科技性、人性化和生态性。尤其是在涉及景观设计时,更会出现大量突出文化形象、文化价值观和品牌特色等带有后天提炼或加工色彩更重的做法(吕勤智等,2009)。

同理,大遗址展示当中的主题化做法也不应该简单字面上理解为,以遗址为展示主题的园区便是大遗址展示中的主题化。公园式的主题化做法对大遗址展示最重要的影响是:在这种主题化思想之下,园区内所有的元素(或按照对主题公园的相关研究中惯有的提法称之为"表达")都需要严格服从于这一主题。如此一来,容易产生的两种做法是:其一,主要的展示点会在追求多元性的同时,努力发展出统一的线索进行串联,这种线索从直观来说主要体现为游线,从本质上来说是一种对统一主题的各自阐释;其二,为了增强这种主题性,设计者还会努力寻求将这种抽象化主题可视化,并且在这个过程当中不拒绝加入更多的当代设计手段,在特定情况下还会包含一种强烈的故事建构的倾向。

我将上述的第一种做法概括为"串点成线",就该问题而言,陕西西安的大明宫遗址是重要的典型案例。它从2006年开始列入"重要大遗址"名录。在它现今所呈现的展示形态中,既包括了传统的室内博物馆展示可移动文物、室外遗址基址展示,同时也为遗址搭建起"保护性建筑",让遗址走入室内,同时使用了大量的景观标识和意象性的展示方式,余下区域则依靠公园绿化的手段来加以填充。据其官方网站上的数据,在3.5平方公里的大明宫国家考古遗址公园范围内,总共可划分出33处在内容上与遗址有所映衬的展示点②,在此基础上再借助"一轴一环二纵三横"的道路设计达到串联效果(党春红,2012)。

更为重要的是,这些展示点看似在展示方式上各不相同,但是其核心均是从相应的遗址出发,围绕"大唐盛世"这一主题。对此,设计者实际上已经有非常明确的表述(详见表1.2)。

表1.2　设计者对大明宫遗址案例中各展示点的设计理念表述

设计对象	设　计　理　念
含元殿南区	风格简约纯粹,充分烘托出了含元殿遗址的宏大……设计注意保持与周边景观融合,与总体风格的协调性,采用整体连贯的设计语素……在残缺的遗迹中唤起对唐大明宫充满诗意的想象和回味,恢宏大气,质朴沧桑,自然生态(张果等,2012)。

---

① 主要体现在内容信息层面。
② 数据来源于 http://101.201.146.225/dmg/。原图中共有36处参观点,分别除去酒店、游客中心和IMAX影院后剩33处与遗址有关的参观内容。

设计对象	设 计 理 念
太液池	我们通过这一实施项目深入思考作为城市的设计者该如何面对中国优秀的历史遗存,如何发现和利用其深厚的文化信息……太液池曾经是大唐帝苑中一颗美丽的明珠,虽历经年代的磨砺,她坚韧而博大的风姿将再次展现在世人面前(刘辉等,2012)。
道路外观	大明宫遗址是盛唐文化的体现……反映历史积淀,具有历史沧桑感(党春红,2012)。
总体景观	展现史诗般的恢宏场景…… 　　设计风格应该依据大明宫原有空间格局营造恢宏壮阔的苍茫遗址感,切忌出现干扰历史信息的"假古董"和"新杜撰"(朱小地等,2012)。

　　在使用这种"串点成线"的手法之时,不同的点在展示形态上的差异度还会被凸显出来。以大明宫遗址为例,大明宫遗址的范围内也有保存较好、性质较为清晰的遗迹现象,在对这些展示点的处理基本遵循了上文所述的回到考古状态的手法;但是同时它也增添了诸多更具想象力以及追求完整形象的做法。例如,冯峰为宣政殿、紫宸殿遗址做了一项名为"时间中的宫殿"的设计,利用种植树木和修剪树冠的方式勾勒出宫殿的大致轮廓形象,同时也通过周而复始的树木成长和人工修剪的过程表达一种对待历史时间的态度。在冯峰的自述中,这种做法的起因在于"复原设计方案几度被推翻",因此转而选择了这样一种更加含蓄同时又不至于影响遗址本体的做法(冯峰,2010)。

　　如果说,大明宫遗址案例充分展现了点与点之间的多样性和彼此配合的能力;那么,南越国宫署遗址案例呈现的便是"串点成线"中"线"的重要性。南越国宫署遗址位于广东省广州市,它从2006年开始列入"十一五"期间"重要大遗址"名录,在此基础上形成的南越王宫博物馆从2014年开始正式对外开放。目前而言,博物馆内原址展示点包括"曲流石渠"遗址展示区域、南汉砖井展示区域和南汉国二号宫殿遗址展示区域。这三处展示点的选择兼顾了该遗址区域内最为重要的两个历史时代的地层,并且又都保留了较好的地面铺砖和建筑结构形象,属于通常理解中的遗址本体观赏性较强的情况。该案例中所面临的难题在于,虽然有了较为理想的可展示的素材,但是它们在空间上并不处在同一平面,并且彼此相距一定距离。

　　为此,遗址展示时设计师便通过对博物馆建筑的空间设计和功能分配来完成串联游线的目的。一方面设计了一处二层建筑,通过建筑的二层设计,将观众的游线从较低的一层地面自然延伸到位于二层的建筑天顶,从而过渡到新的展示区域;另一方面对于延伸出来的区域,也加入可人为控制的新的展示点,以弥补空白。例如,在"曲流石渠"遗址展示区域的二楼加入与南越、南汉遗址相关的专题陈列展厅;在天顶的空敞区域加入所谓的"遗址模拟展示区",即通过绿化标识来勾勒遗迹形象,同时达到"屋顶花园"的效果;而南汉砖井所在的地层位于新建筑的一层和二层高度中间,因此在二层平面增设"广州古代水井文化"的展览,既与二层平面相连,又为向南汉砖井地层的下行作出铺垫;最后再在二层平面以上新建一建筑,名为"陈列楼",以满足集中展示可移动文物的需要(详见图1.7)。借此,各个不同时期的遗迹点、不可移动的现场展示与可移动的文物展示、绿化标识与景观装置都得以串联成一条通畅的游线,引领观众完成整个游览。

图 1.7　南越国宫署遗址内的"屋顶花园"
借此形式将垂直空间中不在一个平面上的各个展示点串联在一起

　　无论是大明宫遗址案例抑或是南越国宫署遗址案例,均尚在一个封闭的园区范围内践行"串点成线"。但实际上,受到城市规划思想的影响、大遗址本身分布较为分散的这一现状的限制以及"没有围墙的博物馆"理念的渗透,"串点成线"在很多突破园区四至局限的大遗址展示规划中大量可见。例如,临安城遗址位于浙江省杭州市,它在2001年被公布为第五批全国重点文物保护单位,在2006年又列入"十一五"期间100处重要大遗址,2013年完成并对外公布《全国重点文物保护单位临安城遗址保护总体规划》。这部规划的内容便可以反映出遗址本身的分散性。规划当中被分出了8个控规单元,其中包括点状的城墙、城门或其他建筑遗址,以及线状的水系或道路,横跨如今杭州市中心的上城区和下城区两个行政区划。因此,从既成的展示形态的角度很难整体概括临安城遗址的现状。但是,值得注意的重点正在于它的设计思路中挥之不去的"串点成线"特点。在2013年的规划中已明确提出,"'点、线、面'结合的空间控制策略",形成"散布遗址点为血肉的城市遗址保护体系"。在这个过程中，各个展示点的具体展示形态还有意作出了区分，具体包括了采用遗址博物馆建筑展示、露天展示、绿化标识等，甚至试图将非遗传说也落实到具体有象征意义的地点之上，借助雕塑等形式来加以展示（华芳等，2013）。

　　上述案例均展现了利用"串点成线"的手法来解决展示点的分散与各自特性的问题。此外，"串点成线"还须面临的一个难题是：如果区域内存在年代关系不同的展示点，应如何对其进行串联。

　　较为常见的处理标准仍然是取决于哪个年代更贴近于串联之后想表达的整体主题。典型的案例当如隋唐洛阳城遗址中对于宋代遗迹的做法。作为古今叠压的城市，隋唐洛阳城遗址案例的核心展示区同时也是宋代太极殿等遗迹所在区域。但是，为了满足"唐代"这一核心的时代主题，在现有的隋唐洛阳城遗址案例的展示中，唐代元素仍然占据了绝对的主流，宋代遗迹的地点仅通过并不明显的地面标识的方式加以说明，在游线中所处的位置也位于天堂、明堂遗址之后，加上简单的绿化手段，甚至难以区分其是具体的遗址展示内容还是普通的公园绿化设施（详见图1.8）。

图1.8　隋唐洛阳城遗址内隐藏在公园环境内的对隋代、宋代廊轩的标识

　　较为特殊的是上文所提到的南越国宫署遗址案例。虽然从博物馆的名称上便已奠定了该遗址的展示以南越王宫为重，但是南汉时期的内容仍然占据了相当的比例。为

此,该案例的展示形态中也作出了大量的铺垫。例如,在"曲流石渠"遗址展示区域保留了大量不同时期的水井遗迹,尤其是保留了考古发掘关键柱,并对不同时代的叠压关系作出了明确的标识;在可移动文物的展示上,也特意不将主题局限在南越一个时代,无论是"广州古代水井文化"展览,抑或是陈列楼的广州城建展览,均是在凸显广州作为一座历史城市,在不同历史时期叠加累积形成了今日之面貌。借此,既照顾到了不同时期的遗址展示的问题,同时也并未与"串点成线"所带来的主题统一这一特点偏离得太远。

除了"串点成线"的做法以外,就可视化和故事建构的问题而言,这在一定程度上受影响于我国大量的考古遗址以土木结构为主,因而不具备良好的完形基础,无法直观地予以观者一个通俗易懂的想象符号。

为了弥补这类不足,在大遗址展示中引发最大讨论的是带有重建争议的"保护性建筑"的做法。

此前,在国内的文化遗产领域中,以圆明园、雷峰塔等遗址为例都曾引发过不同程度的争议(吕舟,2000;阮仪三等,2003;张成渝,2010;张祖群,2013)。究其原因在于,在遗产研究当中,从《威尼斯宪章》开始所奠定的真实性理念对于原址和原貌都有着极其严苛的要求。而上述案例所引发的核心争议点,恰在于"重建"这一问题在地点和形象两方面都对这种要求形成了挑战。

而就"保护性建筑"而言,最先引发争议的是作为大明宫遗址案例的一部分的丹凤门遗址博物馆的建设。该博物馆建筑确实在外观上包含有恢复丹凤门形象的企图,设计者为此特意充分考虑了杨鸿勋、傅熹年等先生的建筑复原推理,在形制、模数、尺度、构件设计上均进行了考证(详见图1.9)。而为了与重建形成区别,设计者对它的定位是"争取使遗址保护和展示工程向人们提供一个沟通历史和现代,能引发观众历史联想,尽量切近唐丹凤门形象的标志性建筑"。比如,在色彩处理上,该建筑就回避了模仿唐式建筑的做法,选择了现代感更强的通体土黄,使其成为"现代制作的标志"。借此,让其更接近于具备保护棚功能的展示性建筑之意(张锦秋,2012)。

尽管如此,这种定位表述并不能令所有人感到满意。仍有学者提出"保护棚的建设如果追求建筑形象的气势,则容易引发质疑。西安大明宫国家考古遗址公园丹凤门遗址博物馆……由于其体量较大,且外观为唐代建筑风格,引发了国际遗址保护理事会专家对'重建'唐代丹凤门的质疑"(王新文,2013)。

将此问题推至更甚的当属在此之后的隋唐洛阳城遗址案例。通过以下步骤,隋唐洛阳城遗址案例践行了其在天堂、明堂遗址上的"保护性建筑"实践。

其一,建造"保护性建筑"之前,依然先要至少在原则上确保遗址保护层面的问题不会出现过于严重的偏差。例如,在明堂的"保护性建筑"施工时,需要参照铁路轨道施工的预制基础方案,以确保可逆性拆除的可行性;在杂填土层基槽开挖时,需要采用人工挖掘方式,并邀请考古单位参与,以免损伤遗址的夯土层,并在参观层和夯土层之间留出约

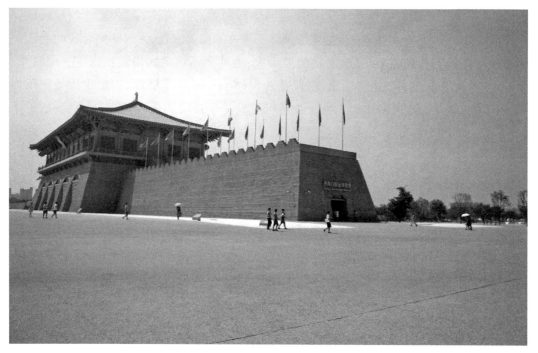

图 1.9　大明宫遗址内的丹凤门遗址保护性建筑外观

2 米的空间，以便砌体拆除对遗址的影响可减弱至最小；中心区采用悬挂设计方案以确保夯土层不承担建筑物荷载等（王昌兴等，2010）。

其二，如上文所述，回到考古状态的遗址本体在空间和游线上的核心地位依然要得以保持，如何让观者能够清晰地看见乃至于接近这些遗迹点是设计者需要考虑的重要问题。并且，在进行辅助性设计时，对于参观空间、设计意象等方面均追求尽量与遗址本身的形态或代表的历史内容相贴合。例如，明堂的室内设计中心为玻璃地板，可观看中心柱与夯土带，隔墙也与夯土位置相对应。而在屋顶和墙面的颜色选择上以绿色为主，是为营造建筑破土而生乃至隐晦象征考古遗址"出土"的含义（肖金亮，2012）。

其三，整个建筑的外观带有明显的展示性的目的。设计者对这种做法也有一段很直白的解释，即，"为整个考古遗址公园增加三维信息和形象记忆"（肖金亮，2012）。这种解释回答了在上文我们之所以称该遗址案例的展示设计实为高调的原因，它一方面再次呼应了这一时期的遗址公园对于主题一致和时代风格的执着追求，另一方面也构成了它引发争议的最主要原因。尤其是当这里所谓的"信息"和"记忆"并不完全依托于客观严谨的实证材料，设计不可避免地包含了当代创作的空间，而创作的目的显然并不是面向学术或专家的，而是将考古遗址公园视作一种公共文化机构、一处旅游参观点，从而服务于观者对于所谓唐代盛世的一种完整想象（详见图 1.10）。

这样的做法所可能带来的争议，我们可通过与此相似的隋唐洛阳城定鼎门遗址的保护展示方案来比照。该方案被称为"国家文物局在大遗址保护工程中批准的第一个采用复原展示方式保护的项目"（刘修兵，2009），但是其通过的具体过程也远非一帆风顺。国家文物局曾在 2008 年两次批复定鼎门遗址的保护展示方案，其共同点除了强调不得干涉遗址本体以及充分尊重参考考古研究成果以外，还在于对于外观问题非常慎重。第一次专门提出"暂不同意对飞廊做外观复原"，并要求"应进一步论证在定鼎门遗址展示区建设具有地标性保护性构筑物的必要性和可行性，若确有必要，应慎重研究确定该构筑物的外观形式"；第二次再次提出"应进一步优化保护展示棚上部地标性构筑物的外观形式，体量应以考古工作成果为依据，以反映原有时代风格为宜，并与周边环境相协调"（中国文化遗产研究院，2016）。这种反复的强调也再次说明作为文化遗产领域内官方管理机构的国家文物局对此问题的不放心。

图 1.10　隋唐洛阳城遗址内的天堂遗址保护性建筑外观

尽管争议重重，但是"保护性建筑"所代表的对可视化的追求在大遗址展示中依然频频得见。甚至有时均不再借助"保护性建筑"的名义，而直接开始了重建工程。例如，晋阳古城遗址位于山西省太原市，2006 年开始列入"重要大遗址"名录。在讨论其发展思路时，2016 年的报道所传递出来的倾向大量集中在了"复原"问题上，力图通过"遗址复原的方式"，达到"这既是展示，也是一种别样的风景"的效果（孙轶琼，2016）。而位于该遗址的西南角，被视为"延续"的明太原县城，在我 2018 年的实地调查中已经完成了大规模城墙重建的工作，正在致力于内部仿古建筑的建设。

除了利用这种实体建筑的形式实现可视化，继而满足对通俗易懂的想象符号的追求之外，大遗址展示中常见的做法还包括从遗址所代表的历史信息中提炼出故事要素，建构出相对完整的故事线。

类似的例证包括位于江西的景德镇御窑厂遗址。该遗址于 2006 年开始列入"十一五"期间"重要大遗址"名录。在其现今所呈现的展示形态中，一方面继续体现了上文所谓的"串点成线"做法，利用所谓的"瓷之路"这一新增的游线，将遗址现场展示、博物馆室内集中展示以及最后的龙珠阁等具备差异化的展示点连接起来。另一方面，在整个展示形态当中，多次为特定的有明确指向的人物历史故事留出位置。先是在佑陶灵祠中为陶工童宾塑神像，加以供奉，宣扬窑工对抗朝廷并最终牺牲的典故；再是在展示园区的空白地带为唐英与陶工交流制陶手艺并成长为行家里手的故事设雕像（详见图 1.11）。

图 1.11　景德镇御窑厂遗址内的唐英故事雕塑

再如，在隋唐洛阳城遗址的展示中，"武则天"的形象一直反复出现。明堂遗址的第一层展示了中心柱遗迹，又以八边形形状依序分设 7 个展厅。展厅的主题基本围绕武则天及其政治、文化功绩，武则天威严庄重的形象也以塑像、场景、视频等多种形式反复出现。第二层作为观众参观时首要接触到的第一空间，更是直接整体复原了武则天于明堂议事时的辉煌大殿，并在特定时间上演以武则天为主题的历史剧表演（详见图 1.12）。

1.3.3　遗留问题：考古与公园的对立？

关于大遗址展示现状的描述，本书的讨论先暂停于此。上述已充分铺陈了考古与公园视觉这两种风格上截然不同的展示形态。这种"截然不同"也构成了很长一段时间内学术界不休的争论——究竟应当是考古服从于公园，还是公园从属于考古。那么，关于这种争论本身，我的问题在于：这本质上只能被归因为一种设计风格上的对立吗？我的考虑是，首先从起码的视觉现象上来看，我依然能够看到大量以考古为主的设计没有完全拒绝公园式的手法，而被诟病为公园色彩过重的设计当中也不能说全然丢掉了对考古的尊

图 1.12　隋唐洛阳城遗址内的明堂遗址二层以武则天为主题的历史剧表演

重。因此,这种"对立"似乎不能简单地从结果上来考虑。我认为,有必要退回到展示设计这一过程本身,将初始的决策、投资、目标定位和谈判博弈全部纳入观察和反思的范围当中,借此才能得以看清这一现象的全部。换言之,最后问题的核心或许不在于考古与公园究竟"孰好孰劣",而是究竟是谁在将这些曾经的"土堆"赋予其文化遗产的身份、添加博物馆化的手段来加以展示,以及他们为什么要这么做。

第二章 视角与切入：
从批判说起

上一章对国内现有研究概况的梳理已提及，我希望在对大遗址展示加以观察和反思之时，秉持一种话语建构的立场，将其视为一种现象，进而讨论其背后更为宏观而固化的价值和权力立场的影响。在我看来，这种做法不一定能成为一种严格意义上的"理论流派"，甚至是一种"方法"，但至少可以被视为一种切入问题的研究视角。

这种视角并非我首创的发明，尤其在批判研究领域，这样的切入点已经颇为常见了。实际上，批判研究很难被定义为一个边界清晰的理论流派，它对文化遗产研究的影响也只能说是正在发酵当中；但即便如此，批判遗产研究（critical heritage studies）的声音近年来在国内外已不绝于耳。劳拉简·史密斯（Larajane Smith）曾对批判遗产研究作出过一段总结，她认为，"遗产批判研究需要明确聚焦于遗产使用者和他们对遗产的使用方式，重视它们与权力、地方、阶层、族群、种族不同身份之间的关系……遗产批判研究的另一个重要因素是让遗产更加民主"（劳拉简·史密斯，2018）。

她的这段表述部分表达了我选择批判研究作为切入视角的最重要的原因之一。我看重的是：秉持着"批判"二字的研究大多关注遗产这一概念本身的生成模式，对遗产这一业务领域内的各方主体保持着强与弱、官方与非官方的对立观点；这种观点在更具政治性的讨论当中，虽然有时甚至会被看作是左翼政治的痕迹①，但是，借助于它，我确实能更清晰地看到我国大遗址展示是如何被各方秉持着不同价值倾向和权力关系的主体加以"使用"的。

因此，本章的任务便在于对这一系列以批判为名的西方研究进行一个简略的回顾，并在最后引出我所想要强调的"价值"与"权力"这两个关键词的含义。

2.1 批判的思想

正如前文所述，我并不主张将批判研究直接视作一个边界清晰的理论流派，它所涉及的理论支系也颇为庞杂。具体到对后来的文化遗产研究影响较深的思想，至少有以下三支力量不应被忽视：

---

① 事实上，在整个批判研究的历史当中确有多名学者被评价为具备左翼政治的倾向。

其一是法国哲学家米歇尔·福柯（Michel Foucault）的影响。福柯本身是一位著作丰富的学者，他也曾一度被称为21世纪影响力最为深远的思想家之一。关于他的思想的再讨论在现今学术界已有诸多成果，例如，乔治·里泽尔（George Ritzer）在《后现代社会理论》（*Postmodern Social Theory*）一书中对福柯的定位、福柯思想前后期的分期可谓反映了学术界的一类普遍性认识（Ritzer，2004）。对于批判遗产研究来说，福柯影响最深的贡献在于他对"话语"问题的发挥以及对于知识与权力二者关系的讨论。在福柯以及后来的福柯主义者看来，这个世界可以借助"话语"这一概念来进一步解释和解构，诸多我们习以为常的"知识"（或用福柯自己的说法，即"知识型"）需要与特定的社会时代背景相绑定来理解（Foucault，1976），这在无形之间破除了一种永恒的真理观，同时又为一种所谓的微观权力观奠定了基础（尤其是在福柯更晚期的作品中体现得更为明显）。

由此一来，这便为批判遗产研究的反官方、反固定化话语等传统提供了重要的窗口。被官方或大众认定的遗产形态实质上所代表着的是一种知识话语权，这建立在一系列的现代性原则（例如划分和排序）之上。遗产身份的赋予、保护或展示价值的存在，都是一种一再呼应这种知识话语权的过程。

其二是德国法兰克福学派所作出的贡献。今天的部分研究者仍然惯以法兰克福学派作为批判理论的起始。正如阿兰·斯威伍德（2013）所评论的，"对批判理论来说，没有由'事实'组成的客观世界，而只有通过历史实践的调整和围绕着可能性和变化而建立起来的知识形式"。早期法兰克福学派的代表人物霍克海姆和阿道尔诺（2006）以"文化工业"（culture industry）为名奠定了对现代资本主义控制下的文化和艺术形态进行批判的标准模式。他们认为，电影、广播、杂志等当代文化形态早已被整合为一个统一的系统，这种表面上宣称为由于"工业"方式所导致的一致性实际上预示着一个隐藏的政治问题，"社会权力对文化工业产生了强制作用，尽管我们始终在努力使这种权力理性化，但它依然是非理性的"。即使是艺术家极力想用"风格"来解释艺术的成因，但"文化工业仍然戳穿了风格的秘密，即对社会等级秩序的遵从"。

虽然同样秉持着一种建构的思维和对社会权力的关注，但是法兰克福学派的这种权力观与福柯的"微观权力"的思想依然有着明显的区别。在法兰克福学派的权力观下，价值与权力有着明确的自上而下的方向感；这也是为何部分学者认为，法兰克福学派发展至中后期以后，以哈贝马斯为代表的新一代法兰克福学者所做的工作正是对这种过于单向的权力观的修正。但是，无论如何，批判理论中关于主体关系和权力的讨论却一再被继承下来，与官方当权者、实践者之间保持距离而确保自身处在一个批判的位置上的立场得以延续，影响至今，或也成了今天的批判遗产研究愿意继续延续"批判"其名的重要原因。

其三则是更为广义的文化研究的发展。文化研究自身的理论边界本是一个长期争论的话题，上述提到的福柯、法兰克福学派都曾在部分学者的讨论中被纳入文化研究自身的思想起源中。一般来说，较为常见的观点倾向于将文化研究的渊源从索绪尔的结构主义开始算起，毕竟从索绪尔的时代开始，"意义"便是在一种社会约定之中形成的，符号间的相互比对赋予了这种意义；此后，罗兰·巴特进一步将此问题发展到文化主义的层面，从言语的意义扩张到文化的意义；而到了后现代色彩更强的福柯那里，其所谓的"话语实践"的逻辑更进一步将人推至历史时代的产物，强调历史性对于主体的极大影响（克里斯·巴克，2013）。

这些思想都为文化研究的诞生与爆发奠定了基础。再加上上述法兰克福学派的发展，作为一种政治和阶级产物的"文化"逐步成为愈发引人关注的话题。尤其是到了 20 世纪 60 年代以后，以斯图尔特·霍尔等人为代表的伯明翰学派的活跃，更是将其推至高潮。

在法兰克福学派眼中，大众文化生活在资本主义意识形态的文化控制和统一之下。这一论点后来遭到了伯明翰学派的反叛。但是即便是伯明翰学派，他们反叛的仍然只是关于大众文化是否具有反抗力这一部分，而在国家意识形态具有统一文化的意图以及面向文化产品进行阐释批评等方面，仍与霍克海姆和阿道尔诺的早期工作保持着一致（麦奎根，2011）。如若仔细去审视此时的代表人物斯图尔特·霍尔的思想，他实际上将一种"反本质主义"的倾向发挥到了极致。斯图尔特·霍尔（2013）曾利用"表征"（representation）这一个概念去界定"某一文化的众成员间意义产生和交换过程中的一个必要组成部分。包括语言的、各种记号的及代表和表述事物的诸形象的使用"，更为直接地说，即"表征意味着用语言向他人就这个世界说出某种有意义的话来，或有意义地表述这个世界"。对于表征形成方式的理解，霍尔更倾向于一种建构主义的解答，即作为社会行动者的"我们"建构了一种形象或者语言的意义。换言之，一套符号式的系统要想在观者面前获得意义，这需要一个"对话"的过程，而能够让观者和该系统产生"对话"的前提是双方共享的文化信码的存在。然而，这种信码的运作更像是一种社会惯例，而非固定的法律或不可改变的规则。所以，霍尔直接提出，"我们应当学会少从'精确'和'真实'方面，多从可有效交换的方面去思考意义……始终承认同一文化循环圈内不同'说话者'间的差异和权力的持续存在"。这种观点也直接呼应了批判遗产研究当中对"说话者"多元权力的提倡。

2.2　批判遗产研究的成型与发展

需要指出的是，上述的各理论流派的思想在整个人文社会科学的思想史上也很难被完全理解为一个整合的脉络；他们交替出现，互有影响，在具体的权力观上有着不同的导向。但是，他们的共性可以被简单归纳为两点，其一，无论是将文化理解为一种被表征出来的实体还是表征这种行为本身，文化不是一种理所当然的产物，它与特定主体自身所持有的价值倾向，以及彼此之间的权力导向是存在着某种特定关系；其二，作为一种研究上的方法论选择，他们有意识将自身与官方当权者、实践从业者相区分开来，站在更具批判性的立场之上。这两方面的共性或许也解释了为何尽管各自继承的理论渊源大不相同，但是时至今日，依然产生了一批共同以批判为名并以之作为切入点的遗产研究者。

那么，批判遗产研究究竟是从何时开始视作正式形成了呢？包括劳拉简·史密斯、罗德尼·哈里森(Rodney Harrison)在内的学者,都习惯将 20 世纪 80 年代以来形成的一批学术讨论视作批判遗产研究兴起的直接源头。

在这当中,最初的代表作主要包括了大卫·洛温塔尔(David Lowenthal)的《过去宛如异乡》(*The Past is a Foreign Country*)、帕特里克·赖特(Patrick Wright)的《活在一个古老的国度》(*On Living in an Old Country*)以及罗伯特·休伊森(Robert Hewison)的《遗产工业》(*The Heritage Industry*)(Harrison, 2013;劳拉简·史密斯,2018)。

大卫·洛温塔尔的工作围绕着当下是如何需要过去、怀疑过去、了解过去和重塑过去的。在这个意义上,"欣赏或者保护一件文物,更不用提去粉饰或者仿制它,都将影响到它的形态和它所留给我们的印象。正如,选择性的闪回倾斜了我们的记忆,主观地形成了一种历史视角,对古物的操控重塑了它们的外观和意义。与遗产的互动持续地影响着它的本体和语境,不管是有意或是无意"(Lowenthal, 1985)。帕特里克·赖特则将焦点更集中于 20 世纪 80 年代英国一系列的政治环境和事件对遗产所产生的影响。他使用了"无时间性"(timelessness)一词,对官方修正历史这种做法展开了批判。他认为,"一旦历史被展示为一种完成了的、仅需要被欣赏和保护的'历史性过去',它便被冷冻、封闭和限制为'无时间'了","真实性"的背后暗含的是主导什么能被留下、什么能被保护的权力关系(Wright, 1985)。同样是面向 80 年代的英国,罗伯特·休伊森的论述主要基于当时的一种"衰退"的社会经济背景,唯有利用文化当中的经济潜力,遗产像商品一样被生产出来,形成一种工业化的模式。但这并非是一个简单的经济问题,利用"经典重生",新右派政治运动实际上是打造了一个封闭而美好的过去世界(Hewison, 1987)。

总体而言,这三本著作所核心讨论的问题均围绕"过去"、"历史"和当代的关系,致力于将遗产与一个真实的历史分离开来,将注意力引到了当代世界对遗产进行的种种修正。尤其是当代的政治意志,往往会基于"认同"和"民族国家"等问题的需要不可避免地对来自过去的象征——遗产产生影响。在这三本书当中,他们关注的与其说是遗产的物质本体,更不如说是遗产所带有的一种非物质意义上的过去与现在的联系。正如洛温塔尔所说,"不应将历史与遗产相混淆……遗产运用历史痕迹来讲述历史故事。但是,这些故事与痕迹都已经被镶嵌到了几经审查的寓言当中……遗产难经考证,它甚至不是一个关于过去的貌似真实的版本,它仅是对那个过去的一种信念的宣言"(Lowenthal, 1998)。

这种论调一直持续影响至今,只不过,进入 20 世纪 90 年代以后,被研究者们所广泛讨论的影响遗产与真实历史之间距离的要素不再仅是一个狭义上的政治问题。学者们继续带着法兰克福学派式的批判口吻对 20 世纪 70 年代以后的遗产热和非"真实"的遗产展示模式展开了讨论。这批研究者广泛关注于 20 世纪 70 年代以来新右派和保守主义政党影响下的政治运动和民主发展、新自由经济主义政策下中产阶层的兴起以及后现代破碎和混乱的文化形态对西方快速增长的文化遗产数量,以及公众对于文化遗产的兴趣的影响。在这种增长热中,遗产展示的方式也随之转变。超越了真实本身的"表演"、"体验"等遗产展示模式大行其道,凭借着"以观众为核心"这一论调迅速得到市场的支持而扩张(Urry, 2009;贝拉·迪克斯，2012；Walsh，1992；Samuel，1994；Kirkshenblatt，1998；Harrison，2013）。

他们意识到，在看似日渐丰满的遗产类型和数量扩张的背后，遗产却渐渐成了一少部分人的游戏。例如，在种族政治问题上，斯图尔特·霍尔将遗产视为一种话语实践，涉及一个国家的集体社会记忆的塑造。他讨论了英国的遗产体系是如何将黑人排除在外的，他认为"遗产的主流版本应该修正它们的自我概念，重新将边缘纳入核心，外围纳入内部"（Littler et al.，2005）。再如，在土著文化问题上，罗德尼·哈里森提到，"非物质文化遗产和文化景观的概念却在根本上与土著存在论不同，UNESCO 和其他遗产专家们经常宣称要扩展遗产的定义，从而把这些类别都包括进来，却巩固了现代版的笛卡尔二元论，将自然和文化、物质和精神割裂……至少对于澳大利亚土著人来说，'自然'和'文化'遗产是不可分割的，在当代遗产管理实践中将它们分开不仅是错误和误导性的，也严重地剥夺并削弱了他们履行对'家园'的责任的能力，这在他们看来是他们遗产的核心"（Harrison，2013）。

在当代，面向经典话语体系内的遗产价值和话语权力进行批判，进行得最为彻底的仍然要属劳拉简·史密斯的贡献。她直接以福柯的"知识—权力"理论为基础，提出"权威式遗产话语权"（Authorized Heritage Discourse，多简称为 AHD），她认为该话语权"集中在美学意义上赏心悦目的物质实体、地点、场所或者景观，认为这些才是当代人所'必须'关注、保护和敬畏之物，只有它们才能基于'教育'的考虑沿袭至未来，形成一种共同认同"（Smith，2006）。在这种体系下，大量的平民遗产、土著遗产以及遗产的非物质层面被排除在外。通过反对这种话语体系，史密斯所希望强调的遗产定义代表的是一种当代与过去的非物质联系，这种定义显然不局限在 AHD 体系的经典层面之下。更为重要的是，这种价值体系以《世界遗产公约》为代表正在向全球推广，这个过程实际上也是将这种欧洲式的话语体系推向了全球，强化了其背后的权力关系。

2007 年史密斯主编《文化遗产：传播和文化研究中的批判概念》，书中单设《遗产中的批判概念》一卷，并进一步切分为"土著问题"、"认同"、"记忆"和"理论问题"，其中"理论问题"主要针对考古学的政治性、文化帝国主义、社会记忆、争议性遗产、政治经济视野下的遗产当代利用等问题（Smith，2007）。由此，也可视作以史密斯为代表的一批学者对于当代批判遗产研究的主要话题范围的设想和构建。

2.3　不仅是遗产：批判研究在博物馆领域的影响

批判遗产研究发展至今所形成的著作成果自然远非仅限于上文所列出的内容，将这些著作成果一一罗列也并非本书的目标。不过好在这些著作成果虽然丰富，但是基本不会脱离上文所列的脉络框架，因此借助上文内容，读者们应能对批判遗产研究有一个基本的理解。

即便如此，我还是希望在此加上一小部分余论，以期证明批判研究的影响力远非仅在遗产领域得以展开，它体现了 20 世纪后半叶整个人文社会科学领域的一种趋势，尤其是在诸多与"文化"相关的领域均有所显现。遗产研究的一个"近亲"——博物馆研究便是其中一例。

近乎与批判遗产研究同时，批判研究的力量也开始在博物馆领域内产生影响。

托尼·本尼特（Tony Bennett）的工作首先产生了极大的影响力。本尼特是一名深受英国文化研究传统影响的学者，他最主要的博物馆思想集中体现在 1995 年的专著《博物馆的诞生》（The Birth of Museum）之中。在该书中，托尼·本尼特运用了福柯的"规训"和"治理术"等概念来解释博物馆的起源及其背后所隐含的权力观（Bennett, 1995）。而与托尼·本尼特的工作近乎同期，"表征"概念对博物馆研究的影响力开始逐步体现出来。亨里埃塔·利奇套用罗兰·巴特运用表征符号分析文学作品的套路来分析博物馆展览作品，他认为，"意义可通过分类和展出而被创造出来……一个博物馆将会赋予各物品以重要性和意义，因为这些涉及对各特定类型的文化价值的表征。各博物馆是意义的仲裁者，而制订收藏计划，取得物品，安置展出的过程则既需要符号权力又需要机构权力"（斯图尔特·霍尔，2013）。由此，利奇很好地连接了表征与诗性（poetic）和政治性（politic）之间的关系。所谓符号权力，体现为一种言语建构的方式，即诗性；而机构权力，则更多的是建构方式背后的政治力量，即政治性。

实际上，无论是本尼特也好，还是霍尔、利奇等人也罢，他们的身份都不能被看作是一批简单的博物馆研究者。博物馆是他们重要的关照内容和研究对象之一，他们更主要的学术追求还是体现在更宏观的文化符号、文化政策之上。

具体到更直接的博物馆研究领域而言，1988 年，由史密森学会举办了一场名为"表征的诗性与政治性"（Poetics and Politics of Representation）的学术讨论会，直接与利奇的讨论相互呼应，并于 1991 年出版论文集《展示文化》（Exhibiting Cultures）。此书虽未明确界定表征的含义，但作为主编的史蒂文·拉文（Steven Lavine）和伊凡·卡普（Ivan Karp）论述道，"博物馆世界至少需要以下三个方向的运动：赋予机构以外的人们机会以控制他们在博物馆中的呈现方式；扩展博物馆中展现非西方文化和美国的少数族群文化的专业性；开办实验性的展览设计，从而以提供多元的视角，揭示现有途径中的种种紧张关系"（Karp et al., 1991）。这种表述也预示了"表征"概念在博物馆研究领域未来的一种发展方向。在此概念影响下，表征方式背后所包含的人群权力和政治联系被研究者们逐步放大，诸如"兼容性"（inclusive）、"排他性"（exclusive）和"可进入性"（accessibility）等成为研究中常见的关键词。怎样的人，以怎样的方式，实现了怎样的表征效果，这些讨论成了下一期批判博物馆研究的重点。

在这一时期，在博物馆研究领域内具有转折性意义的另一事件也在悄然发生，这便是"新博物馆学"（new museology）的发展。"新博物馆学"一词本身存在多重理解。一般所谓的"新博物馆运动"往往特指社区和生态博物馆运动，国际社会关注这一问题最早不会晚于 20 世纪 60 年代（王思渝，2016）。但如果从理论角度，一般以彼得·维尔戈（Peter Vergo）1989 年出版的《新博物馆学》（The New Museology）为代表。此书实际上也并未对

"新博物馆学"一词作出完整的定义，只是强调了新博物馆学的产生基于对传统博物馆学的不满足，以及从"怎么做"到"为什么"的研究焦点的转移（Vergo，1989）。这种对"为什么"的讨论在许多重点从事批判博物馆研究的学者眼中，也是极具批判性的。例如，莎伦·麦克唐纳（Sharon MacDonald）在总结博物馆研究的新时代扩张时，她将新博物馆学的发展作为了首要的要素，并认为新博物馆学的一大重点便是将注意力转向展览如何为观众所感知，新博物馆学应当被视为"表征性批判"的一部分，这种工作将导致对展览的"解构"，以此来"强调它们的政治性和隐藏在它们被呈现得'客观'或'真实'背后的策略"（MacDonald，2011）。麦克唐纳的这种总结或许源于维尔戈在《新博物馆学》一书中收录了一篇他自己所写的文章，这篇文章也确实明确地点明了展示的非中性（non-neutral）原则。他承认了展览是由各种敏感、争议、有时甚至自相矛盾的关系所组成，反映了不同利益相关者的立场与权力，因而博物馆面对特定实物时完全具有多元解读的可能性（Vergo，1989）。

除此之外，艾琳·格林希尔（Eilean Hooper-Greenhill）借用福柯"知识型"的思路，对作为一种知识机构而不断被生成的博物馆作出了历史梳理（1992）。她的工作与本尼特等人的结论有着相似的关照，但她作为一名博物馆研究者，在莱斯特大学专门以博物馆学为发展目标，对这类思想在整个博物馆研究领域内的扩张起着不应小视的作用。

在进入20世纪90年代后期以及21世纪以后，批判博物馆研究与上文提及的批判遗产研究的发展脉络又一次呈现出相似之处，讨论的话题从"凭什么国家或政府拥有单一且权威的权力"细化为"要如何让不同的人群共同享有权力，以及都有哪些人群需要参与到这场游戏当中"。例如，凯文·沃尔什（Kevin Walsh）对后现代新自由主义经济政策和新右派政治运动下的博物馆转向的讨论（Walsh，1992）；珍妮特·马斯丁（2008）对新博物馆学与社会权力关系的阐释，即"（新博物馆理论）提倡将博物馆从崇拜与敬畏的角度转变为对话与批评反映的立场，能忠实地研究混乱的历史，能深入触及各个方面；他们展望着一种新的博物馆，在决策制定上透明，而且甘愿分享权力"；科琳·克雷茨（Corinne Kratz）和伊凡·卡普将此问题着眼于全球化的大背景下，他们使用"博物馆摩擦"（Museum Frictions）一词来指代博物馆现在所遭遇的复杂社会进程和变革（Karp et al.，2006）；詹妮弗·巴雷特（Jennifer Barrett）从哈贝马斯的"公共领域"（public sphere）理论出发，提出策展人不再是权力的核心控制者，而应转变为一种辅助者，其智能应该充分发挥在如何引导展览相关社区的自我认同之上（Barrett，2011）；贝拉·迪克斯（2012）对博物馆的文化拼图式的工作的不满等。

2.4　以价值和权力切入批判

综上所述，我从西方一系列与"批判"渊源颇深的思想开始说起，进而展开对批判遗产研究发展脉络的简要梳理，最后以批判博物馆研究所呈现出来的相似路径作为旁证来帮助我们更好地理解这整个所谓的"思想流派"的共同性。

当然，正如本章开篇时提出的，这些思想是否能成为一个边界清晰的流派或许依然是一个问题。这些学者们缺少一个明确的师承关系或现实中的组织结构，连他们所引用的思想渊源都并不完全同源。很大程度上，他们之所以有时会被看作是一派完整而独立的思想力量，主要源于他们与遗产从业者以及由之所主导的应用研究之间在研究目的、方法和立场上的巨大区别。

不过，与其纠结于这个问题，我认为有一个现象反而显得更加有趣。这便是，当批判研究的旗号逐渐延续和内缩到遗产或博物馆领域并在该领域内持续发展后，这里的批判之意已经有了变化。无论是福柯也好，还是霍克海默与阿多诺也罢，他们的批判始终建立在资本主义未来发展的大前提之下，饱含着对现代性的悲观主义色彩。但是如今的批判遗产与博物馆研究，其研究趣旨更多是为了参与到遗产和博物馆的民主化或公共性的建构当中，剥离掉了传统的批判理论中那些以回应主体哲学为使命的部分，更进一步继承了批判理论中早已深根的社会结构意识。

这种社会结构意识的影响是深远的。这也是为什么即便承认这种种变化，我依然愿意将他们放在同一个框架下来考虑的重要原因。上文讨论过的这些思想都是以批判作为一种工具，来重新看待整个资本主义的文化生产或者遗产/博物馆的话语建构过程。他们有效地将矛头对准了两个方面：其一，话语建构过程中不同主体之间的差异性；其二，将连接这些差异性的主体关系看作是这个整体中最核心的要素。

要想完整地解释这两个方面，无疑又是一项巨大的工程。本书的精力只允许我们从两个关键词出发为这两个方面来加以诠释。我认为最合适的两个关键词便是：价值与权力。

所谓"价值"，更准确地说，我想表达的是，在面对同一对象时，主体之间的差异性在其自身所秉持的价值倾向上的体现。

这个问题一直渗透在上文所述的批判遗产研究当中，但同时又被当作过于"固化"的一个因素，更重在突出其对立性，甚少站在主体价值的自我合理性角度去思考。

更何况，价值的问题在传统遗产研究当中本身是至关重要但却一直悬而未决的。

当价值一词引用到包括大遗址在内的文化遗产领域时，国内常见的是"历史"、"艺术"、"科学"三大价值的表述方式，如我国现行的《文物保护法》和2000年《中国文物古迹保护准则》中均是如此。这种表述与"价值"二字连用时，自然也会带有与主体发生联系之意；但是，此时关注的重点仍然倾向于将其看作是客体的遗产对象与生俱来的特质。例如，梁思成先生（1963）就曾提过，"这些石块……表现了它特有的'品格'和'个性'。作为一座古建筑，它的历史性和艺术性之表现，是和这种'品格'、'个性'、'面貌'分不开的"。在这段表述中，影响历史或艺术"性"的最根源要素是作为客体的"石块"。实际上与之相类似的，一定程度上受到科学主义思维的影响，由意大利修复理论奠定基础、以《威尼斯宪章》为代表的现代保护理念，包括以1972年UNESCO通过的《保护世界自然与文化遗产公约》为基石的"真实性"（authenticity）的提法，均偏重保护对象的客体层面。直到近年来，这样的局面才有所转变。不断有学者在不同程度上承认，主体至少是在价值的生成过程中扮演了不可或缺的角色的，价值上的差异可以视作主体间差异的重要表象之一，例如常见的"经济价值"/"功利价值"与"保护价值"、"学术价值"乃至"社会价值"之争（吕舟，1997；徐嵩龄，2005；费尔登·贝纳德等，2008；戴维·思罗斯比，2011；孟宪民，2012）。

　　这对应到价值的哲学研究层面，颇有些类似于价值的主客观之争。新康德主义有过关于"价值世界"与"事实世界"的二分，更像是在强调价值的主体层面，意在突出价值与主体之间的关系、价值与事实之间的区别（涂纪亮，2009）。以张岱年先生（1990）为代表，他所强调的价值概念也是指对主体"需要的满足"，最终落脚点依然回到主体身上。反之，王玉樑（1992）又曾经指出"以满足主体需要界定价值，这样的价值实际上指的是使用价值，而非哲学价值"；在对马克思主义的当代理解当中，不少学者就"劳动和自然界是使用价值的源泉"这一说法，提出这是在肯定价值概念中的客体层面（王玉樑，2006）。

　　总体来说，这一系列的争锋实际上将价值生成方式的主客两个方面的重要性都暴露出来，说明了这类问题在人文社会科学当中的讨论意义。但在文化遗产研究中，对主体价值的关注仍有待进一步发展。主体的价值倾向是在怎样的政治、经济或社会关系中得以生成的，它如何自证或是在这套关系中互证其合理性，它所代表的结构对立是否如我们想象般的根深蒂固，这些问题都有待讨论，并且，对这些问题的讨论不同于单一的政治或经济学分析，反而正是批判研究的视角可以予以我们更多的启发。

　　所谓"权力"，我想关心的则是当不同的主体表达出了自身有差异的价值倾向之后如何有能力将其付诸实践以及由之产生的彼此互动。

　　"权力"这一概念在上文回顾批判遗产研究时已反复出现。它本是一个在当代人文社会科学中应用极广的概念。俞可平（2016）曾对其概念作出过四方面的归纳。他认为，这其一指向一种改变对方的强制性力量，其二是获得特定目标和利益的能力及资源，其三则特指国家强制力量，其四是具备约束和规制效果的复杂网络与微观社会结构。

　　总体来说，尽管经典意义上的政治学、法学、社会学乃至人类学在切入此概念时所秉持的重点关照对象有所不同，但是，这些学科均对于将"权力"理解为主体产生的一种影响力不存在太大争议，争议仅在于这种力量的起源、作用机制、能力大小以及所谓"主体"的概念广度而已。尤其是上述第四种概念，它实际上已经在很大程度上缩减了"权力"概念所蕴含的强制能力，并将这种能力向更广义上的互动影响方面加以延伸，同时也将权力的主体从国家或"当权者"的身上向社会结构、互动关系、潜在规则等方面扩充。

　　在当下的文化遗产和博物馆研究当中，情况也类似。关于"权力"的相关讨论严格来说可以被认为遵循着两条相互交叉的路径：其一是遵循着认同政治的框架，从博物馆和文化遗产的概念起源与业务执行上，理解为当代民族国家身份对文化行为的一种控制（徐贲，2005；李军，2005；魏爱棠等，2011）；其二则更明确地受到上文所述批判研究的影响。随着研究的发展，无论这两条路径当中的哪一条，将权力所指涉的具备影响力的主体的概念范畴逐渐扩大，从而接受一种社会和微观维度的影响已成趋势。例如，克莱夫·格雷（Clive Gray）在再次论及博物馆与权力的概念关联时，已明确转向对"结构和行为维度"的讨论，所关心的重点也使用了"关键行为人"（key actors）这样的宏观概念（Gray，2015）。

　　本书希望使用这一概念同样也是接受了这种广义权力的影响，借此来描述即将重点关注的政府、考古学家和在地社区之间的互动。

　　综上所述，如果说批判理论影响下的批判遗产研究为我们提供了一种很好的切入视角（无论它是否足够独立完整成一理论流派）来对遗产问题加以观察和反思的话，那么"价值"和"权力"这两个关键词又可以为我们提供一个很好的侧面来切入批判。这两个关键词都一直游走在批判研究的框架左右，不会背离其太远，同时又有尚未被完全开发的空间；这两个概念能帮助我更好地理解主体们的种种行为及原因，将完整地贯穿于后文的各项讨论之中。

第三章 2000 年以前的
考古遗址展示

在结束了对概念、展示形态以及诸多理论问题的铺垫之后,本章开始逐步正式进入对大遗址展示的价值与权力问题的讨论。

首先需要强调的是,即便以国家文物局在 2000 年前后正式推出大遗址展示政策作为阶段划分标志,但是 2000 年以前的考古遗址展示工作仍然不应被忽视。原因在于,正如导言所呈现的,诸多的政策框架早在 2000 年以前便已成型,诸多的展示实践也在 2000 年以前展开,因此,诸多的价值和权力问题也早在 2000 年以前便"锋芒初显",2000 年之后的诸多问题只是在此基础上进一步修正和调整。所以,想要全面地理解大遗址展示在整体上的价值与权力现状,对 2000 年以前的考古遗址展示的关心是必不可少的。

3.1 考古、遗址展示与政治:半坡遗址博物馆的建立

在 2000 年以前考古遗址展示的诸多问题当中,首先值得关心的一项便是直接的政治价值与政治权力对开启此进程的推动。

遗址展示意味着要将考古遗址从一种考古学的学术研究对象和文化遗产概念下的保护对象转变为面向公众开放的规模性的、公共性的场所。在新中国的历史中,这场转变始自 20 世纪 50 年代。1958 年 4 月 1 日,被称为"中国最早的遗址博物馆"的半坡遗址博物馆正式面向公众开放。在此之前,新中国虽然已有对个别遗址进行保护并临时性对外参观的案例,但是半坡遗址博物馆却是首次以一种当代博物馆的形态将遗址作为长期固定展示的对象面向公众。

半坡遗址博物馆的建立机缘正如石兴邦在回忆录中所述,"1956 年 4 月中旬,国家文物局局长郑振铎和副局长王冶秋同志来西安视察工作,正好陈毅元帅率领中央代表团参加西藏自治区筹委会成立活动,回来也路过西安",借用这次机会,当时执掌文物工作的郑振铎和王冶秋向陈毅提出了建设博物馆的提案,而当天晚上,"元帅当即慨允"(关中牛,2013)。

实际上从石兴邦对郑振铎和王冶秋当晚所说的话的回忆片段,能看出这二人当时说服陈毅的侧重点所在。在石兴邦的回忆中,王冶秋说的是"应该在这里建一个博物馆,把这些实物给子孙保存起来,向人民群众宣传",而郑振铎则是"就半坡遗址的价值和成立

博物馆与保护文物、进行爱国主义宣传教育等问题作了阐述"（关中牛，2013）。在这段表述当中可以看出，说服陈毅推动建设遗址博物馆的最大理据在于两点，其一是文物保护，其二是爱国主义宣传。

更为具体地说，考古遗址之所以能够与爱国主义宣传结合起来，其具体理据又可以分为以下两点。

其一是半坡遗址所出土文物的精美程度和所反映历史问题的重要性，以及由此所能够激发的民族自豪感，符合国家在塑造民族认同方面的大政方向。当时文化部副部长齐燕铭的一段话反映了半坡遗址的考古发现在政治上的重要性："在解放以前旧石器时代和新石器时代的文化遗存是发现很少的，而且主要是帝国主义学者为它们侵略势力服务而进行的调查发掘。中国考古工作者虽然也作了一些工作，并且发现了著名的'中国猿人'等，但规模很小，空白点很多。解放后……特别是西安半坡村发现了一个完整的原始公社村落遗址，为我们了解原始公社的生活面貌提供了具体资料，这在世界上也是有数的重要发现。这些旧石器和新石器时代遗址的发现……彻底粉碎了帝国主义所谓中国文化西来说的谬论。"（齐燕铭，1960）

其二则在于半坡所印证的历史问题被认为能够与当时盛行的马克思历史唯物主义思想相契合。在半坡遗址博物馆1980年所印发的一本名为《半坡遗址介绍》的小册子中有如下的介绍："由这些物质文化遗存来推测，当时我们的祖先可能处在母权氏族制度的社会，妇女在当时的社会中应该占着比较优越的地位。氏族一切成员都是平等的，没有人剥削人压迫人的现象，大家过着共同劳动，共同分享劳动果实的原始社会主义的生活。"

这种将考古遗址与包含有特定政治色彩的历史史观相结合的做法，在新中国成立初期并不少见。与半坡遗址案例相类似的，由当时著名的考古学家贾兰坡先生为周口店遗址所撰写的科普手册中也写道："恩格斯以辩证唯物主义的观点，研究了大量的科学资料，提出了'劳动创造了人本身'的伟大理论，正确地解释了人类起源问题。以后，全世界陆续发现了许多人类化石，完全证实了恩格斯的科学论断。我们这本小册子要介绍的'北京人'，就是说明这个问题的真凭实据之一。"（贾兰坡，1975）

有了这种建立博物馆的机缘之后，余下的问题便涉及具体怎么践行上述构想。

在建立博物馆之初，依旧是保护优先的。这通过以下表述有所体现：

"按我们考古发掘规程，遗址挖完后，将资料取全（绘图、照相和做模型、文字记录）后，即用土掩埋，以保持原样，并能长久保存在地下。但半坡遗址，做不到这一点，因为常有人来看，所以不能埋掉了之，我们就用席盖上，以避日晒和雨淋。时间一长也有损伤，因为这些遗迹，全为黏土建筑，经火烧过，较为坚硬，但时间一长，也不断剥落，所以在决定成立博物馆后，筹建组第一件事就是先搭了保护棚。"（石兴邦，1998）

至于遗址展示的问题，通过当时相关者的一些书信，我们能够意识到：在当时的价值认知之下，不可移动的遗址和可移动文物的博物馆二者仍然是分开的。

郑振铎与当时中国科学院考古研究所所长夏鼐在 1956 年的一封书信中写道，"陈副总理也到半坡遗址及工作站参观过，很感兴趣。他主张立即把遗址保护起来，并设一博物馆在其旁"（郑振铎，1998）。

在这段表述当中，"遗址"和"博物馆"是两个并列的指涉对象；也就是说，遗址旁边的建筑才属于严格意义上当时所认知的博物馆。

而关于遗址部分具体的展示设计问题，从王冶秋 1956 年的一封信中可以窥见。具体内容如下：

"今天陈毅副总理去看了半坡遗址及考古所工作站的陈列室，他有一些指示……

一、他指示：要搞一个很好的博物馆，将遗址全部放在里面，搞玻璃房子，搞好一些。"（王冶秋，1997）

这里所反映的陈毅对于遗址展示所作出的构想实则颇值得重视。他首先强调要"全部"放在里面，甚至还要用"玻璃房子"这样大张旗鼓的方式以确保外来公众能够一览无余。事实上，陈毅所推崇的这种展示形态存在一种很明显的缺陷：在半坡遗址这样大小的面积下，如果将遗址全部用玻璃罩盖住，观者将没有办法看到更为细部的体现考古学知识性的内容。但是，这也正好反映出：或许对于陈毅而言，他所追求的并不是要让观者看到多么复杂的地层关系或房屋构造等考古学知识，他只是想借用这种全景主义的视角整体营造出一份辉煌壮观的气象。比起对知识的学习，观者在视觉感观上产生的直接冲击及其由此而生的心理感受或许才是陈毅作为来自国家顶层的推动者所更为看重的价值。

最终，受限于工程设计和技术实现上的难度，陈毅的这种提案并没有实现。但是即便如此，将遗址对外公开明朗地展示出来已是必然之举。王冶秋在信件中曾说：

"我与郑部长商议有三种办法，请考虑。

1. 根据陈副总理指示请求国务院拨专款，约三四十万元。

2. 请科学院拨专款，作为西安考古站的附属博物馆，将来此馆即由科学院领导。

3. 文化部设法拨专款，作为中央直属的一个专馆。将来建成后，委托陕西省代管。

以上三种办法，如都做不到，则即由陕西省文化局以四五万元建一临时草棚，将遗址罩上，另搞两三间小陈列室及住人看守说明。"（王冶秋，1997）

王冶秋的上述含义实则表达得非常明确：无论在经费和管理制度上如何解决，即便仅靠"临时草棚"，也务必要完成这个遗址的展示工作。

在上述努力之下，整个半坡遗址博物馆最终形成的展示形态包括两个部分，其一展示半坡遗址出土的生产、生活用具，属于可移动文物的展示，并且在这部分的展示当中也包括了半坡遗址相关的房屋建筑残块标本、模型和埋葬习俗等，属于对不可移动文物中易于片段式提取的信息进行集中展示；其二为遗址展示室，展示发掘的遗址全貌。在对遗址全貌的展示当中，现场仍主要保留着考古发掘现场的真实场景，即以灰坑、关键柱、地层剖面等为实际的展示内容；同时，为了配合这种通俗性较差的展示现状，设有标识牌对在学术价值上颇为重要的现象进行标识。这种展示形态也成了后继的遗址博物馆所主要模仿的范例。

此外，还值得一提的现象在于，半坡遗址博物馆在成立之初便开始配备了宣教讲解力量，并将讲解的风格定义为"以历史唯物主义和爱国主义为主线，融科学性、知识性、艺术性为一体"（赵文艺等，1998）。这两条主线的提法实则也再次印证了半坡遗址的展示问题中所带有的政治诉求。

3.2　基于"公"的保护与展示

在半坡的成功之后，以遗址博物馆的形式来保护和展示遗址开始被各地纷纷效仿。这其中较具代表性的案例包括 1959 年的定陵博物馆、1978 年的广西甑皮岩洞穴陈列馆、1979 年的秦始皇兵马俑 1 号坑展览大厅、1983 年的大葆台西汉墓博物馆、1984 年的湖北古矿冶遗址博物馆、1986 年的新乐遗址博物馆、1987 年的殷墟博物苑、1992 年的三星堆遗址博物馆、1993 年的南越王墓博物馆和河姆渡遗址博物馆、1994 年的耀州窑博物馆等。在这个过程中，地方政府，以及在地方政府所构建的合理性背景下所形成的一批官方机构开始成为其间的主导力量。

在这种官方性的影响之下，考古遗址的保护和展示问题在价值和权力上也都进一步与"公"这一性质相互联系。

所谓"公"的概念，同样在人文社会科学领域内频见讨论。在中西方的政治思想当中，它曾经多次与"官方"、"集体"等词交替使用（陈弱水，2006）。任剑涛（2011）曾经指出，自由主义思想中的"公共"指代的是公与私之间的界限，公权不得侵入私人领域；古典共和主义思想中的"公共"强调的是在群体当中生活中的人；新左翼政治则更着力于利用"公共"一词描述政府与个人之间的一种社会结构。而在很多情况下，"公"的概念又长期与政府及其代理机构密切绑定在一起。一方面，它代表着人类历史在阶级分化之后所衍生出来的一种强制力；另一方面，它又与一种契约论思维相关，意指以政府作为公民的契约委托对象，以公民的公共利益为行为导向（何文君，2005；齐明山等，2006）。

而在文化遗产的问题上，"公"首要体现为保护和展示的价值动机上的面向所有人，其次则表现在实际的权力主导机构通常由以政府为代表的公共机构来执行。例如，尤其是当可持续性的概念盛行以来，文化遗产更被理解为一项具备长期性、外部性、面向更广义的大众的事业，因此，惯有将其核心业务交由政府及其衍生机构这样的公共部门来加以主导的传统。

在我国的制度设计当中，从导言部分的政策框架便能够看出，我国尤其是在对待考古遗址这样与土地资源紧密结合在一起的文化遗产加以保护管理时，地方政府的主导地位在一开始便被确立下来。这背后显示的政治逻辑同样是基于现代政府所维护的公共价值及其所依托的公权思维。

在现实当中我们可以找到大量相关的案例来佐证这一点。这里可以用我曾另文讨论过的平粮台遗址的保护历程来加以举证（王思渝，待刊）。

平粮台古城遗址位于今河南省淮阳县，2016 年正式列入国家文物局"十三五"期间"重要大遗址"名录。简言之，它的保护历程与国内大多数考古遗址类似，自 20 世纪 70 年代末正式发现以来，80 年代以后为避免当地村民对遗址的取土、盗掘、私建砖窑等破坏行为，省考古队选择直接购买下该片土地，并在四周建设围墙，从而在事实上宣告该土地性质正式转为"公家"所有。在这个过程中，以"公"为核心的价值倾向和权力关系屡次显现出来。首先，购买土地所使用的合理性依据是一种面向集体的公共价值，即，保护和发掘（当时尚未提及展示的话题）不是为了特定的私人动机，而是面向所有人乃至未来后代；其次，购买土地的程序也是一种"公对公"的逻辑，最初由考古队出面，在得到国家文物局一级的中央关照后，再逐步从县级政府开始层层换取地方支持，最后与生产队干部这样的基层管理层在遗址保护所需的土地价格、面积等细节上达成一致。

这样的历程尤其是在 20 世纪 80 年代显得格外普遍，以至于让我们近乎将其理解为理所当然。但实际上，如果能够对这样的案例作出更细致的分析，我们不难看出其中所隐藏的冲突与矛盾。

同样以平粮台遗址为例，正如我的文章中所曾提到的（王思渝，待刊），以"公"为核心的价值和权力关系并不意味着私意识的消失。在平粮台遗址案例当中，土地的正式"公家"化正好发生在当地分田到户的关键时间点，在地社区原以为一种集体模式即将事实上分解为更具个人权益的土地模式，但没有想到以遗产保护和展示为名，却又将土地导向了另一个意义上的公家所有。对于公家而言，也并非没有意识到这样做所容易造成的隐藏冲突，因此，试图用甚至高于当时市场平均的价格来进行补偿。可是在这个过程中又忽略了村落社会对待土地的一种自然逻辑。对于村民而言，土地并不完全意味着可以用市场经济法则进行等价交换的资源；相反，土地的"买断"意味着断了村民们子孙后代生存的根基，所有的发展承诺和就业机会都不如当下可见的土地更能够让村民们感到安心。他们也并不习惯于这套市场经济换算机制，因此也自然会对这种交易模式缺乏耐心、衍生怒气。这里有必要再次提及费孝通先生曾经的观点，土地构成了中国村落社会在代际之间保持相对固定和不流动、形成人际伦常的基本资源（费孝通，2008），动摇土地权属问题之后所造成的连带影响远非简单的一次性赔偿金所能弥补的。

在此基础上，私与公之间的冲突形成了后续平粮台遗址在建围墙时屡次爆发恶性事件的根源。直到 2017 年我开展现场调查期间，在地社区之间还弥漫着这份延续了 30 年之久的愤怒。

尽管存在着这样的冲突与矛盾，但包括平粮台遗址在内的大多数考古遗址案例当中并没有将这种冲突与矛盾爆发出来。在这当中一个很重要的调解逻辑便在于，主导者可以通过让在地社区相信，即便是基于"公"的保护和展示，但其最终的成果也依然是服务于整个区域、在地社区可以从中受益。为此，遗址旅游便成了自 20 世纪 80 年代以来逐渐兴盛的一个话题。这不仅体现在某几个典型性的案例当中,甚至发展成了当时地方政府的一种整体性的倾向。

尤其是在 1978 年改革开放之后,与 20 世纪 50 年代末的半坡遗址博物馆的情况相类似的、得到过国家中央顶层推动力支持的遗址博物馆在这一阶段仍然存在,例如秦始皇兵马俑博物馆、河姆渡遗址博物馆、华清池御汤遗址博物馆等;但是,更多的遗址博物馆的主要推动力在此阶段已转移到地方政府的手中。而在这一时期,地方政府已经开始暴露出了极强的"物尽其用"的功利主义倾向。

以最为典型的陕西省为例,当时的学者在分析其所具备的旅游资源时,就明确提出:"我省旅游资源的特点是什么呢? 我们认为就在于一个'古'字,就是说历史文物古迹多是它的特点。"(李靖华等,1984)为进一步了解当时的情况,我曾寻找到诸多当年的亲历者,开展访谈工作。自 20 世纪 80 年代以来正式加入半坡遗址博物馆的亲历者在访谈中曾提到:

> 当时这个博物馆在国际、国内都很有名。当时国内旅游刚刚开放,来参观的人特别多。80 年代对于半坡来说可以说是一个黄金时代。那时候刚刚改革开放,西安的东线一日游,半坡、秦俑、华清池,是必走的项目。半坡和秦俑的游客量不相上下,最高的参观人数达到了 116 万人。[1]

半坡遗址博物馆在这一时期的一项重要举措便是其"史前文化村"的建立。该文化村建于半坡遗址博物馆馆舍范围之内,包含了对新石器时期建筑的复建、狩猎垂钓、原始舞蹈,以及儿童游乐设施。该文化村的提倡者孙霄先生对其定位时也表述得非常清晰,"(史前文化村)旨在通过复原六千多年前的氏族村落,把观众带到身临其境的气象之中,集历史知识、实验考古、游览休息为一体,以科学性、知识性、趣味性为宗旨……是一座兼有博物馆和游乐双重性质的远古文化基地与实验考古中心"(孙霄,1987)。

实践当中,其所带有的旅游意图也十分明显。亲历者就曾提到:

> 半坡有一批人在研究这个问题,特别是复原母系氏族村的想法。在 80 年代已经有一批先生提出了这种想法。当然最后没有坚持下来,就是因为当时想得太大。那是一个港商投资的,对经济回报的期望太高,与实际不合,最后没弄下去。但是一些原始的房屋的餐饮、打斗、垂钓,有一些还在……当时半坡的门票还只有几块钱,但他们就想要 40 块钱的门票,观众承受不了。

这种旅游所带来的经济价值虽然看似建立在资源本身的学术价值之上,但在地方政府推动建馆、外来公司介入、学者地位相对次之的背景之下,其服务于地方的经济诉求的意味已渐趋明显。

此时所谓的经济诉求,仍然主要体现在门票收入之上,因此它的一项重要依托便是参

---

① 本书中凡是作者通过一手访谈获得的原文均用楷体表示。

观人数的急剧上升。例如，以秦始皇兵马俑博物馆为例，从 1979 年开馆以来至 2000 年以前，其立刻创造并且一直保持了惊人的参观数字，具体数据如表 3.1 所示。

表 3.1　秦始皇兵马俑博物馆 1979~2000 年期间参观人数统计表（单位：人次）

年　度	内　宾	外　宾	合　计
1979	326 648	2 200	328 848
1980	1 006 176	38 000	1 044 176
1981	1 204 207	62 000	1 266 207
1982	1 422 320	87 000	1 509 320
1983	1 959 563	80 167	2 039 730
1984	1 568 135	133 225	1 701 360
1985	1 822 207	161 743	1 983 950
1986	2 110 525	193 506	2 304 031
1987	2 087 874	258 325	2 346 199
1988	2 076 340	272 506	2 348 846
1989	1 568 128	139 481	1 707 609
1990	1 541 841	217 640	1 759 481
1991	1 828 356	246 407	2 074 763
1992	1 737 727	357 422	2 095 149
1993	1 462 334	372 624	1 834 458
1994	1 195 137	331 937	1 527 074
1995	1 203 366	325 000	1 528 366
1996	1 179 274	343 217	1 522 491
1997	1 205 704	355 181	1 540 885
1998	1 057 936	311 701	1 369 637
1999	1 181 576	384 774	1 566 350
2000	1 420 251	466 485	1 866 736

注：表格摘自秦始皇兵马俑博物馆编《开创宏图——秦始皇兵马俑博物馆三十年纪念集》（西北大学出版社，2011 年）。

在这种旅游参观的压力之下，秦始皇兵马俑博物馆开始不断寻求博物馆职能的完善。从 1981 年开始在博物馆内设立服务部，开设各类商店；1985 年开始申请扩建博物馆，扩建内容除了遗址展厅之外，还包括可移动文物的陈列厅、影视厅、接待厅、文物库等，并在此之前业已启动广场改造项目，征地 14.84 亩，东扩 50 米，新建售票室、围墙等内容（秦始皇兵马俑博物馆，2011）。

这些做法看似是各地博物馆的机构性质的行为,但实际上,要完成这整套逻辑,地方政府的支持是必不可少的。这其中最为直接的体现便是土地性质的调整和对待在地社区的态度。

如果说上文提及的平粮台遗址案例的土地性质调整主要是为了保护;那么自20世纪80年代以来,为了遗址的展示和旅游而将遗址所在的土地使用权重新收回由公部门把控,以及由此引发的对在地社区的隔离化进程也颇为常见。此时,遗址旅游和展示工作的内容对象围绕着考古遗址的历史年代价值,服务人群围绕着外来观者,这都与在地社区之间切断了联系。以圆明园遗址为例。当遗址所在区域因历史原因逐渐形成荒地之后,陆续有周边住民搬入其中。自1983年《北京市城市建设总体规划方案》中开始将圆明园定位为公园之后,首先起步的是整修、造景等保护和展示工程,紧随其后的便是移民搬迁工作,北京市政府正式提出"迁出去,围起来,管起来"的口号。为此,1990年和1993年圆明园管理处先后两次征用土地,并从1986年、1994年时起便已两次小规模搬迁住户,1998年在海淀区"9950"工程的名义下开始大量动迁。1998年时新闻报道提供的数据是"园内仍有居民610余户,加上在此租用住房的外地人,总数可达数千人",对其定位是"圆明园遗址作为中华民族的宝贵文化遗产,将会由此遭到不停的破坏"(颜京宁,1998)。2000年起,圆明园开始腾退驻园单位,到2007年时正式对外宣称完成了800余户住民、20余家单位的搬迁工作,总投入4.3亿(郭桂香,2007)。

至此,无论是半坡、秦始皇兵马俑抑或是圆明园遗址,它们在日后都借助遗址旅游走上了一条服务于区域经济,进而造福于在地社区的道路。因此,它们看似在继续践行这套以"公"为基础的价值和权力关系时仍在不断触及与在地社区之间的冲突和矛盾,但是同时也依靠遗址旅游调解这种冲突与矛盾。

只不过,我认为,如此火热的遗址旅游对于不断为其提供支持的公部门而言的意义还不仅限于此。

首先,这不应被简单地视作一套由门票收入来促进政府税收的逻辑。毕竟,能实现如上文所示的秦始皇兵马俑博物馆一般的游客数量的遗址尚属少数。而且,这一时期的遗址博物馆大多是以事业单位的身份来收取门票,遵照"收支两条线"的逻辑来完成预算和日常运营,经营活力有限。

实际上,为了更好地理解这个问题,有一个重要的桥梁不应被忽视,即,旅游公司的影响。

2000年前后,在诸多遗址类机构当中也曾出现过旅游公司试图直接介入经营、分摊业务的大潮,这从2000年第一个十年内大量的报道和学术争议当中可以反窥(郑欣淼,2001;木樨,2002;陆建松,2002;魏小安,2002;郑立超等,2003;李修松,2004)。秦始皇兵马俑博物馆的亲历者在访谈中也提到了这一段历史:

随着旅游的发展,临潼县政府搞了一个县企分开,他们在秦始皇陵文管所的基础上成立了一个公司，叫秦陵公司。公司把秦始皇陵圈了一个墙，按照公司的思路整治，卖票开放。所以实际上秦陵是属于企业管理状态。然后到了1998年陕西省省委省政府出了份16号文件，搞市企分开，想要把兵马俑博物馆也按照秦陵的方式来做，纳入他们那个企业，甚至上市。

　　需要注意的是，这股大潮直接的行为主体是各大企业，而要想将这种企业的影响力嫁接到公权的身上，必须要说明的一个重要的连接点在于，各地地方政府在世纪之交普遍传达出来的一种趋势，即依靠扶持地方企业追求GDP增长、实现横向竞争优势的政治经济逻辑。周黎安（2004；2007）曾经使用"竞争锦标赛"（或又表述为"晋升锦标赛"）模型来描述这一现象。他指出，2000年前后中国的地方政府间存在着彼此互不合作的现象，并与这种现象相伴的，引出了地方政府官员主导的投资在当时存在着向同一个行业或项目过度投入的倾向。在他看来，可以将这一系列现象的解释归纳为一套以经济指标衡量官员晋升机制的考核制度。这套晋升机制由从中央政府到地方政府、从上级政府面向多个下级政府部门的行政长官设计，相对优胜者获胜，竞赛标准则由上级政府制定。而改革开放以后最为核心的问题便在于竞赛标准迅速转变为以经济绩效为重，尤以GDP指标为重。同时，Li和Zhou（2005）也开始使用GDP指标来衡量经济增长和地方官员升迁之间的关系，并且利用实证数据证明了二者的正相关联系。在周黎安提出此观点之后，很长的一段时间内学术界对此争议不断，但是，争议的焦点也无非围绕在除了GDP这样的经济指标以外是否有别的影响因素参与其中，而从未在根本上否认经济增长在其中的重要性（陶然等，2010；徐现祥等，2010；杜兴强等，2012；皮建才，2012；乔坤元，2013）。

　　除了旅游公司直接参与经营之外，遗址旅游发挥其对于地方而言的政治经济效力的模式还包括遗址博物馆与旅游公司之间的"带客参观"、打造"精品旅游路线"等合作模式，上文所述的半坡遗址博物馆的游客发达的情况实际上也是对该问题的一个侧面表达。而如若游客规模能够达到秦始皇兵马俑博物馆这样的数量级，那么它所实现的便不再只是博物馆一家的火热，而是能够充分形成辐射效应，带动区域内的整体就业和相关企业的整体发展。

　　此外，地方政府看重遗址旅游不一定是要实现完全的明星效应。对于地方政府而言，只要有这个"改变"的过程便足矣。我国的大量考古遗址地处偏远，从基础设施和辐射范围来说并不具备充分的旅游条件。但是，这并不影响各地地方政府对其进行投入的热情。从20世纪80年代以来，我国各地的遗址博物馆大量在政府的支持和直接投入下得以建设兴起，其中不乏偏远乃至贫困地区。这背后隐含的一方面继续是一种横向比较的思维，看中的是诸如秦始皇兵马俑博物馆这样的"成功经验"下的带动作用，另一方面也开始暴露出一层依靠政府投入来带动整体区域活力的思路，实现"从无到有"、"改良"性质的政绩效果。需要注意的是，后者的这种思路在本质上是可以不计成本的，尤其是在我国的政府官员绩效考核和升迁制度的短期性之下，这种思路可以依靠与外来企业和金融机构的不断合作,遵循一种不断向区域外部融资、向未来借贷的逻辑确保该思路得以存活下去。

　　为此我选择一处曾列入国家文物局"重要大遗址"名录的 Z 遗址为例。Z 遗址的故事主要发生在 2000 年以后;但是它所反映的情况却可以看作是 20 世纪 80 年代以来的上述逻辑的延续。根据 2011 年我对 Z 遗址管理者的访谈资料,当时 Z 遗址已对外开放的旅游园区的建设和整治投资达 2 300 余万,具体一处小型的遗址点的打造工程投资 850 万,在 2011 年前,县级政府总共投入了 3 000 余万来致力于对该园区的建设。并且,在当时的计划当中,还预计再增加 9.6 亿的投资来实现对整体区域的改造①。这笔金额对于当地来说已经几乎相当于 2010 年全县的旅游总收入,远超出当年的地方财政收入。在此,可列出该县 2011 年以前的基本经济数据以作参考(详见表 3.2)。

表 3.2　Z 遗址所在县 2004 年至 2011 年间的基本经济数据

	2004 年	2005 年	2006 年	2007 年	2008 年	2009 年	2010 年	2011 年	平均增长率
生产总值(亿元)	39.45	44.49	50.84	60.02	71.98	83.57	96.74	113.57	14.29%
产粮(万吨)	26.09	25.96	30.04	31.47	31.50	29.53	29.03	29.94	1.91%
零售总额(亿元)	9.40	10.71	13.80	16.96	22.20	23.45	25.34	28.74	15.46%
旅游业总收入(亿元)	2.16	2.5	3.41	5.65	6.15	8.52	10.27	11.84	25.13%
旅游人数(万人)	55	63	82	97.4	106	141	170	196	17.65%
农民人均纯收入(元)	2 123	2 481	2 847	3 477	4 077	5 244	6 267	7 884	18.12%
地方财政收入(万元)	4 909	5 724	7 450	9 248	11 350	13 612	16 268	20 200	19.65%

注: 数据来源据中国统计信息网。

　　那么,对于这样的资金压力,地方政府的解决途径便是:

　　　　作为一个小县城投入那么多钱,都是从上面争取,下面摊派,再加上贷款,多方途径获取资金。

　　从这句话中便足以显现出我在上文所述的资金逻辑。尽管会面临"入不敷出"的风险,但是借助更上级政府在更大空间范围内的区域协调能力和金融投入,这项遗址旅游的事业依然能够运转起来。并且,如果以更长期的视角来看,2000 年初期对 Z 遗址的投入不一定实现了盈利,但确构成了一项恰当的促发机制,使得此后 10 年间的地方政府都可以沿此发展脉络继续不断扩展"招商引资"的工作,由此来体现地方活力、形成滚雪球式的效益。因此,当时的这种投入压力在各个层面上都不会影响时任地方政府将已有的建设工程视作一项"功绩"。今天我们也能在地方政府网站上看到,Z 遗址的建设问题长期被作为时任政府重要的发展成果来展示。

————————————

　　①　在当地的十一五规划当中,对该遗址的投入金额设想是 8.78 亿。

3.3　考古学家的身份与挑战

在结束了对地方政府的讨论之后，在这里我还想引入的另一方主体便是考古学家。

即便是在经典的批判遗产研究当中，都缺乏对某一学术群体更为细致的讨论。尤其是带有官方色彩的学术群体，通常被理解为权威话语权的另一侧面而已。但是，实际上，学术群体的转向与政府尚不可完全等同。他们一方面与政府享有不尽相同的价值倾向，另一方面更是实际工作的直接参与者，与政府处在不同的权力位置之上。类似的论调在更加广义的批判研究当中，能够找到更多的痕迹，例如，哈贝马斯关于"技术"和"实践"的批判、爱德华·萨伊德（Edward Said）所认为的知识分子向权力的批判、吉姆·麦奎根（Jim McGuigan）对于"批判的知识分子"和"实践的知识分子"之间关系的质疑等（Habermas，1974；Said，1994；McGuigan，1996）。但是，以这些论调为基础的研究也并不是总在强调学术群体与政府之间的对立性；相反，也有大量的学者在关注二者是如何被不断调整而相互适应的。例如，托尼·本尼特的观点便是在强调知识工作者如何"针对政府配置的技术调整手段来修正文化功能"，这便又在一定程度上支持了将学术群体视作权威话语权侧面的声音（托尼·本尼特，2016）。

具体到大遗址展示的问题上，我选择考古学家这一群体作为我的观察对象，原因在于，一方面，他们拥有了对遗址资源初始占有和进一步解读的权力，对遗址的展示工作至关重要；另一方面，他们在整个展示工作启动之初仅作为了资料的提供者，与整套"实践"和"技术"相对隔离，更接近于"批判"者的角度，但是随着这项工作的深化，他们的价值和权力问题开始成了各方学术群体当中波动最为明显的一方。这种波动与这个群体在特定的历史环境下所秉持的价值诉求和由权力位置所导致的利益挑战密切相关。这不仅体现在 2000 年以后的大遗址展示当中，在 2000 年以前的考古遗址展示里也能看到这种先声。

3.3.1　出土文物的归属

在导言部分，我回顾了与遗址展示直接相关的制度框架；但是对于考古发掘之后的出土文物的归属问题，我却一直未有着墨。实际上，站在考古学家身份转换的立场上，出土文物的归属确是影响其态度转变的重要原因之一。因此，我在本章本节需要先对此问题加以说明。

在制度层面，1950 年中央人民政府政务院颁布的《古文化遗址及古墓葬之调查发掘暂行办法》对于出土文物的管理问题要求"各地原有或偶然发现的一切具有革命、历史、艺术价值之建筑、文物、图书等，应由各该地方人民政府文教部门及公安机关妥为保护"，并作出规定"已出土可移动文物，应由当地人民政府移往安全地带妥为保管"（第三条）。此条中所指向的"安全地带"在第十五条中有更为明确的规定，即"凡……物概为国有，由中央人民政府文化部及当地之大行政区人民政府或军政委员会文教部协商处理。交中央或地方博物馆保管。其情形特殊者,得先交由该发掘团体从事研究,但该团体于研究完毕后,仍……公开展览,以供……观览及研究"(第十五条)。在这当中,考古资源在地管理的逻辑已经显现,发掘者和管理者相分离的制度已经成型。而对于后世争议较深的"研究完毕"的期限问题,此时的制度作出了理想化但却十分孑然的规定,即"发掘团体应于发掘工作完毕后一年内,完成发掘报告"(第十四条)。

此后,1951年中央人民政府文化部、内务部令《关于地方文物名胜古迹的保护管理办法》开始规定"在文物古迹较多的省、市设立'文物管理委员会',直属该省市人民政府。……未设立委员会的地方,由当地民政部门协同文化部门共同管理"。同年的《地方文物管理委员会暂行组织通则》中规定"各地方征集到的文物,图书和革命遗物,委员会得暂时接收、保管并加以鉴定。凡地方上已有图书馆、博物馆机构的,应即行移交各该机构保管"(第六条)。至此为止,由地方文物管理委员会管理并协调包括可移动和不可移动文物在内的地方考古资源、地方博物馆为代表的收藏机构实际收藏出土可移动文物的基本制度已经形成。

20世纪60年代以来的系列规定进一步巩固了这项制度。例如,1962年《文化部文物局关于博物馆和文物工作的几点意见(草稿)》中明确规定"文物在报告写出以后,尽快移交博物馆保存"(第八点)以及"对其中特别珍贵而又易于损毁的文物,尽可能集中到省级博物馆或文物机构保存,避免损失。当地若需要陈列时,可用复制品交当地陈列"(第九点)。与之类似的,1964年《古遗址、古墓葬调查、发掘暂行管理办法》也同样规定"一切发掘单位在写完发掘学术报告后,应将出土文物(指完整器物和可以粘对成型的碎片)和标本(指可供研究用的碎片)移交发掘地区的省、自治区、直辖市文物行政部门(或其指定单位)保存。……发掘单位因学术研究或教学需要的部分标本,可由省、自治区、直辖市文化行政部门调拨;发掘单位需要一部分文物时,可与省、自治区、直辖市文化行政部门协商解决,如所需文物特别重要或在协商中双方意见不一致,应报请文化部决定"(第十条)。从上述表述中可以发现,"省级"与"当地"实属两个不同的概念,而制度上对于"省级"明显更为看重。对于"当地"的问题,1973年《国家文物事业管理局关于进一步加强考古发掘工作的管理的通知》中甚至明确提出"除在发掘现场为宣传党和国家的文物政策、向群众进行历史唯物主义教育举办的临时小型展览外,各县(市)一般不必举办固定的出土文物展览"。

改革开放之后,尤以1982年《文物保护法》的颁布标志着我国的文物资源管理制度走向成熟,但其对于之前的制度体系仍然以继承为主。在出土文物的所有权问题上,其作出了如下表述,"出土的文物除需要交给科学研究部门研究的以外,由当地文物行政管理部门指定的单位保管,任何单位或者个人不得侵占。为了保证文物安全、进行科学研究和充分发挥文物的作用,省、自治区、直辖市文物行政管理部门,必要时可以报经省、自治区、直辖市人民政府批准,调用本行政区域内的出土文物;国家文化行政管理部门经国务院批准,可以调用全国的重要出土文物"(第十六条)。

在此制度基础之下,看似是将调配文物资源的权力交予了地方一线和上层博物馆之外的第三方机构,即各地的文物行政部门,但是基层权力仍然未能得以保障。虽然在1998年《考古发掘品移交管理办法》中已经要求"考古发掘品的移交首先要考虑省、自治区、直辖市以上级别博物馆和考古研究、教学单位的需要,同时应照顾到考古发掘所在地的县、市级博物馆"(第十二条)。但是,在这部管理办法中,却仍然没有就执行层面所出现的诸多问题作出行之有效的解决方案。例如,其规定"考古发掘单位在考古发掘报告完成后一年内,应提出对考古发掘品的移交方案报告"(第五条),但却没办法规定在考古发掘结束之后多久应完成考古报告,也没有表明该移交方案报告的具体执行期限;其给予了考古发掘者在文物所有问题上一定的建议权,如规定"考古发掘品的移交方案报告包括下列内容:1. 按考古发掘出土单位编制的出土文物登记表及必要的照片、绘图和文字资料;2. 发掘单位申请留作研究之用的考古发掘品目录;3. 发掘单位对考古发掘品分配的意见或建议"(第六条)以及"考古发掘品移交后,收藏单位应保证原发掘单位的研究、教学之用"(第十五条),但却未能对该权力提供任何的保障。

总体而言,出土文物与遗址之间"分而治之"的趋势已非常明显。出土文物面临的直接管理者和保护者实际上是地方各级博物馆,不强调留在遗址;而遗址的保护和管理议题则属于文管所的业务范畴。考古学家的活动在整个制度框架中属于名义上的建议与咨询,但是实际上仍处在被管理、被约束、积极配合的位置。

3.3.2　考古学家的态度

在上述管理制度之下,现实当中考古学家的身份定位需要从三个层面加以理解:其一,考古学家们对于遗址的价值倾向为何;其二,这套管理制度会给考古学家们带来怎样的压力和挑战;其三,这样的压力和挑战会促使考古学家们对自己的价值动机作出怎样的调整。

首先,如果说,我们将考古遗址的发掘、研究、保护和展示视作一整套流程,那么在新中国成立初期,考古学家们所关心的重点一直长期停留在前两个环节上。最典型的一段叙述当属半坡遗址的发掘者石兴邦先生在回忆录中的一段话:

"那时,由于没有想到以后要在这里建博物馆,所以将几处很好的房址一块块地解剖掉了,大型房子除将两个柱础全部取出土拿回外,将房屋架构部分都一段段地切开,将其残块堆到已挖过的地方,将圆形房子一片片地取下,将居住面也一层层剥开,整个房子都化整为零,使现在的参观者再也看不到房子内部的结构和包含物了。虽然在那种情况下,固然是应该这样做的,但在博物馆成立后,要恢复大房子的原貌就再也不可能了。"(关中牛,2013)

在这一时期,即便考古学家们会产生一些自发的保护行为,这也是以发掘需要和研究价值为导向的。这一点可以在谢辰生先生1964年写给康生的信件中反映出来:

"文物工作者就不能对待文物只保其精华而毁其糟粕。因为文物的精华与糟粕是杂糅在一起的,并不是那么泾渭分明……但有一个文物工作队的负责同志和大家说周口店出北京猿人头骨的地方是精华,其他地点(出石器等地点)相对而言就是糟粕,前者主要是保护,后者就可以不必。这和主席所指精华和糟粕的概念是完全不同的,因而也是不正确的。"(李经国,2010)

面对这种情况,以保护为价值导向的国家文物局从 20 世纪 50 年代初开始提出了"重点发掘、重点保护"的文物方针。这在后来 1961 年的《国务院关于进一步加强文物保护和管理工作的指示》中被正式完整表述为"两重两利"方针,即"重点保护、重点发掘;既对基本建设有利,又对文物保护有利"。这套方针虽然看似不直接涉及展示问题,但它自身最重要的意义之一便在于将考古学家们也裹挟参与到了遗址发掘结束之后的后续议题当中。

例如,在下述的一段关于"两重两利"方针的解释当中,可以侧面印证出考古学家当时面临的基本情况和对待遗址的基本态度。

"那么如何来正确地理解'重点发掘'的方针呢?我们的任务是配合基建进行清理发掘,因此发掘的重点就该是从基建工程上考虑,是否必须清理发掘。工程进行中要遭致损坏的,就必须清理发掘,除此之外,虽然遗留在地下或掩盖在建筑工程基础下而不致损坏者,都暂可不做……而在这一条范围内还可以从清理发掘对象的价值来具体分别粗做和细做……在不致遭受损坏的条件下,在工地遗留一些墓葬或遗址,对我们目前考古研究工作是可能会造成一些不方便的。但是从实际情况出发来看,这些文物已经埋在地下数百年数千年,倘不是基本建设的发展,我们是否就会去发掘呢?让它们再留在地下一个时期不是比粗率发掘更好吗?既减少了人力物力的困难,又不致形成破坏,给我们以后的发掘工作留下一些'遗产',总比现在要'浪费'了好一点。至于发现有极端重要价值的墓葬遗址,前面已经说过是可以作例外处理的。"(陈容,1995)

从中我们意识到,当时的考古学家们已经面临了巨大的抢救性发掘的压力,需要从中挑选具有"重要价值"的来进行例外处理;并且,这里所谓的价值也都是基于研究价值的角度出发的,也正因如此,才会"造成一些不方便"。

至于展示问题,相较于不可移动的遗址,考古学家们更习惯于将展示与可移动文物之间相绑定。以 1953 年建成并开放的"中国猿人陈列馆"为例,这是由中国科学院直接动议、支持并筹建,属于学者掌控度较高的一处早期遗址博物馆。

1951 年,时任中国科学院副院长的竺可桢前往周口店遗址参观,从而首次提出建设陈列馆,以对外展示周口店的研究成果。到了 1953 年春,由中国科学院拨出专款开始筹建,并于 9 月建成开放"中国猿人陈列馆",归中国科学院古脊椎动物研究室领导(北京市地方志,2004)。

当时,这一处陈列馆主要的目的按其官方表述是"将过去一直锁在研究室里专为少数几个人欣赏的宝贵标本,也取出来和群众见了面"(贾兰坡,1958)。因而,从这段表述中也可以看出，这一时期的展示思想是围绕着可移动文物的，不可移动的遗址尚未纳入整体的展示形态当中。事实上，当时的展示空间确实只有一栋 300 平方米的建筑作为展示标本所用。从展览的内容体系来看，紧密围绕周口店遗址的出土物。全部展览共分为 7 个部分，第一和第二部分仍分别以龙骨山所出土的"北京人"和"山顶洞人"的人类活动材料为主，第三部分开始展示周口店以外的我国境内发现的其他人类化石，第四部分则开始讨论周口店附近的地质时代问题，第五、六部分则围绕周口店一带发现的动物群，第七部分展示的是与"北京人"共存的动物群（贾兰坡，1958）。

至于不可移动的遗址方面，学者们的态度仍是以保护为重。比如 1956 年古脊椎动物研究所在周口店成立的工作站已经开始担当起"保管龙骨山山场"的责任。之所以如此注重标本的问题，也与负责学者们的博物馆学思想有关。当时该陈列馆归中国科学院古脊椎动物研究室下设的古人类研究组直接领导，而该研究室的主任为杨钟健，研究组的组长为裴文中。这两人均为我国 20 世纪中期重要的博物馆学家，但他们的思想中都不见对于遗址问题的关注。杨钟健更强调的是大而全的综合性、地方性博物馆的建设，而裴文中则更关注于唯物主义思想、通史陈列和自然史标本等问题在博物馆发展中的地位（张文立，2007；袁俊杰，2012）。

事实上，20 世纪 50 年代整个中国博物馆学在所谓的"三性二务论"（即，中国博物馆的基本性质是"科学研究机关、文化教育机关、物质文化和精神文化遗存以及自然标本的收藏所"，基本任务是"为科学研究服务，为广大人民服务"）的指导之下都更关注综合性博物馆的发展、强调借助宏观的通史陈列来推动唯物主义爱国教育等议题，遗址的问题还远没有正式进入博物馆学与展示相关的视野之内（李慧竹，2007）。

即便是进入了 20 世纪 80 年代之后，与展示更为直接相关的旅游问题进入了考古学家们的视野，但是，总体上还是对此呈现出徘徊不定的价值导向。

当时，一些考古学家看到了旅游经济价值的客观优势，并对其作出了较为积极的评价。例如，以日本平城宫遗址为代表的一批国外案例开始在这个时候影响国内学者。除了学者个人层级的交流之外，国内已经开始派出考察团赴日学习经验。而对于当时已做了大量复建工作并走上了遗址公园道路的平城宫经验，国内学者的评价是"现在看来已具有美观华丽的平城宫的雏形，预见到一定时期，这里将是人们争相前往的旅游风景胜地"、"对奈良地区的旅游事业很有效益"（王幼麟，1985；李绍明，1987）。

但是，另一方面，考古学家们整体上并不愿意以官方口吻去公开承认这种旅游经济价值，显得谨小慎微。例如，孙霄（1987）在论及半坡遗址博物馆建设史前文化村时所作出的表述，一直在反复强调该行为中所带有的博物馆特性，表述时也总将趣味性、游乐性相关的话题放至最后。尤其是其"实验考古"的提法，就当时的实践而言，这与以考古学学术价值为目的的实验考古相去甚远，所做的工作实则更接近于今天理解中的以考古为主题的观众参与互动。但即便如此也还要使用该提法，其回避争论的意味已非常明显了。

再如，有一处自 20 世纪 80 年代以来便开始在酝酿筹建博物馆，并且在当时而言已属

类似公园化手法的S遗址,其亲历者在回忆建馆经验时就明确地反映了当时所存在的争议:

> 当时都认为博物馆就是一个保护,但是我觉得博物馆应该跟文化产业、旅游联系起来。当时我提旅游这个概念遭到很多人反对,尤其是文博界,博物馆不能提旅游……在1997年以前,博物馆的做法是把文物捆绑在柜子里面,不加任何的辅助手段,只要能看到就行。当时他们说的是要保持文物的知识性和严肃性。我对这种想法也有较大的分歧。我坚持了我的想法,还有很多人说我是在修鬼宫。我的坚持是要做场景,要让博物馆有趣味性、可视性,拉近文物和观众的距离。

与此同时,面对上文所提及的出土文物的归属问题,考古学家们所面临的现实压力与挑战也开始逐步显现出来。他们需要面对极强的出土文物向上层收藏机构流动、文物收藏脱离考古遗址现场的趋势。

在20世纪80年代中期,我国的地方基层以专门收藏考古类文物为目标的博物馆机构在数量上极少。在1982年的情况中,全国已有博物馆409家,地、市、县级中、小型博物馆有300多家。虽然数量上看似可观,但是从类型上,其中多为革命史、革命纪念性质的博物馆,少数为自然科学类的博物馆,而囊括考古材料在内的综合类博物馆几乎没有(赖国芳,1984)。即便是在一定基层行政辖区内存在这样能够收藏考古材料的地方级博物馆,其与遗址现场的距离仍然是遥远的。

如此一来,在田野中的考古学家与在省市博物馆里的考古资料日渐分离的问题便显得愈发严重。这也明显引起了考古学家们的不满,苏秉琦先生便曾直接说过:

"我们能够一交了事吗? 有那么痛痛快快交出去的道理吗? 设想我们把一批重要的发掘材料,送到博物馆,人家说:好! 我要这件,不要那件;或者说:统统要下可以,我把好的留下,坏的处理掉。我们说:这样不对,你们应该如何如何……现实情况是我们现在有没有这样一个博物馆? 北京有一个中国历史博物馆,展览面积大约有六千平方米,库屋有多少呢? 只有一个地下室早已'满载'。四川省文管会我们参观过,那里正在整理的月亮湾材料,大量陶片还在筐子里装着摊不开,难道说将来还让筐子装着,一送了事? 这个问题我们不考虑让谁去考虑呢? 请看,考古发掘材料,博物馆是如何对待呢? 博物馆藏品要分一级品、二级品、三级品,三级品就可以卖,据说,不是据说,确有文件这样讲。那些陶片是根本不能入品的,只能当垃圾处理,我们发掘的材料就像亲生的孩子,我们这孩子是不敢送进这种托儿所(博物馆)的……成批的、系统的考古材料,我们想要再深入研究怎么办? 到哪儿去找,材料在哪儿? 博物馆陈列柜里只能看,陈列柜以外的,只有到库屋去找;可是库房里没有啊。我们挖的那些成批标本,到哪一个博物馆去找? 到哪个研究所去找? ……实物是要继续研究的,我们到哪儿去研究呢?"(苏秉琦,1984)

其次,对于制度设计而言,当时也并非完全没有意识到上述问题;只不过,国家宏观政策中对于该问题的解决之道在于,希望以考古报告为标志,对研究环节和保护、展示环节作出一道初步且孑然的划分。

但是，与这种划分思路相伴的现实情况便是，当制度上在 20 世纪 70 年代以来便没有再明确规定考古报告的编写年限之后，基层也随之出现了大量发掘结束之后积压材料、拖延考古报告编写时间的现象。

张忠培先生在 2001 年的时候便直接指出：

"他(指苏秉琦)批评的'报告一出，万事大吉'，似乎还不是最坏的现象，最坏的现象是挖了古代遗存连报告也不出，这类现象大量存在。这是花钱买破坏，比盗墓贼还坏。"（张忠培，2001）

同年，者之提及该问题时，也再次批评了考古报告的延时性现象：

"有的考古发掘结束之后，长时间不进行整理，拖延数年甚至数十年，有的连原来的发掘人员都有变故，在这种情况下，不整理编写考古发掘报告，实属可惜，而要整理编写考古发掘报告，其时效性太差，而且资料的完整性和科学性难免不受影响，很难理想。"（者之，2001）

造成该现象的原因，一般学者都将其归结为 20 世纪后半叶新中国基本建设高潮压力下使得考古学家们无不以抢救式发掘作为首要的工作内容。在 1974 年的《国务院关于加强文物保护工作的通知》中便已明确说明"考古发掘工作，应当以配合基本建设为主要任务"。严文明先生曾在回顾中国考古学进入 90 年代以后的发展状况和未来趋势时，开篇便提到：

"我国考古学虽然从 50 年代以来发展甚快，取得了举世公认的成绩。但在前 30 年中，由于建设规模陡然增大，加上农村深翻和平整土地，造成对古代遗址的严重威胁，迫使考古学者把主要的精力用于抢救性调查与发掘。另一方面，那是考古人员的培养跟不上实际需求，发掘所得的大部分资料不能及时整理和出版，科学研究工作往往因无暇顾及而不能正常开展，或者因资料多未正式发表而无法深入进行。"（严文明，1997）

在这样的压力和挑战之下，考古学家们也需要不断逐渐寻找缓解之道。在这当中，原本与发掘、研究这样的价值倾向存在一定距离的展示问题开始重新被考古学家们列入考虑范围之内。他们逐渐意识到，以展示为新兴特点的遗址博物馆或遗址公园也能帮助他们缓解在考古资源分配上所存在的尴尬。这样在地性质的机构的建立能够为文物留在当地提供更为合理合法的理据。

同样以上文提及的 S 遗址为例。亲历者在访谈当中提到：

　　　　当时建博物馆的时候，一开始不同意建在遗址里面。原因在于发现祭祀坑的时候，市里提出要把文物分掉，一部分给市里，一部分给省里。他们甚至提出东西大家平分。考古队方面不能接受。这一分走了之后会产生矛盾，研究也没办法做。我坚持不能分。但是市里面的领导也不肯把文物拿回来。所以省里面干脆提出在遗址当地修建一个博物馆，这样回避了我们一定要将文物交给市里。

另一位亲历者在访谈中也同样证实了这种说法,并提及了在选址问题上各方利益相关者不同的价值倾向。就地方政府层面,他认为:

> 市里面的领导和专家都建议在城区……他们当时只认为这是保护,过去的博物馆都是一种保护。对这些行政官员而言,当时他们关心的都是企业。这个在当时不产生 GDP,大家也不关心。

而在考古学家方面,他的评价是:

> 考古圈他们对文物的价值认识是够的,对于修博物馆也是支持的。他们理解的博物馆是修个房子,把东西盖起来。

由上述表述可以看出,在考古学家们的心中,20 世纪 80 年代遗址博物馆的建设与取得广泛的在展示和社会经济方面的价值共识还距离甚远,而学术群体的价值出发点仍然是基于研究的,遗址博物馆也切实地满足了他们在这方面的需求,构成了将文物留在现场而非"省里"的客观上的重要理据。从而,这也构成了考古学家们在这一时期开始转而支持遗址博物馆建设的重要价值动机。

3.4　小结

通过上述讨论,我从半坡遗址博物馆的建设开始说起,对 2000 年以前来自中央层级的政治推动、地方政府/官方机构在公权思维下的实际行动以及考古学家的价值动机的转变作出了回顾。这看似是三个独立的话题,但是在这个过程当中,一套关于遗址展示的价值与权力的格局已经基本形成,地方政府的影响力、考古学家的参与以及在地社区的失语实际上在上文的讨论中均已得以显现。只不过,在这一时期,"大遗址"尚未成为一项专门的政策被推出,"展示"问题也多隐藏在保护和管理的身后,一场更大格局、更能充分调动多方主体价值和权力博弈的行动尚处在酝酿当中。

第四章 变与不变：大遗址展示中的"失灵"困境

在结束了对 2000 年之前的考古遗址展示工作的回顾之后,本书终于可以正式展开对 2000 年以后大遗址展示所涉及的各方主体的价值和权力的讨论。本章针对的对象,是在传统批判研究中最热衷于讨论的主体之一——政府。

具体来说,本章对政府作出中央和地方两方面的切分。作为"中央"的代表,我将国家文物局从传统的政府研究当中单列出来,予以专门的讨论。本章想要回答的核心问题依然是政府在大遗址展示当中所传达出来的价值和权力关系,而这一问题实际上可以用一个传统经济学研究当中的常用术语来概括,即市场和政府"失灵"的问题。在接下来的讨论中,我认为作为一种政策出现的大遗址展示可以被理解为市场和政府双重"失灵"困境下各方不断寻求改变的一种尝试,而对大遗址展示进程中的中央和地方政府的观察其实也是在回答这种尝试究竟是否已经"成功"。

4.1 国家文物局的倡议与现实选择

之所以要将国家文物局作为中央部门的代表在这里予以专门探讨,最重要的原因在于,它正是大遗址展示成为一项政策继而向全国的实践当中铺陈开的最原初的倡议者。如果我们要遵循批判研究的思路,将大遗址展示看作一种话语体系或现象而去追问它最初的生成方式的话,国家文物局这样的倡议者必然在一开始便是不可忽视的话题。并且,这种倡议并不只是停留在政策层面,也开始以中央专项和"典范"项目的名义渗透到实践当中。当然,下文的讨论其实也将提到,这种渗透在后来的权力对比当中几度消长。但是,正是这样一种从理想到现实的消长过程,为我观察作为一种话语体系的大遗址展示在应对"失灵"问题时的实际效果提供了窗口。

4.1.1 国家文物局的制度设计

从历史上来看,1949 年新中国成立之后,1950 年开始在中央文化部下设置了文物局,主管各地文物工作(谢辰生,2002)。随后,尽管名称以及与文化部的关系几经变更,但是该中央部门从此正式登上了新中国的历史舞台。

在 20 世纪 80 年代以后,改革开放之后的国家整体发展大局使得文化遗产的保护问题变得愈发急迫,因此,这也使得保护问题构成了国家文物局在很长的一段时间内最主要的价值倾向。被誉为"新中国文物事业的全程见证者和重要参与者"的谢辰生在论述至 1982 年《文物保护法》出台的背景时便曾提及,"随着社会主义经济建设的发展,在城市化、工业化的进程中,保护古建筑、古遗址及其环境是一个十分重要的问题。过去欧洲不少国家在工业革命和第二次世界大战之后,一些城市进行大规模的建设和改造,由于那时对文物保护注意不够,曾造成城市和古建筑的大面积破坏,这个历史教训很值得我们吸取"(谢辰生,1983)。在这一时期并非没有注意到展示、社会教育以及经济旅游等方面问题的存在,但是,如下的表述充分影响并体现出了国家文物局当时的价值倾向,即"旅游的一切活动应该服务于文物保护,如果你的活动超越了这个范围,就不行,否则,就要出问题"(谢辰生,1984)。1992 年,"保护为主,抢救第一"的"八字方针"正式诞生,而后逐步发展为 1995 年的"十二字方针"①和 2002 年的"十六字方针"②,在这个过程中,"保护"的问题永远是被放在了第一位的(佚名,2015)。与之相呼应的另一现象便是 20 世纪最后 20 年内由国家文物局直接或间接推动的重要政策、法规、通知和意见均大量围绕着保护工作。具体详见表 4.1。

表 4.1　1980 年到 1999 年内重要的文物法规

时　　间	内　　　　　容
1980 年 4 月 6 日	公安部、文化部、国家文物局关于加强文物保卫工作的通知
1980 年 5 月 17 日	国务院关于加强历史文物保护工作的通知
1981 年 1 月 15 日	国务院批转国家文物事业管理局《关于加强文物工作的请示报告》的通知
1981 年 4 月 20 日	国务院文物局、财政部、公安部关于加强安全措施防止文物失窃的意见
1981 年 10 月 30 日	国务院批转国家文物局关于加强文物市场管理的请示报告的通知
1982 年 2 月 23 日	国务院关于公布第二批全国重点文物保护单位的通知
1982 年 11 月 19 日	中华人民共和国文物保护法
1983 年 2 月 4 日	文化部关于颁发《中华人民共和国考古发掘申请书》和《中华人民共和国考古发掘证照》的通知
1983 年 5 月 28 日	城乡建设环境保护部、文化部关于在建设中认真保护文物古迹和风景名胜的通知
1984 年 3 月 30 日	国务院办公厅转发文化部《关于加强文物保护制止破坏的紧急报告》的通知
1984 年 5 月 10 日	文化部关于发布《田野考古工作规程(试行)》的通知
1985 年 1 月 25 日	文化部、公安部关于印发《博物馆安全保卫工作规定》的通知
1986 年 6 月 19 日	文化部关于印发《博物馆藏品管理办法》的通知
1986 年 7 月 12 日	文化部关于颁发《纪念建筑、古建筑、石窟寺等修缮工程管理办法》的通知
1987 年 5 月 26 日	关于打击盗掘和走私文物活动的通告

---

①　即,"有效保护,合理利用,加强管理"。
②　即,"保护为主,抢救第一,合理利用,加强管理"。

续表

时　间	内　容
1987 年 11 月 24 日	关于进一步加强文物工作的通知
1989 年 6 月 17 日	关于进一步加强文物安全工作的通知
1989 年 10 月 20 日	中华人民共和国水下文物保护管理条例
1989 年 12 月 26 日	中华人民共和国城市规划法
1990 年 6 月 26 日	关于在严打中加强古墓葬、古遗址保护，打击盗掘、走私文物犯罪活动的通知
1991 年 2 月 1 日	关于加强文博单位安全技术防范工程管理有关事项的通知
1991 年 3 月 25 日	全国重点文物保护单位保护范围、标志说明、记录档案和保管机构工作规范（试行）
1991 年 6 月 29 日	关于修改《中华人民共和国文物保护法》第三十条、第三十一条的规定
1991 年 6 月 29 日	关于惩治盗掘古文化遗址古墓葬犯罪的补充规定
1992 年 5 月 5 日	中华人民共和国文物保护法实施细则
1993 年 11 月 15 日	国家重点文物保护专项补助经费使用管理办法
1997 年 3 月 7 日	中国文物博物馆工作人员职业道德准则
1997 年 3 月 30 日	关于加强和改善文物工作的通知
1998 年 7 月 15 日	考古发掘管理办法
1998 年 7 月 31 日	考古发掘品移交管理办法（试行）
1999 年 2 月 12 日	关于加强我国社会主义时期文物征集保护工作的通知

注：本表资料来源为国家文物事业管理局编《新中国文物法规选编》（文物出版社，1987 年）、范佳翎《新中国文物古迹保护史（1949～2005）》（北京大学 2016 年博士学位论文）。

有了这种价值倾向之后，国家文物局还需要一系列的制度设计来保证践行其价值的权力。对此，最具代表性的便是从 1982 年开始正式推出的《文物保护法》。

1982 年的《文物保护法》规定，"国家文化行政管理部门"（通常即理解为国家文物局）主管文物工作；在此之外，还存在着"地方各级人民政府"来具体负责文物工作。在当时的文物保护单位制度下（遗址这类不可移动文物主要采用该制度），《文物保护法》中的规定是将其保护范围划定、标志说明、建档记录、设置专门机构或专人管理等具体业务工作交由对应的各级人民政府负责。甚至，由国家文物局直接划定的全国重点文物保护单位也是由地方政府负责上述事项，最终交由国家文物局备案而已。由此，便正式确定了后来通常所谓的文化遗产"在地管理"的言下之意。

事实上，按照我国的行政制度，"各级人民政府"并不会直接履行该职责，而是会设立相应的职能部门，由它们来承担具体的业务工作，这便有了"各级文物工作部门"，它们构成了我国的文化遗产管理体系中最直接的行政部门。至于这些"各级文物工作部门"与"各级人民政府"和国家文物局的关系，则可从下列规范和案例中看出。根据《地方组织法》的规定，县级以上的地方各级人民政府有权"领导所属各工作部门"。而它们跟国家文物局的关系,以北京市文物局的情况为例,在其官网上表述北京市文物局的职能范畴时,第一条便是"贯彻落实国家关于文物和博物馆工作方面的法律、法规、规章和政策"①。事实上,国家文物局所出台的各项相关政策占了这里的"法律、法规、规章和政策"当中的大多数。

由此一来,在上述三大主体形成的关系中,国家文物局担当的是宏观政策的制定和规范工作,并通过这些政策来完成其指导和监督的权力,影响地方政府和地方文物部门;而具体的事务则交由地方政府来直接承担,而地方政府通常又是依靠地方各级文物工作部门来具体管辖相关业务。由此,实际上对于地方各级文物工作部门而言,其接受的仍然是地方政府的直接领导,但同时也需要在国家文物局所制定的政策框架内行事。

把这个问题放到更宽泛的行政法领域内,在章剑生(2014)等人的划分当中,行政机关被划分为了一般行政机关和部门行政机关两大体系。地方政府属于一般行政机关的范畴,国家文物局属于部门行政机关的范畴,具体为国务院组成部门管理的国家行政机构,二者具备相对独立的属性。这形成的便是所谓的"条块分割"式的管理制度。作为中央和地方权力强弱关系的缩影,国家文物局与地方政府之间同样处于一种微妙的博弈关系当中。原则上二者理应互相合作同时也互不干涉,但问题往往便出现在当地方政府的决策意志与国家文物局所出台的政策框架有所违背之时。此问题可以武汉大学国家文化财政政策研究基地在《国家文物管理制度机制创新研究》中的模型图加以改编表述(国家文物局,2017)(详见图4.1)。

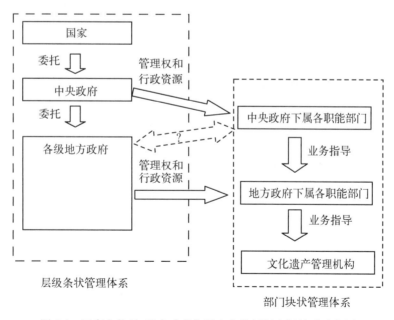

图 4.1　国家文物局、地方政府与地方文物部门之间关系示意图

注：本图改编自国家文物局编《文物政策理论研究辑要》(文物出版社,2017 年)。

---

① 详见北京市文物局官网(http://www.bjww.gov.cn/zwgk/jzn.htm)。

对此，还可以作出的一个补充在于，从 1994 年国务院办公厅印发的《国家文物局职能配置、内设机构和人员编制方案》开始，我国便对国家文物局的职能权力边界作出了基本的界定。到 2017 年时，部分表述略有转变，具体可对比如表 4.2：

表 4.2　关于国家文物局职能配置的表述

1994 年版本	2017 年版本
（一）研究拟定文物、博物馆事业的发展方针、政策、法规和规划，制定有关的制度、办法并监督实施。	（一）拟订文物和博物馆事业发展规划，拟订文物认定、博物馆管理的标准和办法，组织文物资源调查，参与起草文物保护法律法规并负责督促检查。
（二）指导、协调文物的管理、保护、抢救、发掘、研究、出境、宣传等业务工作。	（二）协调和指导文物保护工作，履行文物行政执法督察职责，依法组织查处文物违法的重大案件，协同有关部门查处文物犯罪的重大案件。
（三）审核、申报全国重点文物保护单位；承担历史文化名城、世界文化遗产项目的相关审核、申报工作；依照有关法律法规审核或审批全国重点文物的发掘、保护、维修项目。	（三）负责世界文化遗产保护和管理的监督工作，组织审核世界文化遗产申报，协同住房和城乡建设等部门审核世界文化和自然双重遗产申报，协同住房和城乡建设部门负责历史文化名城（镇、村）保护和监督管理工作。
（四）指导大型博物馆的建设及博物馆间的协作、交流。	（四）负责管理和指导全国考古工作，组织、协调重大文物保护和考古项目的实施，承担确定全国重点文物保护单位的有关工作。
（五）研究处理文物保护的重大问题；对查处盗窃、破坏、走私文物的大案要案提出文物方面的专业性意见。	（五）负责推动完善文物和博物馆公共服务体系建设，拟订文物和博物馆公共资源共享规划并推动实施，指导全国文物和博物馆的业务工作，协调博物馆间的交流与协作。
（六）研究制定文物流通的管理办法；审批文物出口鉴定机构的设立和撤销。	（六）负责文物和博物馆有关审核、审批事务及相关资质资格认定的管理工作。
（七）编制文物事业经费预算，审核划拨并监督各项经费使用情况。	（七）组织指导文物保护宣传工作，拟订文物和博物馆有关人才队伍建设规划。
（八）统筹规划文物、博物馆专门人才的培训；组织指导文物保护和博物馆方面的科研工作。	（八）编制文物和博物馆科技、信息化、标准化的规划并推动落实，组织开展重大文物保护科技创新工程，促进文物保护科技成果的转化和推广。
（九）管理和指导文物、博物馆外事工作，开展对外合作与交流。	（九）管理、指导文物和博物馆外事工作，开展文物对外及对港澳台的交流与合作，负责文物进出境有关许可和鉴定工作。
（十）承办国务院和文化部交办的其他事项。	（十）承办国务院及文化部交办的其他事项。

在这当中，尽管随着文博事业的发展，宣传、展示、服务等工作也愈发强势地进入国家文物局的考虑范畴之内，但是保护这一基础性的价值诉求并未动摇。而实现这一诉求的方式，尽管随着时代变化也有所调整，但是，对于国家文物局而言，"指导"、"协调"、"监督"仍然是最常出现的字眼，直接经手的仍然是"重大"事务，日常业务则主要通过制定宏

观性的政策法规来加以控制。

4.1.2　政策出台的价值与权力背景

需要补充说明的是,在我国的制度设计中,之所以要采用国家文物局、地方政府、各级文物行政部门这样三方主体来共同管理文化遗产问题,本质上还是建立在认为文化遗产领域是一个会出现市场失灵的领域的认识之上。这可以进一步被解释为,通常认为:以营利为目的的企业在处理文化遗产这类公共资源时会存在一种竭泽而渔的倾向,而文化遗产的本体一旦遭到损害,其严格意义上是不能够通过事后补偿的机制①实现"完好如初"的,因此,这种基于公共利益和长远考虑的事业理应交由政府来处理。

关于这种逻辑,其实在第三章论及公权力时便已体现过。当时讨论的重点尚在于这种公权力过于强势的影响力,以及地方政府以旅游为代表而开始逐步显现出来的政治经济动机之上。在这里,我重提这一项逻辑是因为它还面临着另一重要挑战,这便是:政府间内部的价值和权力博弈。

在上文的讨论中我们已经能够看到,当时的制度设计在本质上鼓励了政府主体之间的相互交叉,而有了这种交叉之后,一旦政府主体之间的价值动机不一致,那么他们之间的冲突将显得更加不可避免。

以下案例在一定程度上反映了2000年前后政府的"条"与"块"之间在文化遗产领域内所发生的诸多现实博弈。

案例一发生在山东省曲阜市的孔府、孔庙、孔林(俗称"三孔"),它于1994年列入世界遗产名录,可谓已符合上文提及的国家文物局所关心的"重大"的范畴。而在2000年12月,山东曲阜孔子旅游集团有限公司在其范围内进行卫生大扫除,发生了以水直接冲洗或擦拭古建筑和碑刻的事件,造成诸文物点不同程度的损害。该事件发生之后,曲阜文物管理委员会迅速作出了调查报告,其中对文物的受损情况进行了详细的描述(罗新宇,2001)。但是与此同时,曲阜市旅游局局长却又表示,所谓的水洗只是简单的冲洗地面和湿布擦拭,媒体的报道已经严重失实了。当此事的影响逐步扩大之后,国家文物局方面最为明显的两个动作是:其一,"函请山东省文化厅会同当地政府对此事故依法进行处理"(文宝,2001);其二,于3个月之后的2月16日首次发声,印发了《关于山东省曲阜文物遭受破坏情况的通报》,而该通报的意义在于,首先是以官方口吻承认"水洗事件"属实,其次希望各地文物部门从中吸取教训,"对于丧失职业道德或直接造成文物损失甚至监守自盗的个人要坚决处理"(曲志红,2001)。该事件最后以曲阜市分管文物工作的副市长、该旅游有限公司董事长被给予行政警告和记过处分,其余相关人员撤销行政职务、行政降级和行政记过处分告终(博文,2001)。

该案例值得讨论的地方在于,实际上,根据当时最新的1991年《文物保护法》的第三

---

① 这也是传统公共经济学思维中对于市场失灵问题最常见的弥补措施。

十一条规定"造成珍贵文物损毁的，比照刑法第一百八十七条的规定追究刑事责任"。但是，该案例最终处理的办法远未提交至刑事层面，而最终选择了一种行政降级的方式。在开启这个行政力量的过程当中，国家文物局必须先行借助山东省委政府的力量。

　　案例二围绕的是 2002 年洛阳出现的"河洛文化广场"发现东周车马坑事件。该事件源于洛阳市政府主导的"河洛文化广场"修建工程当中偶然发现了东周时期的车马坑，不仅数量惊人，并且发现了六马一车的"天子之乘"，再次论证了该地为东周王陵之所在，因而学术价值迅速凸显出来。在此背景之下，对于原有的广场建设方案是继续推进、部分保留或是改变为展示东周王城和王陵的遗址公园，争论不休。地方文物保护部门力推采取方案三，即，将该地直接改变为遗址公园。在多方媒体报道的压力之下，时任国家文物局局长张文彬亲自前往现场考察并强调该遗址的重要性，地方政府主管副市长也公开表示会重新修改原有规划。然而，有报道称，洛阳市政府方面却仍然在次年 1 月份在未经国家文物局批准的前提下使用大型施工机械进入"河洛文化广场"工地，并向市文物局发文"市委、市政府领导已明确要求，河洛广场工程务必在'花会'前完工……工程已经全面展开"（李让，2003）。该事件随后受到具备官方性质的媒体《中国文物报》的披露，据亲历者回忆，洛阳市政府方面一开始试图阻止该报道的面世，另一方面在阻止未果后开始要求地方文物保护部门发声以挽回洛阳市的形象。而国家文物局方面自然不能置若罔闻。在双方的博弈下，在国家文物局的影响下，一批当时国内最具权威性的考古学家前往现场，并提出了以回填这样一种温和式的手段作为协调措施。事件最终的结果是，在该地仍然成立了车马坑博物馆，但是仅保留了一座车马坑和不足 200 平方米的展室，其余回填。

　　在此案例中，国家文物局的身份转换为更加实际的干预主体。但是，在缺乏强管制机制和干涉模式的前提下，国家文物局面对地方政府的"违规"之时却难以产生更为直接的影响，所以只能选择一条双方均有所妥协的调和道路来寻求双方价值倾向上的短期基本一致。作为部门行政机关的国家文物局，即使性属中央，也无法置地方政府的利益需求于惘然而独立行事。

　　案例三则涉及南京这座历史文化名城的拆迁问题。

　　我国的历史文化名城制度最早成熟于 1982 年，当时的国家基本建设委员会、国家文物事业管理局和国家城市总局共同提交国务院《关于保护我国历史文化名城的请示》，并随即公布了全国第一批 24 处历史文化名城的名单。随后，当时的城乡建设环境保护部于 1983 年公布《关于加强历史文化名城规划工作的通知》，进一步试图通过规划的方式"按重要程度不同，以点、线、面的形式划定保护区和一定范围的建设控制地带，制定保护和控制的具体要求和措施"。1998 年由财政部印发了《国家历史文化名城保护专项资金管理办法》的通知，试图应对地方政府重开发性投入而在保护性资金上严重不足的情况。2002 年《文物保护法》修订之后开始将历史文化名城的保护写入法条，其具体保护措施则是交由地方政府组织编制相应的保护规划并纳入总体规划。2005 年北京市率先通过了《北京历史文化名城保护条例》，随即，2008 年国务院通过了全国性的《历史文化名城名镇名村条例》,规定了具体的规划编制和审批单位与流程,注重对已定的历史文化名城、名镇、名村规定限制性管理措施。

历史文化名城保护与本书所重点关注的大遗址问题均属于大区域保护的范畴;并且从具体手段来看,中央层级开始设立专项资金、制定专门的保护政策,都与后文的大遗址政策特点颇有类似之处。从学术研究的角度,历史城市之所以要被视为一种特定的文化遗产类型,主要是看重其在城市肌理、景观等意义上的特殊性;但是,与这种由学术界所提出来的高完整性的要求相比,历史文化名城的保护现实面临着巨大的城市建设和拆迁压力(吴良镛,1983;郑孝燮,1983;罗哲文,2003;张松,2008)。

作为第一批历史文化名城的南京市在 2004 年以来开始对"老城南"片区进行拆迁。这场拆迁在当地政府的口中被称为"镶牙式保护",但是从 2006 年起便开始遭到侯仁之、吴良镛、傅熹年等 16 名学术界和文化界专家的抵制,并引发了时任国务院总理温家宝批示对其进行"调查处理"。但到了 2009 年拆迁工作仍在继续,引发南京本土的 29 名文化人士再次向国家建设部、文物局致函,谢辰生再次向温家宝致函,时任国家文物局局长单霁翔和建设部专家先后亲临调查才让这场拆迁暂告段落,但拆迁所造成的破坏已经难以挽回(徐苹芳,2015)。而在蒋芳的调查当中,2009 年之后的这场拆迁与地方政府的经济动机密切相关。当时正值南京急需扩大内需、利用旧房改造回暖楼市的时期,她所做的测算是"如果 3 万户拆迁居民都去买房,一户按 90 平方米算,他们消费的住宅面积就高达 270 万平方米。不懂楼市的人可能不知道'270 万平方米'的真正含义——它相当于南京一年楼盘总成交面积的 1/3"(蒋芳,2009)。

此案例反映出,当涉及保护与利用相协调的问题时,即便有了系列行政法规作为指导,即便集合了诸多中央部门的合力,但是这在地方政府的强经济动机面前,仍然面临着巨大的风险。诸中央部门的事后挽救,也难以在根本上对此类问题有所逆转。

通过上述三类案例,政府主体之间的价值倾向差异已经表现得十分明显,地方政府也在这个过程中表现出了与国家文物局所倡导的一种"保护优先"的诉求所不同的价值倾向。从上述案例可见,国家文物局想要直接调控地方各级政府的相关行为依旧无法逾越上文中所提到的在制度设计当中已经预设了的条块分割之间的间隙,"在地管理"这一基本现实决定了国家文物局的权力边界无法真正去改变地方政府的价值倾向。由此,一套政府"失灵"的困境已跃然纸上。

这种现状也并非只是在文化遗产系统内才会发生。在我国,大量的环境、福利设施等传统意义上更倾向于公共福利性业务的部门都会面临类似的困境。在我国的行政制度下,当中央试图要调节与地方的关系时,通常依赖政治任免、法规清理和行政命令等传统手段(王理万,2015)。但实际上,这些中央部门往往并不直接掌握地方各级官员的任免权力,最多享有一定程度上的"影响能力"。基于此情况,从 20 世纪 90 年代以后,解决此类问题的主要思路大量依赖于法律制度的完善。1989 年以后,我国开始颁行《行政诉讼法》,尽管主要解决的依旧是"民告官"的问题,但它依然为解决"行政违法"问题铺陈了一条法律路径。在此大环境下，各大中央部门也在不断推进自身的执法能力建设。例如，国家文物局便在 2002 年修订《文物保护法》时正式推动加上了"有本法第六十六条、第六十八条、第七十条、第七十一条、第七十四条、第七十五条规定所列行为之一的，负有责任的主管人员和其他直接责任人员是国家工作人员的，依法给予行政处分"（第七十七条）和"公安机关、工商行政管理部门、海关、城乡建设规划部门和其他国家机关，违反本法规定滥用职权、玩忽职守、徇私舞弊，造成国家保护的珍贵文物损毁或者流失的，对负有责任的主管人员和其他直接责任人员依法给予行政处分；构成犯罪的，依法追究刑事责任"（第七十八条）。

但是，法律手段的效用并不是万能的。作为惩戒性的手段，它更多的作用体现在防止"坏"情况发生，而不是在促成"好"项目成功之上。因此，对于国家文物局而言，当面临上述制度设计和现实博弈的情况时，另一可备的选择便是发展由其自身主导控制下的专门性项目，将自身身份从"监督者"和"协调者"，向更为积极的"倡议者"甚至是"主导者"的方向上转变。若项目成功，便能起到理想中的示范效应，便能在实现以保护为核心的价值倾向上探寻到一条新的路径。我认为，大遗址展示相关政策便在很大程度上体现了这种逻辑。

4.1.3　大遗址展示政策的特点

由国家文物局为主导的大遗址展示相关政策，在导言中已逐条随时间序列而铺陈过了。在此基础上，它存在以下三方面的特点值得集中讨论。

其一，国家文物局 2000 年以后关注大遗址问题时，实则隐含有对"空间范围大"问题的额外重视。

在 2005 年《大遗址保护专项经费管理办法》对"大遗址"进行专门定义时出现了三组后来被学术界认为是界定大遗址概念时极其重要的修饰词，即"规模宏大"、"价值重大"和"影响深远"。但是实际上，"价值重大"和"影响深远"均属于学术研究价值重大的范畴，在 2000 年以前国家文物局所惯常的政策当中，其早已作为了立论的起点而被反复强调过。相反，"规模宏大"的问题，在 2000 年之前的官方文件中虽屡有提及，实践当中也屡次受到关注，但却甚少将其作为一种特定的保护管理类型、居于首位的概念描述特征、以一种独立的专项行动之姿态来专门视之。

事实上，国家文物局在此时对空间范围大的强调是显得有些突兀的。例如，学术界通常认为 20 世纪 90 年代末期国家文物局《关于当前文物工作若干问题的决定》的文稿是影响国家文物局推动大遗址议题的重要文件（孟宪民等，2012），但是，这份文稿中虽然提出了大遗址的概念，并且奠定了对于大遗址保护管理议题的基本思路，但却没有格外强调"规模宏大"这个问题，其仍然在讨论"小型遗址博物馆"和"文物保护单位"的问题。

其二，国家文物局此时对于大遗址保护展示问题的规划设计中不断隐含有加强中央部门的控制能力的含义，在特定时期甚至带有很强的跨部门、跨地域的蓝图。

在 2006 年的《"十一五"期间大遗址保护总体规划》当中所列出的基本原则第一项便是"坚持把握长远利益和当前利益、全局利益与局部利益关系的原则"，这里的"全局利益与局部利益关系"已在影射此时的央地关系；第三项再次直接点明"坚持中央主导、地方配套……的原则"，将主导权控制于中央。在具体内容方法中，所谓"示范工程"和"项目库"的做法实际上便是权力范围有限的中央职能部门想要扩展其影响力时的主要手段。这尤其反映在 2005 年《大遗址保护专项经费管理办法》的出台。该办法的核心在于，让中央掌握财权，由中央根据遗址的现有情况来设立项目库、分配资金、进行考核监督。这次专项经费设置的覆盖范围实际上相当广阔，包括前期费用、保护工程、管理体系，并将主要权责直接由财政部和国家文物局拆分，地方只能是落实、参与、申请、协助等。2007 年更是由数名文物专家联名，在全国政协会议上提出仿照十三陵和良渚遗址的先例，对西安、洛阳建立"国家遗址保护特区"，由中央来加强专项投入和提供政策支持（单霁翔，2015）。

　　这种"特区"的提法实际上对地方政府的权限已经构成了挑战，毕竟，它是由一家"以文化遗产保护为中心"的机构来协调整个区域内的城乡规划、经济发展和社会事务（单霁翔，2015）。较之更甚的是在 20 世纪 90 年代末的一份《关于当前文物工作若干问题的决定》的文稿中专文提及"大遗址"的部分时，已经提出了一份试图超越传统的"在地管理"限制的制度设想，即"以改革旧制度、建立新制度和机制的思路，建立和健全大遗址保护管理机构，加强行政管理和组织协调工作……加强高级综合能力建设……跨多个行政区域的大遗址，可以大遗址为核心成立特别行政区，以利更好更早建成保护及研究、展示体系"（孟宪民等，2012）。可惜，现实当中，这份设想并没有最终实现。跨区域式的纵向管理模式只是成了 2000 年以后的诸位学者对于大遗址问题进行评述时着力推崇和畅想的一个要点（详见第一章第二节的相关梳理）。

　　其三，虽然在数次的总体规划文本当中，"大遗址保护"几乎被固化为固定搭配，但是实际上国家文物局的政策却有着很重的保护与展示工作并举的倾向。

　　国家文物局在此阶段推动大遗址保护与展示工作的动因其实在 1999 年《大遗址保护展示体系建设规划基本思路》中表述得非常清晰，即"千百年来人为与自然力的破坏使许多大遗址处于毁灭的边缘。当前快速发展的城乡建设、基础设施建设和盗掘文物的犯罪活动都使本已异常脆弱的大遗址面临强大的致命冲击"。但是，值得注意的地方恰在于，在这样一种纯保护性威胁下，国家文物局推出的解决方案却一直在紧密地将保护与展示问题结合了起来。

　　从 1999 年的上述文件的题目到具体涉及未来发展方案时的措辞中均可看出，"保护"与"展示"二词从不分家。到了国家文物局开始在 2005 年推出《大遗址保护专项经费管理办法》及 2006 年《"十一五"期间大遗址保护总体规划》这样保护色彩浓重的官方文件之时，展示议题均占有极大的比重。在原则上便带有"展示优先"的字眼；在操作步骤上，"建成 10~15 个具有较高质量、较高标准的大遗址保护展示示范园区（遗址公园）和一批遗址博物馆"、"展示园区建设"均是放在了与保护项目、保护规划同期的工作层级之上。后续，也在 2010 年推出《国家考古遗址公园管理办法（试行）》、2012 年推出《国家考古遗址公园规划编制要求（试行）》，对展示问题进行进一步的约束和引导。到了 2011 年的

《大遗址保护荆州宣言》时不仅在大力强调大遗址保护中的全民参与意义、公共服务效益，甚至直接提出"将发展文化产业作为大遗址保护的重要助力，深入挖掘城市文化资源，大力发展文化旅游，延伸文化产业链"。

事实上，国家文物局在 2000 年之前的官方文件不仅在题目中难见"展示"相关的字眼，甚至在保护性的条款中也甚少提及展示性的举措。即便是在进入 21 世纪初期以后，国家文物局所出台的《文物保护工程管理办法》、《全国重点文物保护单位保护规划编制要求》等重要规范性文件中，仍是以保护为核心导向的。但是，在对待大遗址问题时却发生了难得的例外，主动选择在政策制定之时为展示性问题留出大量空间。

综上，如果将这上述三项特点与国家文物局在 2000 年前后所实际面临的制度设计与博弈现状以及市场和政府双重失灵的困境结合起来考虑，我们实际上能够为这一系列大遗址展示的特点寻找到一个解释方式。

当国家文物局事实上难与地方政府建立起在所有立场上均一致的伙伴关系时，一方面，国家文物局要将重心集中在最为危急的"规模宏大"的遗址上，或正源于在国家文物局与地方政府的现实博弈当中，最难以控制的便是规模宏大的遗址。地方政府的强经济动机落实到具体的行动上首要体现为对土地问题的巨大需求，而大规模的遗址占据了大规模的土地，也自然成了双方矛盾的焦点。另一方面，国家文物局要尽可能地利用"示范"或"重点投入"等方式不断在可行的范围内强调其作为中央部门的调控能力。同时，国家文物局也需要抛弃过去单一注重保护或学术价值的立场，而对展示以及相关的利用问题投入足够的重视，借此来缓和与地方政府之间的冲突。

不过，这一系列用于处理矛盾的政策之间仍存在矛盾之处。例如，上述第二点自身对于所谓"特区"、所谓中央权力的控制，究竟需要进行到何等程度，政策上传达出来的始终是一种模糊的意向。这一层特点或可理解为试图跳脱地方政府的不利干涉之意，但上述的第三点对展示问题的重视又反映出国家文物局不能对地方政府的需求置若罔闻。

这对矛盾的平衡成了大遗址展示所必须正视的微妙关系。面对这对矛盾，在实践当中，国家文物局必须要用行动为如何处理这份关系作出选择。

4.1.4　被作为"典范"的大明宫遗址

处理上文所述矛盾的行动之一便是被作为"典范"的大明宫遗址应运而生。

大明宫遗址位于今陕西省西安市，2006 年列入十一五期间"重要大遗址"名录。

实际上，早在被正式命名为"大遗址"的展示工作全面开始之前，大明宫遗址范围内已经完成了诸多既成的保护与展示工作。例如，截至 2005 年，含元殿的夯筑大台的保护和展示工作已告完成，采用覆土保护的形式，外加青砖包砌，一方面确保大台形制的完整，另一方面也可增进参观效果。对于部分能表达夯筑大台的建筑特点的局部修建专门的可供参观者观察的视窗，并在含元殿遗址下建展示厅，展示相关出土文物。对于含元殿殿前广场，此时采取的仍然是相对保守的策略，仅就裸露出来的广场地面进行平整，同时为了形成一定环境景观效果又不至于破坏地下遗迹,采取了栽种分格草坪的形式。在其之后开展的麟德殿保护工程,在对遗址本体的处理上基本采取了与含元殿相类似的做法(侯卫东等,2005;侯卫东等,2009)。总体来说,此时的遗址展示工作仍在当时传统的遗址博物馆流行的展示框架之内:将可移动文物就近移至传统展厅内进行集中展示,露天的遗址本体则在加大保护的前提下尽量增加观众的可达性,展示的内容和形态均与实体意义上的真实性紧密结合。

在进入2006年之后,大明宫遗址的保护和展示工作开始迎来了新的变化。

一方面体现在资金层面,国家文物局通过大遗址专项经费的形式,对大明宫遗址的考古、保护和展示三个层面的业务设立专项,从2005年到2012年间累计投入17 990万元(中国文化遗产研究院,2016)。

另一方面,在政策层面,国家文物局在2006年《"十一五"期间大遗址保护总体规划》中为自身划定具体的工作步骤时,在"2006~2008"这第一阶段中两次提及大明宫遗址。其一是将大明宫(丹凤门、御道、太液池)保护项目视作示范工程,需在此阶段内完成;其二是正式提出遗址公园的概念,要求大明宫遗址公园要在此阶段内初具规模。

这里的两处提法实则颇值得研究。在保护工程上,《"十一五"期间大遗址保护总体规划》中针对遗址的具体几个部分作出明确指向,并使用了"完成"这样一个确定性的命令语言;而在展示园区建设上,《"十一五"期间大遗址保护总体规划》中指向的是一个笼统的大明宫遗址的整体范围,并且也只说了"初具规模"这样的模糊性要求。在展示问题上,尽管后继的学者逐渐接受了遗址公园与遗址博物馆不应看作两个截然并列的概念,遗址博物馆是大的遗址公园范围内的重要展示手段之一,但是在《"十一五"期间大遗址保护总体规划》中"遗址博物馆"和"遗址公园"的提法确是并列的①,而大明宫遗址被归属为后者。这种现象说明,国家文物局在此阶段的价值认知当中已经想要竭尽全力地突出"遗址公园"这一崭新的概念,但又对具体怎样落实这一概念无法作出严格命令式的指示,处于急需实验的阶段。

再者,至于具体的行动层面,国家文物局一方面继续延续着当时已有制度中规范且常见的文物保护合作模式,即,由地方以及地方上的专业机构来实际制定具体的保护及展示规划;另一方面又在不断传递出其对于大明宫遗址的额外重视。

例如,在2005年通过了《唐大明宫遗址保护总体规划》之后,2007年西安市文物局又紧接着开启了"大明宫遗址保护概念规划"的工作。2007年5月,时任国家文物局局长单霁翔奔赴西安视察工作,当时重要的一项工作内容便是会同当时的西安市委书记、陕西省副省长等地方直属官员一并,召开对该概念规划的汇报会。在这场会上,单霁翔更是明确

① 在这份文件中,阳陵既出现在了"遗址博物馆"当中,又出现在了"遗址公园"当中,说明当时国家文物局已经意识到在实践当中这两种形态的遗址展示是可以复合的。但是从文件条款的行为格来说,"遗址博物馆"和"遗址公园"之间用分号隔开,前者的动词是"完成",后者是"初具规模",更可见文件中确实对这两种形态作出了有意识的切分。

地提出了要"全力支持大明宫遗址公园的建设"（孙福喜，2009）。在当时而言，即便是全国重点文物单位的保护规划，都尚不需要国家文物局的局长、所处地方的市长和省长级别的官员同时列席，而大明宫遗址的概念规划汇报会所吸引的听会人士的级别已经充分说明了这项工作的重要性。

国家文物局的这种积极姿态也进一步刺激了地方的行动力。此后，仅用了 5 个月的时间，西安市便在 10 月份出台了《大明宫遗址区保护改造实施方案》。到了 2008 年之后，大明宫遗址的工作可谓正式与国家文物局所号召的"大遗址"、"国家公园"等理念实现了对接。2008 年 1 月份举办了"西安·唐大明宫遗址保护展示示范园区暨国家遗址公园概念设计国际竞赛方案评审会"，后由 ICOMOS 专家乔拉·索拉与西安建筑科技大学刘克成合作完成了《唐大明宫国家大遗址保护展示示范园区暨遗址公园总体规划纲要》，并在此基础上，于 2008 年 7 月通过了《唐大明宫国家大遗址保护展示示范园区暨遗址公园总体规划》。从名称中便可见，"大遗址"和"国家公园"的名号已经在该阶段得以凸显。

而在该规划通过之后的三个月后，又在西安召开了"大遗址保护高峰论坛"。这场论坛由国家文物局和陕西省人民政府合作主办，清晰地展露出了中央职能部门与地方政府合作的姿态，同时这一场论坛也是在国家文物局推动下首场以"大遗址"为题的论坛。大遗址吸引了西安、郑州、杭州、成都等《"十一五"期间大遗址保护总体规划》中国家文物局重点关照的城市出席，并在最后达成了所谓的《西安共识》。

《西安共识》的主体内容共分为五条，核心强调大遗址融入所在地城市的可能性，并且也不再简单视遗址保护为单纯的保护问题，转而追求遗址与所在地城市整体发展相和谐、发掘遗址的经济和社会价值。在这场论坛中，时任国家文物局局长的单霁翔的讲话对此问题表达得更加明晰，他在谈及大遗址保护工作中的四点体会时，首要的一点便是"各级党委和政府的主导是做好大遗址保护工作的关键"（国家文物局，2009）。这些表述实则已经开始在试图拉近传统意义上站在保护价值上的遗产管理部门（如国家文物局）和站在展示利用立场上、有强烈经济价值需求的主体（如地方政府）之间的距离。

至于这场论坛和宣言与大明宫遗址之间的关系更是再清晰不过了——正是在这场论坛上，时任国家文物局局长、副局长与陕西省、西安市的地方领导一起为大明宫遗址公园正式揭牌，为大明宫遗址安置工程奠基。可以说，大明宫遗址的系列工作为推动这场论坛和宣言提供了契机，而这场论坛和宣言也正式将大明宫遗址的系列工作作为"典范"性的代表向世人宣布。

至此，我们其实已经能够对国家文物局如何在行动当中具体处理与地方政府之间的关系作出总结。

尽管在国家文物局大遗址展示政策的特点中，确实能够看到国家文物局想要突破地方限制、加强中央控制力的倾向；但是在现实行动当中我们看到的情况却是，作为专项当中的"典范"的大明宫遗址案例已经开始呈现出不断寻求与地方政府相合作的态势。

所谓"合作"，一方面体现为上文所述的整个行动过程当中具体的权力分工；另一方面,还在于所谓的"遗址公园"的言下之意。

"遗址公园"是国家文物局在此"典范"上最想实验的理念之一。这不仅表现在《"十一五"期间大遗址保护总体规划》的书面字句上,甚至在后继的大明宫遗址的实践当中,国家文物局也在多次肯定和支持这一理念。例如,大明宫遗址2007年的概念规划当中提出的便是"遵照'遗址保护'和'公园'两个方面的原则",将"公园"提到与"遗址保护"并列的地位,而且该份规划最终仍得到了国家文物局的认可;到了2008年9月,国家文物局更是专程组织召开了"大明宫遗址考古工作计划专家论证会",此时所明确的大明宫遗址的考古工作方针是以满足大明宫遗址保护和遗址公园建设为前提的;并且在2009年春季还曾出现为配合公园基础建设工作而在一个多月的时间内仓促完成整个遗址公园范围内的考古勘探的事件(韩骥等,2007;孙福喜,2009;张关心,2011)。

对"公园"问题进行强调的意义主要在于:这进一步将遗址整体的规模性和对公众的开放程度的重要性提升至了一个前所未有的程度,这在此前的国家文物局的政策倾向当中少见,反而与地方政府的价值诉求更为贴合。

在作为国家考古遗址公园的大明宫的设计初期,设计者便已经对这座遗址公园的建成目标提出了非常清晰的口号,即"确立形象,显现规模,开辟游线,改善环境,提供设施,对外开放"(刘克成,2009)。在这条口号当中,"形象"与"规模"是绑定在一起的,"游线"、"设施"、"开放"都是指向遗址所面向的社会公众价值的;至于"环境",这一方面跟大明宫遗址地区原有的棚户区环境过于恶劣、亟待改善有关,另一方面也是服务于整体形象和向公众开放的(详见图4.2)。《唐大明宫国家大遗址保护展示示范园区暨遗址公园总体规划》中的总体建设目标中写道,"成为具有国际先进水平和中国特色的国家级古迹遗址保护、展示、教育与研究示范平台,成为国家级爱国主义教育基地,以及高品质的旅游目的地及新型城市文化公园"(刘克成等,2012)。在这份目标中,对于"示范平台"、"爱国主义教育基地"的强调都已经不足为奇,而将"旅游地"和"城市公园"写入目标当中却在一定程度上反映了大明宫遗址案例在新时期的特殊性。

对于这种合作现象背后的原因,一方面我们可理解为资金的限制。尽管是作为"典范",但是来自中央的专项资金在覆盖力上的不足在此时便已开始显现出来。数据表明,实际上大明宫遗址区最终的总投资达到了120亿元,其中拆迁费90亿元,考古、保护和展示方面的建设约30亿元(中国文化遗产研究院,2016)。这些超出了中央专项承载力的范围均是由地方来补足的。

另一方面则是由于在我国现有的制度下,有些工作是非由地方政府来完成不可的,例如土地规划性质的调整。在1953年所制定的《1953~1972年西安市城市总体规划》当中,大明宫遗址所在地被定位为地方工业用地、仓库用地及职工居住用地等城市发展备用地(涂冬梅,2012)。而后,该地由于历史原因,事实上已逐渐发展成为西安市北的棚户区、城中村集中地带。后来由于地方政府的参与才使得大明宫遗址所在地在西安市的《市域用地规划图(2008~2020年)》中被单列为"文物古迹用地",而在《城市建设用地综合评价

图 4.2　建成之后的大明宫国家考古遗址公园
与街道开放式相邻,该公园已呈现出明显的绿化式环境整治、面向市民休憩的特点

图(2008~2020 年)》中被划为"禁止建设区"。

　　诚然,试图抛弃地方、加强中央掌控,是基于国家文物局在 2000 年前后与地方政府之间面临巨大压力的背景下,索性将遗址相关事宜全盘回收的保护心理;而转而寻求与地方政府的合作,则是在上述政策初衷面临资金和业务分割局限的情况下所做的一种妥协,转为试图依靠大明宫遗址这样的"典范"力证国家文物局所追求的保护性价值和现实的社会经济价值之间能够实现互利共赢。借用这种形式,国家文物局确实从地方政府层面争取到了高出其中央专项投入数十倍的主动投入,也得以转变土地性质,实现了遗址的存续,这都对国家文物局的保护这一价值倾向有利。

　　实际上除了大明宫遗址之外,这种选择也早有先声。国家文物局虽然在大遗址政策之初表露出了扭转中央和地方关系的意图,但是在其后续的政策中很快便不敢抛弃地方而不顾,转而寻求合作。例如 2005 年的洛阳大遗址保护研讨会中时任国家文物局局长单霁翔便提出"最大限度地带动地方资金,带动地方的积极性,坚持与地方各部门积极性相结合",2008 年的西安"大遗址保护高峰论坛"上单霁翔再次强调"使大遗址保护成为各有关部门积极参与的共同行动"(中国社会科学院考古研究所文化遗产保护研究中心,2011;国家文物局,2009)。

那么,这种合作道路的选择究竟意味着什么?

一方面,它有积极和可理解的一面。它意味着国家文物局在意识到"特区"的思路尚且难以实现之时,在保护问题上放弃了传统的"死保"的思路,开始将展示正式纳入其考虑之中。但另一方面,它也留出了大量的隐患。隐患之一在于,资金和业务分割何以成了一种"不足"和"局限"? 隐患之二在于,当资金和业务分割成为一种"不足"和"局限"之后,在具体事务的处理上,中央与地方的实力对比是否还能真正实现预想中的"中央主导"?

4.1.5　国家文物局层面的降温

在大明宫遗址案例之后,国家文物局将特定的遗址案例作为"典范"模式的做法依然屡有出现,例如鸿山遗址、良渚遗址等。但是,在这些遗址案例当中,国家文物局的介入程度已远不如最初的大明宫遗址案例了。专项经费依然存在,但是国家文物局的身份开始逐渐地退回到了政策的制定者和监督者的层面之上。因此,在接下来的关于国家文物局的讨论当中,我不想再陷入具体的遗址案例当中。国家文物局既然已经退回到了制定者和监督者的层面,那么余下来的关注重点就理应转到更直接的行为主体,即地方政府的身上。

不过,关于大明宫遗址案例之后的国家文物局,我在这里依然希望补充的一个重要现象便是:国家文物局对待包括展示在内的大遗址问题并不是一个延续至今都恒久保温的态度。我们能够在政策和行动上,看到在 2013 年前后一种明显的降温趋势。

在政策层面,从导言当中的政策梳理我们便能够看到,在 2013 年的《关于加强大遗址考古工作的指导意见》之后,直接以大遗址或考古遗址公园为题的政策规范性文件在数量上开始减少,并且涉及的内容类型上也基本不再有突破。2015 年的《大遗址保护规划规范》的重点基本上在于整合了前期在考古遗址公园规划层面的种种探索,并吸收了 2013 年《关于加强大遗址考古工作的指导意见》当中关于考古问题的成果,此外难提更新的突破。2017 年的《国家考古遗址公园创建及运行管理指南(试行)》也类似,可以看作是 2009 年的《国家考古遗址公园管理办法(试行)》、《国家考古遗址公园评定细则》以及 2012 年《国家考古遗址公园规划编制要求(试行)》的一次整合版本。

在此基础上,我们还可以梳理国家文物局历年来的重点工作计划,借此来判断大遗址问题工作方向上的一种转型。现将 2009～2018 年国家文物局重点工作计划中与大遗址有关的内容整理如表 4.3:

表 4.3　从 2009 年到 2018 年国家文物局重点工作计划当中与"大遗址"有关的表述

2009 年	五、加强文物保护和考古工作,推进大遗址保护和世界遗产工作。 继续做好丝绸之路(新疆段)、西安片区、洛阳片区、大运河等重点大遗址保护和展示项目;召开大遗址保护高峰论坛。
2010 年	研究制定大遗址保护……"十二五"规划。 继续做好丝绸之路(新疆段)、西安片区、洛阳片区、牛河梁、良渚等重点大遗址保护和展示项目。开展重要大遗址卫星遥感技术动态监测。公布第一批国家考古遗址公园。

2011 年	完成……大遗址……"十二五"专项规划编制。 积极开展西安、洛阳、荆州、成都、曲阜等片区的大遗址保护工作，推进考古遗址公园建设和大遗址保护、展示重点项目实施。召开大遗址保护高峰论坛。
2012 年	四、做好考古和大遗址保护工作，推进国家考古遗址公园建设。 推进西安、洛阳、荆州、成都、郑州、曲阜片区大遗址保护和汉长安城、扬州城、老司城、牛河梁等国家考古遗址公园建设。
2013 年	引导和规范大遗址保护、考古遗址公园建设，评定公布第二批国家考古遗址公园名单。 推进遗产地、大遗址和重点文物保护单位卫星遥感技术监测管理项目。
2014 年	开展大遗址保护项目检查和国家考古遗址公园运行评估，启动壁画彩塑数字化保护工程试点。
2015 年	无。
2016 年	发布实施《国家文物事业发展"十三五"规划》及大遗址保护等专项规划。 加强考古和大遗址保护，加快推进景德镇御窑厂、偃师二里头、圆明园等遗址保护展示提升项目。
2017 年	开展"考古中国"重大研究，全面推进大遗址保护。 印发《古建筑开放导则》，指导大遗址和国家考古遗址公园后续保护利用，支持各地开展古建筑、大遗址展示利用示范项目。
2018 年	继续推进"考古中国"重大研究，加强大遗址保护和国家考古遗址公园建设。

从上表可以看出，在 2013 年以前，"大遗址"两次进入小标题层级的表述当中，并且均有具体的遗址项目名称被提及；而在 2013 年以后，不再见具体的遗址项目名称（2016 年除外），与大遗址相关的工作围绕在了如何引导、规范以及评估的问题上，甚至在 2015 年出现了空缺，在 2017 年和 2018 年时采用了几乎同样的字眼，都是在整体上有所提及，但不见具体的细节引导和政策导向。并且，此时所重视的"考古中国"这一项目本身实则不再是建设、展示甚至保护类项目，由它所引出的大遗址议题主要围绕在以大遗址为基础的考古学研究之上（李韵，2017）。

并且，从实践上，与大遗址以及考古遗址公园有关的代表国家文物局身份的论坛和宣言也高度集中于 2011 年之前，此后鲜有出现。

此外，我们还可以利用国家文物局的官方网站，以"大遗址"为关键词进行站内搜索，在由此得到的 2008 年至 2017 年①的搜索结果中，将由国家文物局主导的全国性质的政策文件、讲话访谈、论坛活动分为一类，余下的地方各级政府所主导的区域性质的活动或政策分为一类②，并将二者求和计算出加总的数量，最终所得的图表如 4.3：

---

①　之所以选择这一时间区间是由于 2008 年以前的搜索结果明显奇异，一年仅有 3 项左右的搜索结果，与 2008 年以后惯有的接近 100 项的搜索结果相去甚远。对此，无法准确判断是由于大遗址问题确实在此前少有提及造成的，抑或是系统数据源错误，因此暂不列入统计区间内。

②　实际上还有一类是地方各大遗址当年新出的考古发现或者考古工作计划，此类事件偶发性较大，暂不计入统计数据当中。

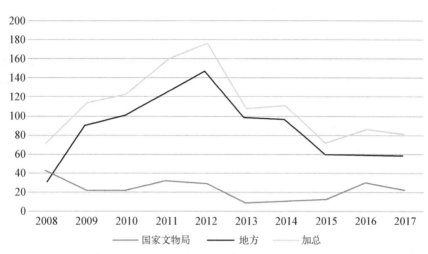

图 4.3　2008 年至 2017 年间国家文物局官网中"大遗址"关键词的出现频数

从该图中我们可以看到,2008 年时,中央层面的重视和引导高于地方,地方尚未在大遗址的问题上真正行动起来;但是在 2009 年之后,地方迅速超过中央,呈现出大遗址已向全国各地全面铺开的景象;与此同时,2009 年到 2012 年间,中央层面的重视呈现相对稳定的趋势,地方则一路远超中央,在 2012 年达到高潮;而无论是中央还是地方,2013 年是一个明显的回落期,表面上看地方回落更加明显,但这主要是建立在地方层面的基数已经相当惊人的情况下,而中央才是真正在 2013 年达到了一个最低点;2015 年之后地方层级开始逐渐趋于稳定,中央层面略有提升;而从"加总"数据来看,"大遗址"整体受到的重视在 2012 年达到了高潮,此后便迅速回落。在此基础上,更值得注意的是,该次统计的数据来源于国家文物局官网,换言之,这里所显示的"地方"实则更应理解为被国家文物局认为值得关注的"地方",因此它反映的并不一定是纯粹意义上的地方行动,但也代表了一定程度上来自中央的国家文物局对此问题重视程度的变化。

总体来说,对于国家文物局这种在 2013 年前后整体态度的降温,我们可以存在两方面的推测:其一,这与大遗址问题最初的倡议者单霁翔在 2012 年初的离任密切相关;其二,这也涉及大遗址政策整体上的一种转型,从规划、工程建设等议题上逐渐远离,试图进入一段冷静期之后寻求新的突破。而之所以会出现这种转型,我们便需要再次将注意力集中在它的合作伙伴——地方政府身上。我将在下文的论述当中逐步表明,正是地方政府对中央专项的不断淹没,以及它自身的价值和权力被不断彰显,才迫使国家文物局在新形势下也用自己的行动作出了回应。

4.2　经济诉求下的地方政府

如前文所述,以大明宫遗址案例为代表,现实已经显示出国家文物局最终还是选择了一条与地方政府之间的合作道路。遵照批判研究的思路,此时我们必然需要回答的一个问题便是：对特定话语体系产生了最直接影响力的主导者究竟是谁。因此，这很自然地提醒我们将注意力转移到地方政府身上。

"地方政府"一词同样也是一种统称，从权力关系来看，我国的经济发达地区与欠发达地区、城市地区与农村地区、特定政策支持地区与空白地区所面临的现状截然不同，想要对此问题"一言以蔽之"是困难的。因此，我只能择一窗口，将注意力集中在自大遗址展示以来所暴露得最为明显、最不符合经典文献中所预设、最契合批判研究的诉求，同时也是最呼应本章的核心主题"失灵"问题的一个侧面，借此展开论述。

我在论及 2000 年以前的考古遗址展示工作时，曾用专门的笔墨讨论过遗址旅游与地方政府的政治经济逻辑；在上文提到国家文物局面临的政府失灵困境时，也曾用特定的案例讨论过地方政府在这个过程当中的价值倾向。我对地方政府这一系列行为的解释都始终围绕在对经济增长这一基本诉求的观察之上①。

在接下来的讨论当中，我将继续围绕这一话题，试图从工程建设和土地经营两个角度来体现大遗址展示与地方政府的经济诉求之间的关系，并在最后以区域重塑的视角对这一系列问题进行收尾。

4.2.1　建设和土地的吸引力

首先，讨论地方政府的经济诉求，工程建设和土地经营是不可忽视的两个关键议题。

关于工程建设的问题，在过去的十余年间，学术界实际上已经积累了大量的声音试图证明，大规模的建设用地扩张和工程建设类项目正是促进中国 2000 年以后经济指标依然保持在较高水平的原因之一。张俊宇（2006）引用 1953 年到 2003 年以来的实证数据表明，尤其是在 1978 年以后，基本建设投资、更新改造投资对中国经济（实以 GDP 为衡量指标）增长产生了巨大的推动能力。傅勇等（2007）的研究同样证明了上述因素与地方政府的基本建设投入逐年增长之间的正相关关系，并将其作为解释地方政府"重基本建设、轻人力资本投资和公共服务"的出发点。这种观点确实也是符合古典经济学以来对经济增长理论较为公认的一种解释，同时也是包括中国在内的世界各大国家业已发生了的实践。它背后掩盖的是一套"大拆"与"大建"互相论证的因果动机。首先，通过"大建"带来 GDP 的刚性增长，而这必然需要腾出必要的土地资源，从而需要"大拆"；"大拆"之后代表地方政府对该地块有了投资信心和整改决心，于是各方便开始期待"大建"，从而在基本建设领域加大投资。在投资的过程当中，并不一定完全要以政府支出作为唯一资金来源；政府支出所代表的更多是一种信用保障，借此吸引区域范围以外的资本和金融资本来参与投资，即通常所谓的"招商引资"的过程，借此来进一步带动经济的整体增长。劳伦·勃兰特等人关于中国经济转型中企业模式、空间要素流动、金融体系发展的研究都反复触及了这一点（劳伦·勃兰特等，2010）。

---

①　当然，这并不意味着我认为经济增长便是这一时期各地地方政府的唯一诉求。

这种机制下最直接的一组数据表现便是我国在整个固定资产领域的投入的同比增长值,这个数值在2000年以后的第一个十年间迅速达到了近20年来的高峰(详见图4.4)。这也在一定程度上证明了这一时期工程建设类项目在各地如火如荼地开展。

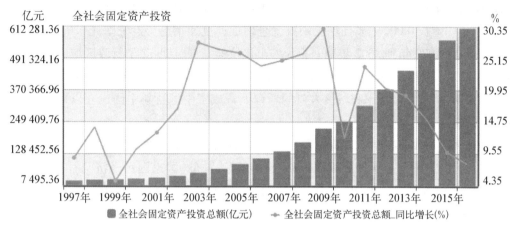

图4.4 1997年到2017年间全社会固定资产投资总额与同比增长率(数据来源:国家统计局官网)

除了这种由工程建设所带来的经济指标增长之外,与之相配套的,同时对地方政府具备强有力的价值吸引的要素还在于土地问题。

新中国成立之后,1954年《宪法》一方面提出"国家依照法律保护农民的土地所有权",另一方面也开始说明"国家为了公共利益的需要,可以依照法律规定的条件,对城乡土地和其他生产资料实行征购、征用或者收归国有"。1982年《宪法》第十条中规定"城市的土地属于国家所有;农村和城市郊区的土地,除由法律规定属于国家所有的以外,属于集体所有;宅基地和自留地、自留山,也属于集体所有;国家为了公共利益的需要,可以依照法律规定对土地实行征用"。至此,地方政府对土地的合法调整能力已经打好制度基础。并且,1982年国务院机构改革,在当时的农牧渔业部设立土地管理局。在刘正山的研究中,直到1985年底,除了西藏自治区以外,全国已有28个省、直辖市和自治区在地方政府或农业部门内部设立了土地管理机构(刘正山,2015)。此后,1987年《土地管理法》实施、1990年《城镇国有土地使用权出让和转让暂行条例》颁布,这更进一步使得地方政府成了土地交易的合法主体。并且由于在早期的制度设计当中,土地交易的对象主要针对"城镇"土地,而设定以何为"城镇"的行政权力又高度集中在政府手中,因此形成了一幅周其仁称为"行政主导的'土地市场'"的景象(周其仁,2013)。

这样的现状发展到了2000年以后,开始逐渐形成了所谓的"土地财政"。为了进一步解释"土地财政"的机制,有两个基本的现象不可不被提及:其一是我国20世纪90年代以后高速发展的城市化进程;其二便是1994年以来所推行的分税制改革。

尽管测量口径和城市定义不同,但是学术界普遍承认,尤其在20世纪90年代末到2000年初,中国的空间转型道路迎来了一次加速。在顾朝林等(2008)的测算中,1979年到 1996 年之间的城市化水平年均增长幅度达 0.7%，远高出 1958 年到 1978 年之间 6 个百分点，并在 1997 年到 2006 年期间继续保持高速增长，年均增长幅度达 1.33%。陈明星等（2009）以 1995 年为界，将中国的城市化进程从 1981 年至 2006 年间的水平划分为两个阶段，前阶段城市化水平从 0.009 2 增至 0.035 9，年均增长 0.001 9，而后阶段从 0.040 1 增至 0.111 9，年均增长 0.006 9，整体增长函数也呈现加速度递增趋势。王曙光（2011）以 2002 年为切分，将 1979 年到 2002 年期间视为城市化快速发展时期，除了行政区域设置上的更迭对统计数据带来的影响之外，尤重视 1993 年到 2002 年期间市场经济制度对城市化所带来的推动，单从城市化率和城镇人口的增幅而言成了中国自新中国成立以来城市化进程最快的时期。

　　这种现象与政府在制度层面的大力支持密切相关，尤以 1998 年国家发展计划委员会将城市化列入第十个五年计划编制的研究、1999 年发布《国家国民经济与社会发展"十五"计划》将城市化列为推进中国现代化的动力源、2001 年出版《城市化：中国现代化的主旋律》等系列事件为代表（顾朝林等，2008）。这种支持所带来的直接效果，便在于各类市场主体会进一步对土地的城市化功能转变持有积极的预期，使得土地只要一进入市场便能合情合理地获得高价。

　　至于 1994 年以来的分税制改革，其起点在于当时国内中央与地方政府在税收分配问题上的不均匀现象。20 世纪 80 年代以来我国曾长期实行"财政包干制"，这项制度的基本逻辑在于利用包干合同以一种近乎商议的方式规定清楚各省对中央的一次性上缴金额，额外的收入可以留归各省。如此一来，地方政府开始产生了大量自我融资的积极性，以扩张自身的额外收入；再加之 20 世纪 80 年代末和 90 年代初中国发生的高通货膨胀率，在劳伦·勃兰特和托马斯·罗斯基的测算中，截至 1994 年改革以前，中央收入和支出在 GDP 中的占比近乎是年年下降。为了改变这种现状，1994 年中央政府开始推出分税制改革，中央和政府开始就经济增长当中的各项预算内税收细类重新进行分享，尤其是占据中国税收当中近乎一半的增值税开始以 75% 的比例被收归中央，这直接导致地方政府的财政出现了巨大的缺口，地方收入的占比在 1994 年之后急速下降（劳伦·勃兰特等，2010）。由此一来，中央政府所曾经介意的现象虽然得到了扭转，但是地方政府却不得不面临巨大的财政压力。为此，地方政府只能在预算外寻找新的收入来源，在这当中，土地出让金便成了重要的一项。在刘守英等（2012）提供的数据当中，这笔资金在 1994 年以后可以全部留归地方财政，构成了地方政府进行土地开发、土地征用和建立政府下属的开发建设公司的主要成本来源。

　　由此一来，地方政府所面对的基本局面是：高度发展的城市化进程使得土地能够卖出钱并回馈地方政府，现有的土地制度和分税制改革使得地方政府愿意且能够留下卖地的钱，由此便形成了后继学者们所谓的"土地财政"。关于"土地财政"的基本逻辑，韩本毅（2010）有过一段最直接的表述，即"城市化的发展需要土地，这就使得土地价格也随着城市化不断上升。由于政府拥有土地垄断权，且政府财政上存在着严重的财政缺口，这就决定了地方政府出售土地获取收入,这就是所谓的‘土地财政’”。

与这种税制改革、“土地财政”同步的(在部分学者的观点中认为后者是前者的结果),还伴随着我国政府间关系在纵向意义上的权力调整。一系列更加直接的事权被大量下放至地方,中央则依靠人事和财政这两个基本框架保障自我权力(杨龙,2015)。这种府际关系的调整看似与我国一贯有之的文化遗产在地管理制度关系不大,但却在事实上为后续的遗产管理权的收与放、地方层面的遗产相关事务对遗产的直接影响等问题构成了基本的条件和背景。

到了2000年前后,中央政府已经开始意识到地方征地过快、有损耕地面积,为此特意推出了土地规划体系的建设用地指标制度,以此来控制“新增建设用地量”,但也未能抵挡住这套土地财政的逻辑在事实上的冲击力。孙秀林等(2013)将此阶段地方政府借助城市化过程解决财政问题的发展模式概括为“以地生财”。其具体做法包括低价征收农业用地,进行平整、开发后,再通过招标、拍卖或挂牌(即通称的“招拍挂”)形式在二级市场出让。至于征收和开发所需的成本,地方政府还可以通过财政担保和土地抵押的方式以换取更大规模的金融贷款的注入。在中国经济增长前沿课题组的测算中,这套逻辑使得2000年以后我国城镇建设年均征用土地面积急剧增长,1997年到2000年期间年均为456平方公里,而2001年和2002年分别达到1 812平方公里和2 880平方公里;并且在土地价格方面,1998年以前全国土地价格一直保持下降,直到2001年后明显上升,2002年突破每亩7万元,2007年猛涨到每亩35万元(中国经济增长前沿课题组,2011)。与此同时,为了鼓励预留耕地,中央又推出了“折抵指标”,即可以用土地整理出来的新增耕地来换取建设占地的补偿指标。但是,这反倒使得各地方省市能够迅速通过全省内整体新增耕地换取补偿指标,再利用这个指标在省内进行重新分配(周飞舟等,2015)。这样的制度安排也使得想要发展城市化的地区在事实上能够继续获得大量的建设用地指标,而原有的未经开发地则被整理为质量不高的名义上的耕地。

需要注意的是,这套逻辑框架所产生的影响并不仅局限于城市方面。政府征地直接面向的一类重要地源是农民手中的用地,农民在原则上通过获得补偿的形式实现自我平衡。但是周飞舟(2007)的调查却发现,恰由于土地补偿价格过低和集体性开支再次削减了部分补偿金,反倒刺激了农民开始在原有的土地上通过加盖简易建筑、增加住房面积、种植经济作物等行为,农民开始大量自发地在土地上“种房”、“种田”。此外,促使农民此阶段在农村大量开展自发性建设的动因还在于大批城市资本的回流和人口流动问题。刘守英(2010)将其概括为城市与农村土地的“双扩”现象,意指高速的城市化所带动的大批农民工现象使得大量外出务工所产生的资金回归到农村老家,农民盖房大量占据了原有的耕地面积。如此一来,使得2000年前后的中国城市与农村都面临着急速的土地开发和重整的压力。

综上所述,工程建设和土地财政作为两项重要的要素,一方面反映出地方政府在2000年前后深重的经济增长诉求,另一方面也拉动着地方政府在追求经济增长的道路上渐行渐远。在这个过程中,大遗址正是这样大量坐落在曾经的未开发地区并享有广阔面积的土地资源,展示又为在这片土地上开展建设性工作提供了合理的理据。因此,在本节余下的讨论中,我们将看到大遗址展示是如何在工程建设和土地经营的角度来践行地方政府的这种价值与权力的。

4.2.2　工程建设类项目的意义

在大遗址的问题上,"展示"在很长时间内的意义被等同为了工程建设类的硬件投入。

这首先在中央层面得到了肯定的支持。2005年的《大遗址保护专项经费管理办法》,其对经费支出内容的限制是"前期费用支出"、"保护工程支出"、"保护性设施工程支出"和"保护管理体系支出",工程类项目占到了其中的两类。《大遗址保护行动跟踪研究》提供的一组数据表明,在2005年到2012年期间的大遗址保护专项当中,按照《大遗址保护专项经费管理办法》中的支出内容分类,在金额上,"保护工程支出"占到了总支出金额的41.8%,"保护性设施工程支出"占到了33.9%,这两项的总和达到了75%以上。若以检索关键词的方式来统计,以"展示"为关键词的项目支出金额占到了所有支出内容的21.4%,超过"本体保护"、"考古工作"、"规划编制"等项目,居于首位(中国文化遗产研究院,2016)。2006年到2012年期间,大遗址保护专项经费中涉及134项展示相关的设施建设。同样根据中国文化遗产研究院的已有数据,"十一五"规划中的100处"重要大遗址"中建造了48座遗址博物馆。在这当中,始建时间在2000年以后、2012年以前的便有23座,而这23座遗址博物馆的平均建筑面积约达7 282平方米。同时,还有14处遗址保护棚(厅)的建设任务被单列在上述数据之外(中国文化遗产研究院,2016)。这样的数据放到同期地方政府在公共建筑上的投入来说并不算突出,但是,其重要之处在于:其一,这批建设工程都在不同程度上得到了国家文物局这样在传统意义上拒绝建设的部门的支持,因此也显示出这一时期以来国家文物局的态度转变;其二,如果我们将统计口径稍作扩充,扩充到考虑2000年到2012年期间有建设的遗址博物馆,那么100处"重要大遗址"当中有30座遗址博物馆都在这期间有所动作,涉及地域覆盖我国的各大经济区(中国文化遗产研究院,2016),如此一来,这便是一幅在该政策中对工程建设问题已然全面铺开的景象。

如果将此现象与上一节当中所述的地方政府对工程建设类项目的持续热情相结合,便能形成相互解释:来自中央专项的大遗址展示中的建设性需求迎合了地方政府的热情;地方政府对工程建设的热情也进一步助长了大遗址展示的这种需求。

遗憾的是,我很难找到合适的数据来全面地描述在整个大遗址展示的高潮时期,全国各地的地方政府具体在工程建设问题上投入了多少资本,并依靠怎样的机制来实现反馈。不过,我可以通过国家文物局在此阶段的一些政策来侧面反映该问题的严重性。

国家文物局在2012年结束第一批国家考古遗址公园的评选工作继而准备启动第二批时,曾经专门出台了《关于进一步规范考古遗址公园建设暨启动第二批国家考古遗址公园评定工作的通知》,其中明确将存在的现状问题归纳为"重建设轻保护、重建设轻运营"。

并且,国家文物局也试图出台一系列政策对工程建设问题加以调控。最为明显的可以国家文物局关于大遗址的"十一五"、"十二五"、"十三五"的三部规划为例①。"十一五规划"当中,各类示范园区的提法、"100处"这一宏大的野心,都为国家文物局在大遗址问题上所试图传达的热情奠定了基调。到了"十二五规划"之时,在原则内去掉了"优先展示","大遗址考古工作"首次提到了"主要任务"的首项,"管理制度"相关问题的建设被放到了"主要任务"的末项,开始把"基础工作"作为实施步骤单独列出,细化出"组织保障"、"经费保障"、"理论保障"和"人才保证"四项措施。而到了"十三五规划"之时,更进一步有了彻底的转变。在这一次的"规划"当中,新建的问题被彻底放慢,重心全面回到对已有成果的整合和巩固之上。相较于"十二五规划","十三五规划"加上了"主要指标"这一考核基准,其中前五项均针对已列入项目库的遗址点的基础研究、保护和管理工作,对于"新建"的内容开始使用如 10~15 这样的虚数提法,"主要任务"下新增"整合信息数据"、"提升服务能力",将原来的"创新管理机制"一项中的内容拆解为"加强科学研究"和"规范日常管理"两项并详细论述,"重要大遗址"这一项目库仅从 150 处扩展到 152 处。总体来说,这种调整可以被归纳为:政策野心上不断收缩,从对数量和规模的强调逐步转为对质量的重视,再次抬升"考古"和"保护"的地位,试图给工程建设类项目的热度降温。

张治强等(2015)曾指出,在大遗址保护工程项目当中,地方在实施过程中不断修改业已上报的工程方案,部分省市的工程检查验收率只达 20% 左右,以及实践中缺乏管理者等问题。因此,国家文物局在 2003 年时相继出台了《文物保护工程管理办法》、《文物保护工程勘察设计资质管理办法》、《文物保护工程施工资质管理办法》,2004 年出台《全国重点文物保护单位保护规划编制审批方法》,2014 年出台《全国重点文物保护单位文物保护工程申报审批管理办法(试行)》。这一系列的政策共同的诉求便在于,它在不断尝试对工程建设问题添加进对自己而言更加有利的约束条件,凡是涉及上述管理办法指涉的遗产对象的范围内的施工建设,不是不能建,而是必须经过国家文物局的同意以及原则上按照国家文物局的要求来建。

既然大遗址展示的工程建设热情已经严重到了国家文物局需要一再为其进行政策调整的地步,那么,余下来的问题便是,这种热情会为大遗址展示的整体格局带来什么?

近年来,学术界已有的呼声开始一再强调高成本的硬件投入对展示质量、考古工作的可持续性以及遗址公园的长期运营等问题所带来的挑战(中国文化遗产研究院,2016;李文静,2016;杨凯,2018)。我在这里尤其想要强调的是,它所带来的中央与地方之间的权力切割和力量对比实际上是更加不应被忽视的问题。

在我国的现有体制和财政力量对比下,一处展示类工程建设项目的完成仅依靠中央

---

① 下文分别简称"十一五规划"、"十二五规划"和"十三五规划"。

一方的实力是难以完成的,地方政府的配合在此时的权力分工当中显得不可或缺。对此,我们可以通过牛河梁红山遗址案例来管窥。

牛河梁遗址位于辽宁省朝阳市,早在 1999 年时便已启动遗址保护规划,2003 年地方政府开始配合保护规划在保护范围内叫停各类施工企业,2005 年辽宁省政府正式批准《牛河梁红山文化遗址保护规划》,2006 年起国家文物局正式开始启动针对牛河梁遗址第一、第二地点的保护项目,并已列入"十一五"期间的"重要大遗址"名录,2011 年正式开始建设牛河梁遗址博物馆,2013 年牛河梁考古遗址公园正式对外试运营。关于牛河梁遗址所涉及的资金投入情况有以下几种略显不同的说法,我们可整理如表 4.4:

表 4.4　关于牛河梁遗址案例中的资金投入情况的表述

原　　　　文	出　　　　处
国家文物局拨款 1.5 亿,用于文物本体保护;辽宁省政府拨款 1.5 亿,用于 101 国道改线;国家发改委拨款 5 000 万,省发改委拨款 4 500 万,用于遗址基础设施与环境整治工程补助。	《大遗址保护行动跟踪研究》(中国文化遗产研究院编著,文物出版社,2016 年,第 424 页)
启动牛河梁国家考古遗址公园建设,先后建成牛河梁遗址博物馆和管理研究中心工程、第一地点保护展示工程和第二地点祭坛保护展示工程,耗资 2.5 亿,其中博物馆建设所需 6 206 万元资金来自朝阳市政府,其余来自国家文物局大遗址保护专项经费。进行遗址及周边环境整治……对经过遗址核心区的 101 国道进行改线,完善遗址公园内道路系统和进行绿化工程,共耗资 2.76 亿元,经费来自国家发改委、辽宁省和朝阳市政府。	《大遗址保护行动跟踪研究》(中国文化遗产研究院编著,文物出版社,2016 年,第 539 页)
国家文物局 2008 年到 2011 年间分别投入 1 000、6 000、5 000、3 000 万元用于保护工程,实际应用于第一地点保护展示馆工程(2 100 万)、第二地点保护工程(9 900 万);国家发改委、辽宁省政府、朝阳市政府分别以"基础设施与环境整治工程补助"名义投入 5 000、22 600、10 000 万元,实际应用于 101 国道改建 15 000 万、博物馆建设 6 206 万元①。	《大遗址保护行动跟踪研究》(中国文化遗产研究院编著,文物出版社,2016 年,第 956 页)
朝阳市委市政府以前所未有的力度开展了牛河梁遗址的保护工作,先后投入 1 亿元资金……(国家考古遗址公园建设)该项目总投入 4 亿元……市政府投入 9 000 余万元……	《"大遗址保护理念"催生地》(刊于《光明日报》2009 年 11 月 29 日)
牛河梁遗址文物保护、基础设施和环境治理工程投资总计 4.25 亿元,投资全部为中央投资,省、市由于资金压力未提供配套资金。	《朝阳市牛河梁遗址保护利用现状及其改进对策》(孙鹏,大连理工大学 2015 年硕士学位论文)

从此表中可以看出,关于投入的总额和比重,几种说法略有不同,但实际上都承认了两点：投入的内容主要围绕着工程建设;国家文物局和地方政府的权力界限(具体体现为投入类别)实际上被分割得相当明确。遗址本体保护分属国家文物局,而涉及博物馆建设、环境整治和基础设施搭建的问题则需再次交由地方政府。而从金额上来看,国家文物

---

　①　据当页表格整理而成,所谓"经费"与"实际应用"之间的金额差距是何原因未作说明。

局在牛河梁遗址案例上的投入总金额在整个大遗址专项经费当中已名列第9(中国文化遗产研究院,2016)①,足见其重视程度;但是即便如此,根据上述数据,地方政府在工程建设上的投入依然是国家文物局专项投入的两倍左右。

这也导致国家文物局即便想要试图扭转工程建设的热潮,也逐渐开始显得力不从心。

一方面,地方政府的资金投入已经远远超出了中央专项,现实中的话语权已经滑向地方政府一方。《大遗址保护行动跟踪研究》当中提供的数据是,从2005年到2012年期间,中央大遗址保护专项经费累计安排50.127 4亿元,而单是隋唐洛阳城遗址一处项目在同期内地方政府的投入便是28.57亿元,大明宫遗址2007年到2010年期间的改造项目总投入是120亿元(中国文化遗产研究院,2016)。

另一方面,尽管国家文物局出台了上述系列政策,但这一系列政策在具体落实的时候依然还是要不可避免地回归地方。从2004年国家文物局发布的《关于发布文物保护工程勘察设计、施工单位资质的通知》当中便能够看出,获得资质的单位和公司仍然分布在各个地方省市。换言之,以它们为主体的文物工程工作仍然动用的是地方资源,带动的依旧是地方经济,直接受地方力量的影响,因此很难在本质上违逆地方政府的建设意愿。

如此一来,工程建设类项目凭借其对地方政府巨大的经济吸引力,其涉及的业务范畴是国家文物局力所不能及的,以大遗址展示为其打开的缺口迅速蔓延。原本,作为展示类的项目对工程建设性工作的需求是理所应当的;但是,当这种需求被不加克制地蔓延开之后,它的合理性和必要性便有必要接受进一步质疑。

4.2.3 文化名义和土地经营

除了工程建设之外,上文提到的第二个不可忽略的要素在于土地经营。

曾经直接推动大遗址展示进程的时任国家文物局局长单霁翔也在多次公开的谈话当中承认过土地问题的重要性。他提出"文化遗产不再被看作城市发展的包袱,而是城市中无可替代的重要财富,是城市可持续发展的资本和动力",而实现该希冀的重要手段便是依靠将文化遗产及其所代表的历史性特点融入城市规划中(李韵,2005)。在这种思路之下,2008年的《西安共识》所想要解决的核心问题就在于大遗址与城市建设之间的关系。其形成的五点共识中有四点都与城市区域发展相关,这五点分别为承认大遗址是城市文化景观的核心要素,是城市可持续发展的资本和动力;将大遗址纳入城乡发展规划,优化城市空间格局;公众参与;为区域经济提供新的增长点;加强环境整治,改善城乡生态,创造美好的人居环境。在生产出这份《西安共识》的大遗址保护高峰论坛上,单霁翔更是将城市化率的高速发展概括为了大遗址所面临的"最关键、最紧迫的阶段"(国家文物局,2009)。到了2011年的大遗址保护荆州论坛之时,他直接指出了地方政府的"土地财政"改革已成为大遗址保护主要的外部经济环境(国家文物局,2013)。

---

① 位于其之前的大遗址项目中还包括了长城、丝绸之路和京杭大运河三处线性的遗产。

对此,中国文化遗产研究院(2016)、孙华(2016)等的专门研究都将精力主要集中在土地产权的归属问题上。他们均不同程度地注意到现行的土地所有权制度对于政府越位、地价上升等问题的影响,以及具体到大遗址问题时所出现的缺乏配套产权管理制度、土地政策空白等现象。

那么,"土地财政"究竟会以何种方式影响到大遗址展示呢?

我可以将郑州商城遗址作为一个简单的案例。该遗址位于河南省郑州市,名列 2006 年的"重要大遗址"名录①。为了促进其建设,郑州市人民政府 2011 年印发了《郑州商城遗址保护项目博物院片区土地收储实施计划》。当中将需拆迁面积定为 124.2 万平方米,改造计划用 6~7 年分 4 个片区进行。而对于此项目的资金来源,该计划表达得很清楚。首先,由"市政府先期投入部分启动资金",约 9 亿元;此后,资金来源分为三个部分,即"市场化运作土地"、"向金融机构融资"和"市财政支持",其中金融机构融资 21 亿元;而由此给市政府带来的资金负担则通过市土地储备中心将改造范围内的仓储工业企业关、停、搬迁之后,进行约 4 000 亩土地的出让,从而产生收益;还可以通过"腾出规划为商业、住宅用地的土地出让收入"弥补项目支出。需要注意的是,为了完成这一整套逻辑,地方政府必须要在以遗址保护名义而征改得来的土地内留出"商业"和"住宅"用地,这是地价能够在再次出售中上升以及金融机构看好该地段升值空间的基本保证。

在这个案例当中实际已经暴露出来,大遗址展示对于地方政府而言实际上形成了一类重要的名义,以此为契机可以推动相应地块的市场化经营。郑州商城遗址案例的经营方式所代表的正是其中最经典的一类,即,依靠土地出让以及抬升周边地价来实现整体增值。

具体而言,地方政府与市场如何合作,大遗址展示这一名义需要在哪些环节扮演重要作用,尚还有诸多更为复杂的情况。下文将借用良渚遗址案例、大明宫遗址案例和"曲江模式"案例更为详细地阐述地方政府如何在此逻辑下开展此类活动。

4.2.3.1　良渚遗址案例

良渚遗址位于今浙江省杭州市。它早在 1936 年便得以发现,新中国成立后,1959 年夏鼐依其发现地进行命名,1961 年列入浙江省重点文物保护单位,1996 年正式列为全国重点文物保护单位。如果比照第一章已提及的 2000 年以后所谓的"大遗址"的含义,即"规模宏大"、"价值重大",那么,核心保护范围达 42 平方公里、2019 年列入世界文化遗产名录的良渚遗址可谓当之无愧的大遗址。事实上,在 2000 年以后的大遗址政策当中,也确实屡次出现良渚遗址的身影。如,2006 年,其出现在"'十一五'期间重要大遗址"名录当中,并且被明文写入《"十一五"期间大遗址保护总体规划》的正文部分,作为重点项目而被要求在 2006 年至 2008 年期间完成保护规划。到 2010 年时,良渚国家考古遗址公园

---

① 名录当中使用的是"郑州商代遗址"这一称呼。

列入第一批国家考古遗址公园名录。

对于良渚这样大面积的遗址范围而言，它的保护和管理工作一直与土地性质调整及土地管理等工作密切相关。在这当中尤其值得一提的便是良渚特区的成立。

与国内大多数考古遗址的保护和展示历程类似，对良渚遗址性质的不断认知与当地的基本工程建设密切相关。例如，1987 年在配合 104 国道拓宽工程之时开始关注莫角山之上的良渚文化遗存，1992 年在配合长命印刷厂扩建时发现大型夯土建筑基址（赵晔，2001）。在这类问题面前，掌握着直接控制权的地方政府一开始对良渚遗址的保护问题便采取了较为积极友好的态度。例如，1995 年浙江省便批准公布了《良渚遗址群保护规划》，1996 年为保护遗址的需要开始对长命印刷厂进行外迁，1997 年省交通厅公路局也终于作出决策，决定将 104 国道南移，绕开良渚遗址区。

在良渚遗址案例中，地方政府在土地问题上迈出了更为重要的一步，可从 2001 年开始正式设立良渚、瓶窑两镇共计 242 平方公里区域的杭州良渚遗址管理区算起，在当年年底的杭州市人民代表大会上还正式通过了《杭州市良渚遗址保护管理条例》（2002 年正式实施）。实际上，在 2000 年地方政府开始考虑申报世界遗产名录的问题的时候，便已经确立了良渚、瓶窑两镇"跳出遗址区求发展"的思路，即严格划定遗址保护区域，将周边两镇的市政建设、经济发展等一系列问题均移出该区域以外另寻土地（叶维军，2006）。这可视为该管理区出现的一种背景与酝酿。

相较于国内当时其他的遗址管理机构和文物保护单位制度，该管理区的特殊之处在于：良渚遗址作为位于杭州市余杭区①的考古遗址，根据我国遗址在地管理的惯例，该遗址理应隶属于余杭区加以管理；但是成立了良渚遗址管理区之后，按照余杭区官方网站上的资料显示，其对应的管理委员会直接为正区级单位。换言之，在大多数与良渚遗址管理区直接相关的事务上，管理委员会在名义上将拥有与余杭区政府同级或者至少是相对独立的决策权力。在对遗址管理者的访谈当中，我们确实发现，良渚遗址管理区 242 平方公里的区域当中，根据当时的保护规划，遗址核心区域约 42 平方公里，而良渚管理委员会的最初的职能还包含了对这 42 平方公里以外的 200 平方公里内村落的日常管理、土地财政、征地拆迁等党务、政务工作，因此，"当时是希望通过 200 平方公里的经济开发，来反哺42 平方公里的遗址保护和利用"。

随着日后的业务调整，尽管良渚管理委员会的职能被日渐缩减集中到遗址保护的相关事宜上，但是已形成多年的制度框架依旧为管委会日后自身实际的政治和经济话语权奠定了良好的基础。在 21 世纪初期，在遗址保护方面的一系列举措效果也实证了这种制度的有效性。例如，2000 年由省政协提出《关于切实加强良渚文化遗址保护的再次建议案》，要求"关闭采石矿是保护良渚遗址的重要环节，早关闭多一份保护，晚关闭多一份损失"，到了同年 10 月，瑶山遗址附近的 6 家采石矿便被正式关停；2002 年官方材料宣布遗

———————————
① 2001 年以前仍是余杭市，2001 年之后撤市设区。

址区附近最后、最大的安溪石料一厂关停；2003 年开始利用人为干预手段加快石矿的绿化过程（叶维军，2006）。通过这些工作，能够看到良渚管理委员会所充当的支持性角色，在地方政府的经济价值动机和遗址保护之间起到的缓冲作用，可谓是借助土地性质的调整来保护遗址的一处重要的积极经验。

在这样的背景之下，土地经营这样的逻辑开始进一步影响到展示问题，这需要从今天的良渚博物院的建设开始说起。

据亲历者回忆，2000 年前后，当时的南都房地产集团选中了今天的良渚博物院新馆所在区域，试图进行房地产开发，并与余杭区政府达成土地出让的协议。2006 年时南都集团与万科合并，便开始正式由万科将该地块交由加拿大的城市规划设计事务所进行规划，项目本身的指向性非常明显，在住宅区内布置公园、绿带，营造自然生态环境，配备博物院、教堂、文化艺术中心等高端配套设施（范琪等，2015）。可见，博物馆在这里从动机上已经作为了地块升级的文化设施之一。

更重要的是，在亲历者的回忆中，当时地方政府实际上已向开发商提出了上交一部分资金反哺遗址保护的要求，开发商也回应了这项要求。但是，由于资金链的问题，开发商并没有全额付清这笔反哺金额。作为弥补措施，开发商提出，由其出资在该地建设一处博物馆，以平衡这场交易，这便有了后来的良渚博物院的新馆；而相应的，地方政府要投入资金来完成对博物馆所在地块的企业拆迁、基本环境整治等工作。

这样的制度安排，同时带有了经济发展和文化保护的双重目的。

首先，从经济运营的角度来看，地方政府与开发商分别减轻了部分负担，各司其职又各有所获。开发商以付出一部分额外的经济成本为代价拿到了土地，并成功调动地方政府帮助其完成了地块整治的相应工作；同时，利用这笔额外的经济成本所换回来的博物馆对于开发商而言也并非毫无用途，它成了增加地块经济价值的重要配套设施之一。而地方政府在这个过程中极具经济头脑地利用土地交易的方式完成了经济收益，虽然同样支付了一笔不小的拆迁费用，但是有了开发商参与之后，总比一力承担这样的工作要减轻不少压力，同时也换回了地块升级所带来的长期效益。

其次，从文化保护的角度来看，这场交易当中的地方政府也不纯粹的是一个在经济价值驱动下的经营者的角色，而是能够在其中提出反哺遗址保护的要求；从结果上看也确实换回来了一处于文化保护有利的遗址博物馆。

但是，这种模式也并非万无一失。从展示质量的角度来看，由地产开发商出资另择新地凭空建造一家博物馆，是具备极大的风险的。这带来的副产品之一，便是对博物馆自身的定位和选址作出了先天的限制。这样的地产项目自然需要在选址上避开具体的遗址点和核心保护区，因而展示内容上只能更集中于对可移动文物的展示。并且，开发商不具备行政级别，不能调动已有文物资源；新建的博物馆也不具备发掘资质和学术实力。贸然新建极易带来博物馆空而无物、华而不实的危机。

因此，在这个时候，地方政府的再次出面，尤其是上文强调过的良渚遗址管理委员会的身份,便显得至关重要。它一方面作为地方管理者,有身份、有理由参与到这类地产项目的发展当中;另一方面又作为专业机构,借助与浙江省文物考古研究所这样对文物的实际占有单位之间的良好关系①,便于调动资源。如此一来所形成的良渚博物院便得以拥有了官方的身份与合理的学术和展品支撑,于 2008 年最终建成开放,并形成了一套"雍容华贵、高雅亲和"的展示理念,目标锁定在突出良渚文明在同类或同期世界文明中的地位,并在具体的展示当中使用了大量的声光电和场景手段(良渚博物院,2009)。

在这种土地经营模式的基础上,再依靠一种资源拼接的逻辑,其对展示形态的影响能够在更大范围内显现出来。

这首先具体体现为遗址公园概念在良渚遗址案例中的应用。最早在良渚遗址出现的公园概念与国家文物局在大遗址政策中所倡导的"遗址公园"并不一定直接相关。当时,为了完成地方政府在 2000 年初期对开发商所作出的环境整治的承诺,围绕博物院新馆外围,一处名叫"美丽洲"的公园开始同步建设起来。该公园与新建的博物院之间不仅是毗邻而已,多处博物馆建筑与公园景观之间互相借景、烘托,充分体现了二者的呼应关系(详见图4.5)。从公园自身的建成效果上来看,美丽洲公园从性质上更偏重于自然生态公园,

图 4.5　从良渚博物院建筑内部所见的美丽洲公园
二者在一种资源拼合的逻辑下被捆绑打造,在视觉上形成了相得益彰的展示效果,背后蕴含的是一场土地经营的开发模式

_____

① 关于这层关系的讨论将在下一章中进一步体现。

本身内容上与考古遗址并无直接关系。但是 2007 年,时任市委书记在考察时便已经提出"大美丽洲"的概念,使用了"大遗址公园"的名义,而其内涵强调以良渚文化博物馆新馆为核心,"集考古体验、旅游休闲、文化创意于一体"(邓国芳,2007)。

市委书记这种"遗址公园"的提法在多大程度上受国家文物局的影响,我们已经不得而知;但是从这个时候开始,良渚遗址案例呈现的情况便是,这种围绕着博物馆而衍生开来的自然休闲公园与国家文物局所倡导的大遗址理念下的考古遗址公园在地方层级进行实施时愈发亲密地混淆在一起,其间的差别对于地方层级而言显得并不重要。2008 年时,良渚遗址启动遗址公园一期项目时,甚至直接便将名称统称为"遗址公园一期(美丽洲公园)项目"。美丽洲公园自身的建设理念也在继续强调与良渚博物院的配合作用,提出所谓的"一心、一轴、两片",突出博物院自身的功能和周边的景观相配合(佚名,2010)。2008 年《良渚国家遗址公园概念性规划》进入市政府讨论阶段,当时的杭州市市委书记王国平对其奠定的基调便是"借鉴西溪国家湿地公园规划建设成功经验"、"要坚持以自然生态为基础,在考古研究基础上,保护和修复良渚遗址最鲜明、最具独特性的自然生态"(邓国芳,2008)。

这样的理念和做法,依然暗示着一种拼接式的资源整合思路,而自然公园与考古公园、环境整治与实体保护、真实的考古发现与当代的文化创意之间所存在的具体内容差别显然并不为地方政府所关注,它们都从属于地方政府进行地块打造的价值动机。

类似的行为还包括,在距离良渚博物院以北约 1 公里便是 2010 年正式开放的良渚玉文化产业园。该项目从 2009 年起正式启动,内容上不断向良渚文化中所见的造玉和用玉文化等方面靠拢。

除此之外,在美丽洲公园以南、距离良渚博物院 2 公里左右,便是由万科集团所主导的良渚文化村高级住宅和别墅群。在 2013 年的报道当中,良渚文化村内的郡西精工别墅项目开盘即被抢购一空,每平方米售价超过 3 万元,总价在 2 000 万~2 500 万元不等(张家振,2013)。

总体来说,从保护、管理到展示,从制度设计到具体的落实,从遗址本体到整个大范围内的文化与经济面貌,包小萍等(2016)另有专文对"良渚实践"做出过更为精炼的概括。我在这里想要强调的是,我们不应忘记,这一切的起点其实仍然源于地方政府的价值和权力关系。地方政府对待文化和经济问题上的价值取舍、妥协与拼贴,从"特区"开始所奠定的权力关系,为地方政府的行动构建了一个最为基本的合理性框架。而在这个过程中,以遗址为基础但又不仅限于遗址的土地是地方政府最能控制的资源要素和调控手段之一。

4.2.3.2　大明宫遗址案例

良渚遗址案例所涉及的地域尚属原本城市建设过程当中的一片空白区域,与之相区别,大明宫遗址案例所能够反映出来的,则是在一片城市建设过程中的"顽疾"区域。那么,在这样的一片区域中,当地地方政府又是如何借助大遗址展示来完成土地经营的整套逻辑的呢?

朱海霞等(2015)曾用文化产业的思路来具体阐述过以大明宫遗址为代表的一套城市运营的原理。实际上，这套原理的机制可体现为以下三个步骤：首先，它依然是源于地方政府享有对土地的使用权进行买卖的垄断性权力，从而可以将土地以一个高价放诸市场之上；其次，要想完成这笔交易，作为卖家的地方政府接下来所需要处理的核心问题便在于如何使土地这样一个"商品"变得更有吸引力，更能调动买家的需求；最后，在市场经济的价值法则下，要让该"商品"变得更有吸引力，其所需的必要条件便是让该"商品"更为"清洁有序"，在此过程中，如果能够一并释放出卖家本人(即地方政府)对该"商品"的未来发展是满怀期待并愿意持续投入的，那便更能拉动市场预期。

因此，具体到大明宫遗址案例，我们能看到的情况便是：

首先，由于大明宫遗址所在地区原本已被杂乱无章的旧棚户区所占，大明宫遗址案例中地方政府首要的工作便是要完成该地的拆迁改造，而遗址展示成了进行该工作的重要"名义"之一。这种情况在文物保护当中并不偶见。2005年时，西安市便以"保护文物、改善区域环境、提高群众生活质量、推动区域经济发展"为名启动大明宫含元殿御道保护及周边环境改造工程及其相应的拆迁工作(详见《西安市人民政府关于大明宫含元殿御道保护及周边环境改造拆迁工作的通告》)。而在正式开展大遗址思路下的工作之后，《大明宫国家大遗址保护展示示范园区暨遗址公园总体规划》中也继承了上述思路，而提出"遗址公园内的现有单位和农村全部迁出，由西安市政府统一规划并支持"(刘克成，2009)。2007年10月西安市委、市政府所印发的《大明宫遗址区保护改造实施方案》，开始触及征地改造的问题，单就2008年正式开始的唐大明宫遗址保护改造项目(一期)项目建设中所涉及的占地面积已达2 998亩，拆除各类用途房屋建筑面积共计907 637.4平方米，其中住宅房屋518 658.4平方米，非住宅房屋388 979平方米。补偿方式则是通过异地房屋安置和货币补偿中选择一项进行(刘怡，2010)。同时，地方政府也同期开启了遗址区内的城中村改造工作。

其次，在这个过程当中，地方政府确实在不断表达自身对大明宫遗址所在地段的打造欲望，借以提升市场预期。这在大明宫遗址案例当中，不仅体现为投入资金的多少，更体现为地方政府自身所扮演的权力角色。

投入资金方面，已有研究中对外公布的具体数值并不统一，但均是一笔不小的投入。按照《大遗址保护行动跟踪研究》中的一段统计数据，大明宫遗址区改造总投资120亿元，其中2005~2012年间来自国家文物局专项经费的投入约合计1.8亿元。地方政府的投入主要用在搬迁安置上(约107亿元)，剩余用于考古、文保、公园建设方面，国家文物局的经费则用于各项保护展示工程当中(中国文化遗产研究院，2016)。而根据国家统计局数据，西安市2006~2012年间每年的一般公共预算支出也才约321亿元(按平均值计算)。

权力角色方面，曲江管委会的特殊身份不容忽视。从社会稳定的角度，一旦开启拆迁工作，地方政府本来便需要为被拆迁的住民寻求出路。而在大明宫遗址案例上，曲江管委会直接担当起了这方面的职责。具体做法包括大量利用市场资源和逻辑，为拆迁户提供房源和房屋交易信息，直接招投标引进房地产开发商为居民提供新住房，按市价进行货币补偿等。如此一来，这便需要管委会同时具备政治和经济两方面的实力。曲江管委会一方面在政治身份上是作为西安市的派出机构，并在市委成立了以时任市委书记和市长为组长的直接领导小组，便于借助政治优势"特事特办"；另一方面，管委会在2007年开始成立西安曲江大明宫投资（集团）有限公司，以企业的身份承担大明宫遗址区的投融资问题。并且为了进一步吸纳市场资金，曲江集团在拆迁之前就要求开发商付款，然后再摘牌，允许开发商先拿到地，后做规划，借此以分担政府单方面承担拆迁费用的压力（西安曲江大明宫遗址区保护改造办公室，2009；锁言涛，2011；朱海霞等，2015；中国文化遗产研究院，2016）。借此方式，在政策和资金、政治制度和市场法则两个层面上确保了拆迁工作的顺利完成。

在我们今天看来，这些工作一方面可以被视作是完成新时期的遗址展示工作而必需的，另一方面也暗含了地方政府进行土地经营的价值动机。

借由这次拆迁工作，更改和调整的土地面积实际上大于了考古遗址公园建设所需的实际面积。官方材料中也曾提到，"对公园外的居民，将村原有集体土地变为国有土地后，一部分用来安置村民，一部分作为开发商的投资回报，一部分作为国有土地储备，做到了村民、开发商和国家'三受益'、'三满意'"（西安曲江大明宫遗址区保护改造办公室，2009）。如此一来，地方实际上通过该次建设新的展示园区的机会，对周边土地的用地性质一并作出相应调整，形成具备巨大经济潜力的城市国有可开发土地。

同时，土地经营的直接好处还体现在房地产经济的发展。在王洁林的研究中，从2005年到2010年，完成了上述过程的大明宫居住圈的房价已从2 000元/平方米上升至6 500元/平方米[①]。并且，在进一步控制了区位特征（如距离地铁的远近）、建筑特征（房型、建筑面积、房龄等）、邻里特征（小区环境、生活配套设施等）的因素之后，"距离大明宫遗址的远近"这一项对于"房价"问题呈现高度的统计相关（t 值在1%的程度上显著有效），并且系数为负数，表明距离大明宫遗址越近，房价越高[②]（王洁林，2011）。由此也可侧面得见，经济价值至少已经在房地产这一指标内得到了满足。

4.2.3.3 "曲江模式"的逻辑

在部分研究中，上文所述的地方政府在大明宫遗址上的行动也会被视作所谓的"曲江模式"的产物之一（朱海霞等，2015）。整体来说，"曲江模式"这一概念所涉及的遗址对象远不仅限于大明宫遗址，其所暴露的地方政府在以文化名义来实现土地经营问题上的逻辑也更加复杂。因此，虽然"曲江模式"中所涉及的遗址对象当中有许多不一定是严格意义上的"大遗址"，但是在本部分的讨论当中有必要对此内容进行补充。

赵东（2013）曾将"曲江模式"概括为"文化+旅游+商业"的文化产业模式，依托文化

---

① 该上涨趋势并没有排除物价整体上涨和西安市城区房价的总体性因素，因此只能视为一个参考性因素，与下述数据联合纳入考虑。

② 在其基本线性模型中，参数为-182.037。

遗产资源,重新创意包装,从而打造出新兴的旅游景区,并开发多类型的产业组合。"曲江模式"的重要主导者之一段先念也曾明确将其概括为"诉诸大唐文化体验,以旅游作为拉动,以泛地产开发作为基础——'文化+旅游+人居+商业'的经营模式"(佚名,2005)。张艳等(2014)以2007年作为重要节点,前阶段概括为"文化+旅游+城市",后阶段概括为"地域特色文化主题公园+文化旅游服务产业+相关文化产业(文化产业园区)+城市运营"的发展模式。换言之,上述讨论都同意将"曲江模式"的核心特点归结为一种以文化遗产资源为依托所展开的商业开发模式,既带有传统的打造人文旅游景点的色彩,又不单纯依赖于传统的旅游门票式收入,而是着眼于引入以文化产业为思路的相关产业链。

　　事实上,对"曲江模式"的理解依然要回到对地方政府的观察之上。不同于传统以市场为导向的产业集聚和旅游开发,地方政府对土地的垄断和经营行为自始至终扮演了重要的角色。借助政策和直接的市场主体两方面的力量,"曲江模式"的开发过程实际上正是地方政府不断向其注入投资预期的过程。

　　在政策上,1992年时陕西省政府便提出建立曲江池风景区,目标指向国家级旅游区;1996年终于成立了当时西北唯一的旅游度假区——西安曲江旅游度假区。为打造该地区,地方政府已经开始启动土地财政逻辑,对土地进行分块规划,加上土地发展定位,进一步进行售卖,从而吸收市场资金,用作项目发展。但由于最终开发商对于具体的项目难以落地,一度使整个地区发展陷入停滞。而解决该问题的重责仍然回到了地方政府的肩上。2002年8月,地方政府开始清理入区项目与建设用地以及清缴欠款的问题,其政策目标在于,地方政府试图将上一轮过度零散的土地项目重新收回使用权,或者征收违约金。收回土地之后,地方政府开始了新一轮的"招拍挂"(锁言涛,2011)。而在这一轮的土地再分配当中,地方政府表达出更加强势的运营姿态,创立了所谓的"倒序法"。这种"倒序法"的特别之处实际在于,在政府开始出售土地之前,由政府出面先挖掘区域传播主题,做好更加细致的定位、宣传和规划;同时,此时的土地出售实际上出售了两次,第一次吸引市场资金注入来完成拆迁和基础设施建设工作,第二次在有了基础设施、土地已经实现了一次升值的基础上再次出售,以项目的形式完成第二次出售。在此基础上,与上文所述的曲江大明宫投资(集团)有限公司的情况相类似,曲江新区先后组建了曲江文化产业集团、曲江文化旅游集团、曲江文化商业集团等一批大型企业集团,同时制定了"文化基金+贷款担保+风险投资+财税补贴+房租减免+专项奖励+小额贷款"七位一体的产业扶持政策①。借此,曲江新区得以吸收到一大批有效资金并转投到城市建设当中,其直接产物之一便是唐城墙、曲江池、寒窑和秦二世陵等一批遗址公园。

　　在市场主体上,通过曲江管委会和曲江文化产业集团这样的组织来向其他的市场资金宣告,曲江既拥有了政府机构支持下的政策平台,又有实力雄厚的市场公司来参与支持。曲江管委会属于西安市政府的派出机构,下设从遗址保护改造到日常的人事、财政、

---

① 详见西安曲江新区管理委员会官网(http://www.qujiang.com.cn/zjqj/xqgl.htm)。

经济、房地产等各项常规事务办公室或分局,主要负责政策调控和宏观指挥;而曲江文化产业集团则下设旅游、会展、影视、演艺等分属公司,有能力直接参与到市场竞争当中(朱海霞等,2011)。而有趣的是,曲江管委会和曲江文化产业集团实则"一套人马,两块牌子",后者本身便是由前者投资设立的国有独资有限公司。

回到"产业"这一概念本身来说,前文已经讨论过的房地产经济问题也在持续发挥作用。段先念早在 2005 年时便明确说明,当时已在国土资源部门申报了 8 500 亩土地用于相关开发、4 000 亩用于房地产开发、1 500 亩用于基础设施和绿地开发、3 000 亩用于文化旅游设施,这都体现出文化展示和地产升值在地方政府行动中的同步性(佚名,2005)。倪明涛(2011)分析了"曲江模式"下 D 公司的创略运营模式,其所谓的"综合性地产开发模式"实际上也是在一个公司体系下,以房地产为主导业务的基础上,开展旅游、文化、园林和商业等多产业价值链,并在此旗下再成立置业有限公司、遗址公园管理有限公司、城墙景区开发建设有限公司、园林绿化有限公司等。

至于所谓的"文化产业"的问题,它一直被作为名义上刺激这场经济逻辑持续运转起来的重要元素,是"曲江模式"得以长期自我运营、自我造血的重要机制。曲江新区确实早在 2007 年的时候便已跻身为全国首批"国家级文化产业示范园区"。该区内所投资运营的文化产业主要包括:影视产业,如 2006 年曲江影视投资有限公司成立,并制作《大明宫》《法门寺》《大唐芙蓉园》等相关影视作品;会展产业,主要是曲江会展集团的相关行动和曲江国际会展产业园的成立;旅游产业,即曲江区内的各大遗址公园对当地旅游休闲文化的带动。曲江的这一系列产业模式首先离不开地方政府层级的支持,包括简化审批手续、设立一厅式办公、设立"曲江新区文化产业发展专项扶持资金"、减免税收、为文化企业提供金融担保等,既搭建了平台,又利用直接和间接调控手段刺激积极性,可谓形成了文化产业发展所需的"理想"环境(李雪茹等,2012)。

但是,"曲江模式"的文化产业的产业投入过程(包括前文提及的一套以"倒序法"为代表的资本运营方式)比起其最后的产业业态结果要更加夺人眼球。向勇等曾对此模式有过基于文化产业角度的批评,主要集中在已经进驻的企业除了地产产业之外尚未形成集群规模、企业彼此之间没有相应的沟通服务机制、文化内涵挖掘不足、文化活动单一、尚未吸引到一批足够的创意人才等(向勇等,2010)。

综上所述,整个"曲江模式"的过程反映出来的经济学逻辑与大明宫遗址案例当中的情况相类似。在这个过程中,文化遗产成了刺激购买需求的基础资源和文化名义,大唐芙蓉园和大雁塔地区的开发先例成了这一届地方政府有能力打造焕然一新的城市和旅游热点的重要辅证,打造文化产业成了名义上重要的可持续性举措。地方政府只需要让开发商确信上述行动能切实有效地产生经济效益便能完成这一经济逻辑。

同时,地方政府所扮演的角色比起大明宫遗址案例而言更加激进。在没有了中央专项性质的关注作为约束条件之后,地方政府将自身的市场能力发挥得更加淋漓尽致。在这个过程中,地方政府绝非简单的规则制定者或"守夜人",它不仅参与了这场经济游戏,并且实际上完成了两轮工作。第一轮是在该地区缺乏原始资金的情况下，通过平台打造、规则制定和基础设施投入来吸引资金；第二轮是当资金运转起来的同时，继续通过政府影响下的公司渗透到地块打造的各个方面，进一步投资、融资和充当润滑剂，这也进一步成为确保开发商对整体地段产生信心、继续刺激购买需求的重要条件。

4.2.4　展示与区域重塑

实际上，无论是工程建设也好，抑或是土地经营也罢，它们所共同反映出来的一个宏观问题均可被总结为地方政府对区域重塑的追求。在这种思路之下，遗址是区域内的一个资源点，展示是进行重塑的一次契机，地方政府是有能力和有意愿推动该问题的最重要的主体之一。

4.2.4.1　与区域定位相契合的展示形态

由此所产生的效果之一，便是有大量的遗址展示案例在最终所呈现的展示形态上与所在区域的整体定位密切契合。

鸿山遗址位于无锡市的无锡高新区①，在 2004 年由于一批高等级越国贵族墓地及重要随葬品的发现而成为当年全国十大考古发现之一。在这之后，2005 年率先由无锡市政府出面，基于遗址保护的需要开始叫停原鸿山开发区相关项目，冻结土地，并对原用地业主进行了 5 000 余万元的经济赔偿，2005 年 3 月底无锡市便成立了鸿山遗址保护建设领导小组（周解清，2008）。在这之后的 5 月，时任国家文物局局长单霁翔才亲临鸿山遗址现场，并提出希望鸿山遗址成为大遗址保护的典范（国家文物局，2009）。在得到国家层面的肯定之后，无锡市于 2006 年初邀请中国建筑设计研究院建筑历史研究所陈同滨团队负责该遗址保护的总体规划，并在 4 月份举办"鸿山遗址公园"的奠基仪式（郑慧，2006）。而这一系列的工作甚至都早于 2006 年 6 月鸿山遗址正式列入第六批全国重点文物保护单位以及 2006 年底国家文物局将鸿山遗址列入其公布的"重要大遗址"名录当中。这样的角色分工令国家文物局感到了满意。2008 年 4 月国家文物局选择在鸿山召开现场会，开始推动所谓的"无锡模式"，时任国家文物局局长单霁翔甚至直接提出"如果想找到大遗址保护的正确答案，那么，请到无锡来，到鸿山遗址来"（王宏伟，2008）。

实际上，对于无锡市政府而言，它在重视鸿山遗址的发展的同时，也对鸿山遗址所在地区的整体区域发展脉络几度调整。

在 2005 年以前，无锡高新区的发展重点均围绕着国际化科技新城的目标，由政府主导大量招商引资，强调高新技术与企业创造力的培育，不见遗址保护与农业景观等内容（周谦等，2005）。2005 年以后，地方政府开始下定决心保护鸿山遗址，这不仅涉及遗址本身土地性质的变化，还涉及遗址所在区域发展思路的转变。2006 年地方政府所提的"十

---

① 2015 年后正式设立新吴区。

一五"发展战略中将无锡新区划分为六大板块,其中已经将包含鸿山遗址公园在内的周边28 平方公里整体划为了都市生态农业板块,希望打造都市生态农业休闲观光带,"结合国家鸿山遗址公园建设,形成苏南最大、功能最全、环境最优的'都市新绿洲'"(周谦,2006)。2007 年之后,与遗址博物馆的建设同步,以地方政府出面并引导社会资本投入的方式,吸引鸿山都市生态农业发展公司投资 6 000 万在遗址所在的鸿山镇以建设 1 200 亩鸿山农庄,并同时开启农业结构调整,引导农民发展投资带生态和旅游色彩的农业模式(周解清,2008)。据 2008 年的报道所称,该园区内已包括江南花卉园、千亩生态粮作园、千亩生态葡萄园,尤其是葡萄种植便达 500 亩,预计收入 7 500 万元(丛林等,2008)。随后,2008 年时位于遗址以东约 3 公里的距离开始动工建设梁鸿湿地公园,形成与遗址公园、生态农业为一体的展示和旅游环境。这与《无锡鸿山遗址总体保护规划》当中所提出的一类建设控制地带中 2 220 亩作为观赏农业区的墓地背景环境、二类建设控制地带中1 740 亩的湿地公园、一类环境控制区 3 135 亩的农村用地和田园风光的基本思路也保持了一致,仅在具体分区面积上存在差异。

　　生态农业与旅游相结合的模式对于无锡新区而言确实存在易于被接受的客观条件。2000 年以后,生态农业旅游在国内东部和南部经济发达地区已有部分成功的案例,无锡所处的苏南地区在旅游客源和潜在市场方面具备与之类似的区位条件。再加上该地本身位于新兴开发区,地广人稀,农业风貌保存较好,改造成本相对较低。并且无锡新区也早已为其原初想要引进的工业和高新技术园区找到了新的安置之所,二者之间不存在明显的竞争关系。同时,同样位于无锡新区、距离鸿山遗址博物馆 10 公里之远便是无锡市的传统村落旅游点——梅村。梅村在其旅游宣传上同样是依靠与鸿山遗址的考古学性质上有可接近之处的吴文化,旅游形态上也采用的是相对平和、少人工添加的村落式观光。因此,鸿山遗址公园及其周围的生态农业旅游区的打造正好能在此地形成旅游资源上的集群式发展(详见图 4.6)。

1. 鸿山遗址博物馆建筑形象　　　　　　　2. 鸿山遗址公园

图 4.6　鸿山遗址博物馆在建筑形象上便有意向江南民居式的
村落景观接近,公园景观也与原有的农田相贴合

值得注意的是,建成的鸿山遗址博物馆在展陈内容设计上,乃至鸿山遗址公园后期的对外宣传口径当中,都是以"吴越文化"为主题。但是,实际上吴、越分属两国,而从2004年鸿山遗址被评为全国十大考古发现时的评选词来看,其考古学价值便更主要集中在越国贵族墓葬之上。以"吴越文化"这样较为宽泛的概念来统领全主题自然不存在学术层面的硬伤,但"吴文化"的重要性在鸿山遗址的对外展示当中实则已经反复得到了强调,鸿山遗址博物馆在开馆之后的全名已经成了"鸿山遗址博物馆暨中国吴文化博物馆",并单设"吴文化主题展示",展览思想上也反复强调"吴文化之源"(王焕丽,2009)。这种将最具考古学价值的越文化置于次之而反复强调吴文化的做法仍然离不开该地区的区域发展思路和集群式发展模式。无锡市至少从2003年开始便已经正式提出了"吴文化"旅游品牌建设的问题,当时所指向的主要旅游资源点仍在于梅村(邹丽敏,2003)。而到了2006年时便开始提出"三泰一址"的说法,打造"一圈",即"围绕鸿山越墓遗址,构建底蕴深厚、魅力独具的吴文化遗址公园"(黄胜平,2006)。同年,开始举办"中国(无锡)吴文化节",一直延续至今,每年一届,从未间断。在这种旅游发展模式下,保持主题的一致是品牌营造力的关键,鸿山遗址作为价值突出、区位接近、内容相关的一处重要宣传热点自然不能放过。因此将"吴文化"放在鸿山遗址的展示工作中加以强调,并为了避免学术硬伤,而采取"吴越文化"这样的模糊性宣传用语,博物馆命名时也将"吴文化博物馆"单列出来等手段便不难理解了。

类似的能看出与区域整体发展思路相契合的展示形态还包括同属于无锡市的阖闾城遗址。

阖闾城遗址位于无锡市主城区以西,太湖之滨的滨湖区。1956年列入江苏省省级文物保护单位。2007年考古学家开始借助第三次全国文物普查的契机对该遗址进行了新一轮的考古调查与钻探,凭借调查和试掘所新发现的外城遗址被定性为春秋时期吴王阖闾所建都城,并入选2008年全国考古十大发现。2013年,阖闾城遗址列入第七批全国重点文物保护单位、写进《大遗址保护"十二五"专项规划》当中的"重要大遗址"名录,并在同年年底,阖闾城考古遗址公园列入第二批国家考古遗址公园立项名单。

从这个时间过程中可以发现,2013年是阖闾城遗址正式获得国家层面基于大遗址保护和展示相关工作对其进行认可的重要年份。但是,与鸿山遗址的情况有所类似,地方政府对于该遗址的具体工作却远早于这个时间。早在2008年阖闾城遗址考古工作尚未结束之时,地方政府便已经借助鸿山遗址召开大遗址保护现场会的契机,宣布了其对于阖闾城遗址未来的保护和利用计划。当时的提法是,"尽管阖闾城考古正在进行之中,无锡市委、市政府已决定将阖闾城保护作为市重点建设工程,成立由市政府主要领导为组长的保护建设领导小组,进行土地、户口和项目冻结及一切改变地形地貌的活动,开始了人口、住宅、农田、企业的调查,部分居民和企业开始搬迁,为大遗址保护创造条件"(周解清,2008)。

在阖闾城日后的展示工作中,最为显眼的当属阖闾城遗址博物馆的建设。该博物馆从2010年开始就其选址通过专家论证并开建。该博物馆原计划2012年开放,但最终由于施工和资金等方面的原因直到2014年才正式建成开馆。在这过程中，在地方政府的推动下，已于2011年12月论证通过《无锡阖闾城遗址旅游区总体规划（2011~2020）》，开始提出"旅游综合体"这一理念来处理阖闾城遗址未来的展示利用问题（袁柳，2011）。

阖闾城遗址仍然使用了遗址公园的名义，但是，其最终所形成的展示形态并未着力展示在体量上较为突出的遗址点。加之本身地处太湖之滨，新建的遗址公园与传统的湖滨公园和山体绿化在形态上呈现出更强的融合性，遗址感并不强烈。并且，遗址公园无明显的入口，城市的交通公路穿过遗址公园内部，道路的标识多指向遗址博物馆，因此，其传达给观众的最主要的展示内容都集中在阖闾城遗址博物馆之上。

当鸿山遗址博物馆在设计上不断强调以丘承墩这样的遗迹点为中心、缩小建筑体量、融于周围环境的同时，阖闾城遗址博物馆首先在选址上便就其与遗址本体的关系考虑不多。设计师选址于此的最主要理由是看中了此地为一处20世纪以来人工废弃已久的宕口，在此处建设现代建筑能将其更好地融入自然环境当中，减少对"十八湾"现状环境的侵扰（李立，2014）。设计师虽然一方面强调与环境的融入性，但另一方面，建筑本身所呈现的展示效果可谓颇为高调（详见图4.7）。建筑占地总面积达46 990平方米，其中总建筑面积达26 526平方米，局部层高高达10米，整体高度达24米，分散出的几处功能用房借用花瓣的形象加以组合，屋顶外观做成蛋壳形状以映衬"玉凤涅槃"的设计理念，外观石材上采用了锈石和荔枝面肌理，色泽上呈现出较为亮眼的灰白色（史永高等，2014）。

图4.7　立于青山之间、倍显高调的阖闾城遗址博物馆建筑

而在博物馆内部,与遗址直接相关的展示内容也并不明显。仅在博物馆一楼留出了较为开阔高大的观景立面,透过玻璃可观看博物馆建筑后方的山体剖面,但该剖面是否与遗址本身有直接关系,现场也并无进一步指示。博物馆内的基本陈列分为"薪火相传"、"礼乐春秋"、"吴风古韵"、"吴地探古"、"阖闾雄风"等厅,从展示内容上紧扣"吴文化"、"阖闾"、"春秋时代"等时代性更强、更为宏观的关键词,但是阖闾城遗址当地所出土文物所占比重不大,从内容体系上对在地遗址所出土文物这一概念也并不强调。并且为增加与观众的互动性和现代感,博物馆内还单设号称"全球最大"的多媒体互动厅,在600多平方米的展厅内用全景动画的形态展现阖闾及其时代雄风。

总言之,阖闾城遗址博物馆几乎完全抛弃了对遗址点的展示,甚至在可移动文物的展示上都并不强调在地遗址的重要性。并且,建筑外观的高调与内部展陈设施中大量对于高科技和人造场景的使用,使得整体呈现出较强的人造特点。

这种特点或缘于博物馆自身的馆藏资源和遗址本身的特点。但同时,将其放在其所处的区域内,也能看到很高的"契合度"。

在阖闾城遗址博物馆西南约14公里便是无锡市最为著名的人造景点——灵山胜境和灵山大佛,以东约20公里则是太湖沿线最为著名的自然景区之一——鼋头渚及地方政府近年来新打造的无锡影视基地。加上阖闾城遗址博物馆,恰好形成环绕太湖的旅游沿线。该旅游线也是滨湖区最主要的游客聚集点。早于阖闾城遗址博物馆的另两处景点,均具备极强的人造痕迹。无锡市从1994年开始便试图打造灵山胜境景区,在位于太湖之滨的马山半岛上的小灵山祥符寺这座古寺的基础上开始打造总高101.5米、总用铜量达700吨的"世界上最高大的露天青铜佛像",并最终于1997年正式开光建成(吉频,1998)。而另一端的无锡影视基地一开始建于20世纪80年代,原本仅用于放置《西游记》拍摄所用的道具设备。1991年为配合中央电视台拍摄《唐明皇》的需求,开始在此地建设唐城。在获得巨大的市场和旅游效益之后,1992年开始在其附近建设三国城、1997年继续在其附近建设水浒城。形成规模之后,无锡影视基地发展成为主题公园性质的旅游热点,于2007年正式被评为国家首批5A级旅游景区(郭文等,2008)。2014年阖闾城遗址管委会便已公开表示要将阖闾城遗址"与灵山的佛文化、马山的自然山水资源交相呼应,双方计划形成旅游联动机制,做强马山文化旅游市场"(胡桃等,2014)。因此,同一线内的其他几处景点的人造式做法对阖闾城遗址的展示利用问题产生影响也在情理之中了。

并且,无锡影视基地的这种利用影视产业塑造品牌形象和扩大营销受众,从而进一步转换为旅游潜力的做法对阖闾城遗址造成了直接且明显的影响。2011年无锡市政府领导人便出席了吴都阖闾城外景基地的奠基仪式,该基地意图建于阖闾城遗址以东,并已在考虑"还原历史风貌与电影场景艺术创造之间的关系"(单红,2011)。在2012年官方媒体对阖闾城遗址公园的介绍当中已将"《阖闾王朝》影视基地"、"照天湾影视文化创意园"写入阖闾城遗址公园建设的主体项目当中,并计划该影视基地在年内完成(佚名,2012)。2012年之时,地方政府对于该基地及其相应的旅游效应可谓信心满满。在当年的另一则媒体报道当中，负责人表示"我们将根据考古材料和古建筑研究资料，再现'阖闾王朝'……我们还计划打造一个具有滨湖古村落风格的'阖闾文化村'，它是一个有吃有玩的文化旅游综合体"（喻波等，2012）。

4.2.4.2　再论遗址旅游

实际上，除了无锡的这两处遗址案例之外，类似的契合关系的案例还能找到更多，本书不必将这些案例一一穷尽。总体而言，这些契合关系的背后都或多或少地再次体现出了一个我们在第三章时便有所提及的话题，即遗址旅游。

只不过，在 2000 年以后的遗址旅游较之从前，已然有了诸多新特点。

首先，捆绑式发展的思路愈重，遗址旅游与营利性企业的发展以及政府对城市格局的调整结合得愈发密切。

例如，上文提及的常州市淹城遗址的展示，它与常州市对所谓的"中国春秋淹城旅游区"的设想紧密相关。在淹城遗址以东，紧邻的便是淹城春秋乐园。二者不仅在主题和地缘上密切相关，甚至在门票上都实行可统一购买联票制度。对于淹城春秋乐园，从性质上是明确的主题乐园，通过游乐设施吸引游客。但是其在选址、命名和具体的主题架构上，都呈现出了明显的与周边的考古遗址公园的"联合"。淹城春秋乐园的管理者明确表示"春秋文化替代春秋乐园企业文化是不可以的；脱离了春秋文化谈春秋乐园的企业文化也是不可以的"。因此，在这种寻求"穿越时空的对话"的动机下便形成了这样的遗址公园和主题乐园相捆绑的模式（庞荣瑞，2012）。而放眼于整个常州市来说，淹城遗址所在的武进地区在 20 世纪 90 年代中期以前的常州市都难提核心地位。随着 1995 年武进撤县设市，地方政府打造该片区的意图逐步明显。在这之后，常州市政府的一批政府机构开始大量进驻该地区。在这过程中，地方政府对淹城遗址的保护和利用问题也随即重视起来，1996 年提出《淹城遗址保护利用总体规划（1996～2010）》。此时，淹城遗址也采取了考古遗址公园中常见的模式，开始大量搬迁原住民、进行土地整治并进行绿化。到了 2002 年，武进再次撤市建区，2007 年常州市不惜投入 50 亿将此打造为"科教城"，并从 2007 年开始提出逐步完善淹城周围的市政交通网络，直到 2010 年时正式完成了淹城旅游区的打造，单是淹城春秋乐园和淹城传统商业街坊的投资便分别是 10 亿元（张熙慧等，2013）。遗址展示、旅游点打造、城市格局调整都在地方政府对土地问题的统一调控下同步进行着。

在贵州省的海龙屯遗址案例当中，地方政府直接推出了所谓的 PPP 模式（Public-Private Partnership）。海龙屯遗址曾在 2012 年正式启动申报世界遗产的工作，2015 年正式申报成功。而在 2015 年 7 月，申遗成功仅两月之后，海龙屯遗址便正式开始以旅游景区的身份进行试运营。这类做法表面上看是由旅游公司进行主导的，但是实质上也得到了地方政府的默许和推动。主导海龙屯遗址上述工作的传奇旅游公司与遵义市政府从 2015 年时便正式宣布要推进所谓的 PPP 模式（郑德忠，2015）。所谓的 PPP 模式，实则为政府与公司之间达成的一种公私合营模式。在这套模式当中，一方面，政府可以通过更便捷的方式注入资金,达到分担企业的运营风险并且实现全程合作的效果;另一方面,企业也要通过外包、特许经营等模式来分担原本由政府主导的基础设施建设、公共设施管理等职能。相较于传统的政府与企业之间的分工而言,这种模式双方的交织程度更为密切,利益捆绑也更为明显。同时,双方也更容易走上高投入的道路,从而往往会对投资项目的经济回报抱有更高的期待。

其次,产业式思路的影响深远,遗址展示不仅仅围绕着单一的遗址点,还伴随着大量周边或园区内的业态调整,展示区域自身也朝向多功能一体化的方向发展。

例如,临安城遗址位于浙江省杭州市,它在2001年被批准公布为第五批全国重点文物保护单位,2006年列入"十一五"期间"重要大遗址"名录。

早在2000年时,地方政府便已在临安城遗址范围内的河坊街启动河坊街保护整修工程。当时尚未将临安城遗址及其相关的南宋城市的保护和展示问题提上议事日程,河坊街的设计也主要面向清末民初的商业街区形态。但是从此时起,能够看出地方已经开始在酝酿一套面对此类问题的操作模式。这套模式仍然是先由地方政府出面腾出相应用地,对原有社区住民进行异地安置,或签订保护和整修协议;随即以地方政府为担保提供金融贷款,形成启动资金后对沿街商铺进行保护整修;最后开始招标拍卖,引进产业链条,此时的产业主要是一些反映杭州传统文化的老字号店铺和以非物质文化遗产为名的商户形态(杨戌标,2004)。

而在大遗址概念和南宋临安城的问题日益受到重视之后,地方政府首要瞄准的项目是发展"皇城遗址公园"。此时地方政府层面便已开始提出"复建部分建筑"、"预计将恢复一组纯宋式建筑"、"利用原材料、原工艺来完整重现宋代建筑风格"等想法,地方领导甚至提出要为了南宋皇城的大遗址保护工作"发现、培养、引进一批新宋式建筑师",呈现出明显的商业街区式的旅游定位特征(邓国芳,2009;孙优依,2010)。

此后,"皇城遗址公园"项目并没有真正落实,地方政府最终打造的是同属于临安城遗址范围内的另一处南宋御街遗址(详见图4.8)。地方政府对该地段的定位是,"中国生活品质第一街"和"建筑历史博物馆"(王国平,2009)。定位中所强调的"生活品质"便预示着这里与河坊街重视传统民间文化的做法将有所区别。南宋御街最终形成的商业布局分为了民俗文化复兴区、国际品质示范区、现代生活体验区和大众品质生活区。这与河坊街杂耍说唱的世俗景象明显不同。虽然同样保有"老字号",但是已经大力引进大批珠宝、西餐等高端业态,构造出一幅"土洋结合"的景象(于欣森等,2012)。

再如,安吉龙山古城遗址位于浙江省湖州市,2016年列入国家文物局"重要大遗址"名录。在2018年我对该地开展现场调查时,遗址管理者在访谈中提到,对于龙山古城遗址后续的展示利用问题,主要采用的是一种以企业投资为主并由企业掌握长时间内的经营权的方式。这种方式也源于企业与地方政府之间所达成的协议。企业需要承担对遗址园区进行投资和建设的责任,借此可以换回对遗址更为长期的经营权以及地方政府对于毗邻遗址的"人文纪念园"的土地支持。而地方政府借此分散了自我的投资压力、找到了

图 4.8　在南宋御街遗址基础之上发展起来的整片区域式的街区改造

合适的经营主体，同时还可以分享园区建设的成果。

　　类似的逻辑在上文的良渚遗址案例中也有体现；但是，安吉龙山遗址在此阶段接收了企业的经营思维之后，在遗址园区的内部功能分区上进一步呈现出更为明显的多元一体化的特色。除了传统的室内博物馆与室外遗址点可供参观之外，在规划中，遗址公园内还单独辟出了主要供考古学家培训和活动使用的文物保护中心以及以农作物种植和观赏为目标的农耕文化体验园。与之相配套的，遗址公园也开始着手设计一系列的展教结合活动，包括夜间活动、与当地学校的长期合作等，并希望充分调动考古学家资源，实现科研与对外服务的兼顾。这样类似的功能分区和经营设计在国内同期的遗址公园规划中频见，反映出这一时期的遗址公园试图从传统的建设和观看的模式当中跳脱出来的努力。而安吉龙山古城遗址由于有直接的营利性企业作为投资支撑，因此在这一系列项目的落地层面均保持了较高的完成度。同时，也正因如此，在安吉龙山古城遗址的前期设想当中也出现了营利性酒店的设计，试图在不涉及遗址本体安全的情况下，在园区范围内增添更为显性的盈利点。这类做法曾经因为在政府投资的项目当中缺乏运营主体，以及对文化遗产的夜间安全的谨慎态度影响下而未能常见。安吉龙山古城遗址这次做法的成功与否还需要后续更为长期的运营情况来验证，但就目前而言，它至少再次反映出遗址公园多元一体化的复合式功能已确成趋势。

　　再者，近年来不少大遗址展示开始不同程度地提及与"全域旅游"概念的结合。

自 2015 年以来，当时的国家旅游局开始推行"全域旅游"的理念，并逐年设立"全域旅游示范区"，2017 年推出《全域旅游示范区创建工作导则》，2018 年以国务院办公厅为出口推动《关于促进全域旅游发展的指导意见》。在历年的积累之后，这一理念的创新之处在于，单一旅游点的吸引力和承载力等问题已经不再是最为突出的重点，此时所想要突出的是以旅游产业来引领和带动整个区域内的业态融合，构建区域内不同旅游功能区为架构的空间系统，统一布局、整合营销（杨振之，2016；张辉等，2016）。而在这个过程当中，诸多以大遗址为重要资源点的地方也开始试图践行这一理念。

例如，2017 年邯郸市提出"文体旅"的产业融合，创建全域旅游示范区，赵王城、邺城等在大遗址名录当中榜上有名的遗产点均是其重要的资源对象之一（苑清民，2017）。殷墟遗址所在的安阳市也在 2016 年时入选全国第一批"全域旅游示范区"。在 2018 年的现场调查当中，亲历者也确有提及，从安阳市政府层面所提倡的"全域"概念中的资源整合、不同旅游点相互带动等思维确实对殷墟遗址发生了影响。

但是，从一种理念成为一整套成熟的经验，全域旅游与大遗址展示的结合之路仍然显得很漫长。吸收了"全域旅游"概念之后的大遗址展示在进入落地层面之后能够与传统区域发展模式相比呈现出多大程度的差异，仍处于模糊状态。在 2018 年的现场调查当中，殷墟遗址亲历者所反映的情况依然是，期待一系列具备全域旅游思想的规划能够通过，但就目前而言，由于身处文物保护区，在动土施工的问题上仍然审批重重，因此理想状态中的业态整合等思路尚未如期开展。对于另一处从 2006 年开始便列入"重要大遗址"名录的 Y 遗址而言，从市一级到县一级的政府层面均在积极编制辖区内的全域旅游规划，Y 遗址也自是规划中重要的一处节点。从目前已对外公示的规划思路来看，规划主要强调的还是"一心、三带、四区"这样的区域整合、资源捆绑式思路。但是，在 2018 年的现场调研当中，当地管理者依然表示，并不能确保会以怎样的形式来实现这种捆绑，未来短期可见的建设模式依然是转向国家文物部门寻求以文物本体为导向的专项资金，再辅之地方配套的传统路径。

整体来说，"全域旅游"在一定程度上意味着大遗址展示开始呈现出了从"硬件"建设转向"软件"经营的思路转变；但是，"全域"的概念在落地层面还是被模糊为了一种抽象化的整合，与上文所述的早已在大遗址展示当中出现的投入主体的混合、周边资源的联动、文化产业思维的介入等现象混杂在一起，是否属于"推陈出新"恐怕仍待商榷。并且，"全域"之后的不同业态、不同资源点之间的互动过程中，原本在旅游市场中处于弱势地位的大遗址能否保证充分获利，而非被其他优势资源点变相挤压，也均是未来有待实践检验的话题。

无论如何，前文所述的新时期的大遗址旅游都在日渐浓烈地强调"融合"的意识，包括不同资源点、不同业态的融合，也自然意味着不同政府部门、政府不同职能之间的融合。在这个过程中，实际上又是经济诉求在地方政府的价值和权力关系当中占据重要地位的例证之一。

4.3　小结

至此，如果套用批判研究的话语表述，本章完成了对传统意义上在整套遗产话语体系当中占据主导力量的角色——政府的价值和权力——加以分析的任务。

借此分析，我希望能够展现大遗址展示是如何作为一种政策被生成出来，又是如何转为一种行动在各地实施落地的；同时，我也希望展现在这个过程中，同样作为"公"权力、"官方"话语体系的代表，国家文物局和地方政府所面临的不同价值倾向和相互形成的权力关系。

首先，从价值倾向的角度来说，国家文物局和地方政府之间最重要的差异依然体现在是保护还是发展这一问题上。

如果说我们将 2000 年以前国家文物局的工作看作是明显的以保护为重，那么，2000年之后以大遗址展示为代表的一系列做法开始表现出，国家文物局在试图证明作为一种资源而存在的文化遗产在本体保护和经济发展两方面是可以兼顾、没有矛盾的。尽管国家文物局也能够意识到，就一片固定的物理空间而言，遗址的用途在优先等级、轻重拿捏上必然是需要作出选择的。保护与发展，不至于产生矛盾，但是在这种选择问题上，隔阂是存在的。但是，大遗址展示之后，至少体现这种隔阂的方式显得更加委婉，国家文物局放弃"死保"，转而吸纳和承认展示利用的合理性，已经体现出一种类似于迂回战术的改变。

但是，在国家文物局试图有所改变的同时，20 世纪 90 年代以来各地地方政府的政治经济生态却没有发生根本意义上的转变。工程建设和土地财政也没有消减地方政府在经济诉求上的价值倾向，它只是让地方政府以一种更加区域化和运作式的手段来体现其诉求，甚至在一定时间内加重了其对于"硬件"的需求。

这种价值倾向上的现状对于我们理解当代中国以文化遗产为代表的一系列公共文化事业所面临的困境是根本的。传统意义上，我们已经很习惯了"市场失灵"这样的说法，本章的首要意义便是提醒我们注意到政府也会"失灵"。在经典文献中，"政府失灵"描述的往往是一些我们原本认为由自由市场来完成会有所缺失的事，例如自由市场当中的短时性缺陷、仅追求供给和需求双方利益最大化等，在交由政府来处理之时，依然会有所缺失。这种缺失主要体现在政府效率低下、官僚体系下的负担过重、力所不能及等方面。有基于此，才会不断有学者提出以一种企业家精神来重塑政府行为，借以解决此类问题（戴维·奥斯本等，2006；戴维·奥斯本等，2010）。然而，在本章的讨论下，我所强调的另一个要点便在于，大遗址展示中最初始的问题恰在于当地方政府愈发深刻地介入了市场当中、体现出一种企业家精神之后，反而丧失了其公共性初衷。并且，更显遗憾的是，这种"失灵"在大遗址展示正式在中央和地方启动之后，也并没有就此扭转。

这便涉及从 2000 年之前的考古遗址展示到 2000 年之后的大遗址展示，中央和地方在权力关系上的"不变"构成了大遗址展示在最终结果上数度徘徊的最重要原因。

为什么我依然认为这种权力关系是"不变"的呢？大遗址展示作为一种专项政策被提出，建立各种"典范"案例，这不正是在推动传统的中央与地方的权力格局发生变化吗？

我认为，如果用公共经济学的术语来描述这种思路，这可以被理解为是一个从"管制"愈发走向"刺激"的过程（约瑟夫·斯蒂格利茨，2005）。可惜的是，在国内现有的中央和地方的财政比重和业务切割的基础上，这种"刺激"迅速被地方政府的投入淹没了。国家文物局意识到了文化遗产在当代已是一项综合事业，有大量的相关职能、业务在国家文物局的权力范围以外，但是这种被淹没的"刺激"远难以起到调动其他业务方面的投入并使这些投入都遵循自身导向的作用。从价值倾向的角度来说，"展示"这一提法，本身便带有了强烈的中央与地方共谋的色彩，这本身并无问题；但是，当进入权力轨道之后，国家文物局在投入问题上的不占优，使得其身份再次被挤占回了传统的政策制定者或行为监督者的地位，真正的具备市场影响力的引导效益并没有发生。这种现象可与本章关于大遗址在国家文物局层面的降温的相关讨论结合起来。我们看到，2013年前后，国家文物局已经在大遗址的问题上表现出了乏力。但是与此同时更为严重的是，国家文物局所开放出来的专项窗口已经形成，这反而成了地方政府加以利用和发挥的契机与名号。大遗址依然被视为一种资源，展示正好被作为展现其资源价值的契机。大遗址展示自身对地方政府的这类行动是缺乏约束力的，同时又恰好契合了地方政府所持有的经济价值动机。由此一来，遗址公园仍然主要是由地方投入、地方配套，服务于地方经济的基本使命并没有改变，而国家文物局借助这些政策和专项将其影响力直接渗透入地方的能力有所提升，但并不强势。因此，这一问题的转变只有等到地方政府在经历过一个漫长的"试错"过程之后，受市场的力量影响再度自发转变。

有基于此，我认为，大遗址展示在市场和政府双重"失灵"的困境下孕育而生，但是在解决这一双重困境的问题上目前尚没有达到预想的效果，并没有能够改变中央与地方在价值和权力关系上固有的顽疾。

当然，我也并没有试图全盘否认地方政府与市场和经济价值相捆绑所带来的意义。在上文重提遗址旅游之时，我所提到的诸多新特点也正是地方政府在愈发深刻地接受市场逻辑，并经历了"试错"过程之后所希望有所突破的节点所在。对于这些节点是否会为大遗址展示带来更加崭新的未来，我依然愿意保持开放的态度予以期待。

第五章　2000 年以后考古学家的身份转换

在结束了对国家文物局和地方政府这样传统意义上的"官方"、"权威"主体的关注后,如果顺沿批判研究的思路,接下来的焦点应该迅速集中到所谓的"非官方",即在地社区上。但是,在这里我希望先插入一章关于考古学家的讨论。

为什么会将考古学家这一学术群体单列出来,予以专门的笔墨,我在第三章的相关部分已经做过解释了。我希望在传统批判研究内强势的官方主导者和弱势的被忽略主体的二元对立中,补充关于特定学术群体的讨论。如此一来,既能将作为一种话语体系的遗产的生成过程引入到更为细节和全面的观察当中,也能更好地去理解考古学家在现有框架下所作出的一系列突破的意义,以及这种意义所面临的风险。

5.1　大遗址展示相关政策中的考古工作

既然是要讨论考古学家在大遗址展示这整个话语体系当中所处的价值和权力位置,那么,政策分析是必不可少的工具。

在 2000 年以后与大遗址展示相关的诸多政策当中,关于考古学家的地位最为基础性的表述当属 2003 年国家文物局发布的《文物保护工程管理办法》和 2004 年的《全国重点文物保护单位保护规划编制要求》。在这两份文件当中,虽然不直接针对大遗址,但是它们对于影响展示工作最为密切的工程和规划均作出了细节性的规定。其中,在《文物保护工程管理办法》中在提及方案设计时,要求"必要时应提供考古勘探发掘资料";而《全国重点文物保护单位保护规划编制要求》则将展示规划作为了保护规划文本体例当中的一部分加以约束,并要求保护规划的基础资料中包括"文物调查、勘探、发掘的相关资料和报告"。这些表述都是在强调考古学家在基础资料的提供层面的作用。

此外,考古学家出现在展示工作的相关程序中还可以咨询意见的身份。2003 年《文物保护工程管理办法》和 2004 年《全国重点文物保护单位保护规划编制审批办法》从工程和规划两个角度对项目验收和审批作出了相应的规定,以及国家文物局在 2016 年时又补充出台了《全国重点文物保护单位文物保护工程竣工验收管理暂行办法》。在字面上,《全国重点文物保护单位保护规划编制审批办法》第十七条规定"文物行政部门会同建设规划等部门组织评审";而《全国重点文物保护单位文物保护工程竣工验收管理暂行办法》第八条规范的验收程序当中包含了组建专家组、验收专家发表意见的内容。对于这里所谓的"评审"和"专家"当中考古学家应当占据多深的比重、以怎样的形式挑选专家、专家以怎样的形式参与评审,一直未有明文。只不过,在实际的调查中我们也确实发现,由于审批和同意的权力一直掌握在各级文物行政部门手中,而与此同时,文物行政部门也正是我国行政体系内与考古学家们关系最为密切的行政机关,因此由考古学家来参与各级的评审、验收,这在事实上已在各地广泛发生了;只是,缺乏了细节性的选拔、组织和考核规程之后,各地在函审或者面议等问题上的操作程序各不相同,造成了实际的权力效果出现明显的差异。

其次,回到直接的大遗址系列政策来说,考古学家所扮演角色的重要性在其中也存在着一个逐步受到重视的过程。2009 年、2012 年关于国家考古遗址公园的系列规定的出台,以及 2013 年《关于加强大遗址考古工作的指导意见》,是重要的阶段节点。

在 2009 年之前的大遗址展示当中,考古及其相关工作更多是被赋予一种辅助性基础资料的角色。2005 年《大遗址保护专项经费管理办法》当中首次出现对考古工作的考量是当它论及如何选择经费优先支持的项目时,把已有的考古工作视作一项利于进一步开展后续的基础条件;同时,也在第九条当中将考古调查和发掘称为"前期准备工作"。在这里的措辞当中,我们能够看到非常截然的前后之分,对大遗址开始启动保护和展示工作之后如何再面对考古工作只字未提。

此后,2009 年以及 2012 年关于国家考古遗址公园的系列规定先后出台对此问题开始有所突破。这一时期同时也是学术界对"考古遗址公园"这一新生事物的考古特性与公园特性孰轻孰重展开讨论的时期(详见第一章相关部分的讨论)。由于这系列规定本身是以遗址公园的日常管理工作为指向的,因此在字句表述上对相关的考古工作也描述得更加细致。

这一时期的重要突破之一在于考古工作的参与地位和参与方式问题。2009 年《国家考古遗址公园管理办法(试行)》及其相应的评定细则仍然将考古工作看作是后续展示的依据和基础,将其视作"科研支撑"当中的一部分,以确保"展示依据具有科学性,信息来源可靠、数据准确"。但是到了 2012 年的《国家考古遗址公园规划编制要求》时,除了继续将考古相关的工作和成果看作是一种"资源条件与现状"和"编制依据"之外,还明确提出了考古专项规划的重要性、"考古发掘资质单位"在整体的规划编制工作当中的参与权,考古工作站也列为现场展示的"展陈设施"得到了认可。尤其是 2013 年,正式以国家文物局的名义出台了《关于加强大遗址考古工作的指导意见》(后文简称"2013 年《意见》"),以专门文件的形式正式集中讨论了大遗址与考古之间的关系,也可视作前一阶段的大讨论的成果。它明确提出,在参与方式上,"合作部门或单位应签订具体协议或项目合同,明确责任权利"、"大遗址管理机构应加强与考古单位的合作,统筹考虑遗址博物馆、考古工作站、文物标本库的建设"。在其相关的字眼上,已经表述为由大遗址所在文物部门和管理部门来"支持"考古工作,建设相关的施工工程需要"配合"考古监理报告。

　　突破之二在于明确了考古工作的长期可持续问题。2012 年的《国家考古遗址公园规划编制要求》对专项规划提出"以遗址公园为主要工作区域"、标明"待开展考古工作的区域和实施计划"的要求，相当于明确表明了需要在整个园区的规划设计当中为考古工作留出余地。换言之，考古工作不再仅是展示利用规划之前的前期工作和基础材料，而是在确认了展示利用工作之后仍然需要继续开展和得到支持的一项重要工作类型。同年，国家文物局也推出了《关于进一步规范考古遗址公园建设暨启动第二批国家考古遗址公园评定工作的通知》，明确将"考古与研究不足"、"定位不清"放在了现存问题的首位，正式提出了"考古先行"的工作思路，"考古与保护工作贯穿于考古遗址公园建设的始终"，"为今后长期、持续的考古工作预留空间"。2013 年《意见》明确提出"考古工作必须贯穿于大遗址保护与考古遗址公园建设始终"，专门详文规定了如何从机构、人力、经费等各方面保障大遗址考古工作的进行，同时也对考古工作自身如何适应大遗址后续的管理和展示工作提出了要求。至此，对考古学家的全程参与问题可谓在制度上作出了明确的回答。

　　但是，以 2013 年《意见》为例，这一时期的表述大多仍是以"应"这样的字眼，并不能形成强制性效应，也没有第三方的监督机构来确保意见得以执行。同时，站在考古机构的立场，在繁重的压力和固有的专业职能划分下，他们是否具备充足的积极性参与上述业务本身仍存在问题，只能寄希望于规划和设计单位"应联合"考古单位，而考古单位"应积极参与"规划相关工作，并提出"专业意见"。

5.2　与规划团队的合作困局

　　据此政策框架，这似乎是一幅相对积极的画面，考古学家从一种前期咨询、提供材料和后期审核的身份逐步转换为了展示工作的长期参与者、与其他主体的长期合作者，考古工作自身的地位也不能因以展示为目的的其他工作的开展而被简单放弃。

　　那么，从政策到现实，这种长期合作关系是否真能实现得如此顺利呢？

　　在大遗址政策当中，"规划先行"一直是一项从 2006 年《"十一五"期间大遗址保护总体规划》开始便写入正文当中的原则和要求。在中国文化遗产研究院所提供的数据当中，截至 2012 年，在总共 155 处列入"重要大遗址"名录的遗址当中，在"大遗址保护规划"这一名下所完成并得到国家文物局批复的规划编制已有 90 处；余下的 65 处当中，也有 38 处已由地方政府公布（中国文化遗产研究院，2016）。因此，遗址保护规划的编制①与否长期被作为了一项大遗址问题上的成效来看待。安磊（2015）曾经总结过一套文物保护规划编制的基本流程。我们可将他的表述总结如图 5.1，并提炼出原文的具体表述中与考古学家相关联的部分，由此看出规划团队与考古学家之间无法避免的合作问题。

---

① 根据 2004 年《全国重点文物保护单位保护规划编制审批办法》当中的规定，展示以一种专项内容出现其中。

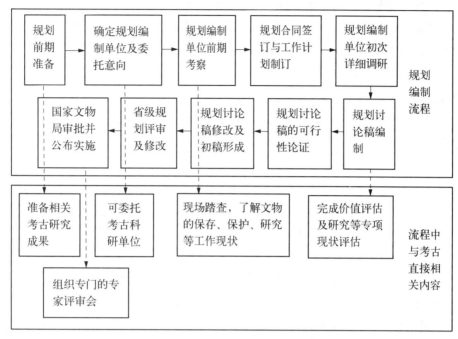

图 5.1　文物保护规划的编制流程及其与考古直接相关的内容①

既然考古学家已经至少在上述诸多环节会与规划团队发生合作,那么余下的问题便在于,现实当中这样的合作究竟进展如何。

我将从两方面的困局来加以讨论。其一是咨询和审核的有效性,其二是双方所形成的一种"便利性"陷阱。

5.2.1　咨询和审核: 大明宫遗址案例的尝试

在 2000 年以后的大遗址展示当中,最早试图对考古学家与规划团队的关系寻求突破,同时也暴露出困局所在的案例之一,便是大明宫遗址案例。

关于大明宫遗址案例的背景前文已有详述。

在此案例上造成困局的前提条件之一便在于规划团队与考古学家对于展示问题的价值倾向有所不同。大明宫考古遗址公园的直接规划设计主要由西安建筑科技大学建筑学院、北京市建筑设计研究院、中国建筑西北设计研究院有限公司等机构合作分工完成。第一章已大量引述过设计者关于设计理念的表述,从中能够看到,他们的展示理念更多地是在对主题一致和时代风格的强调,这与考古学家们所通常避讳的对实物材料以外作出过多想象实则存在冲突之处。尤其是大明宫遗址的考古工作虽然早在 20 世纪 30 年代便已开始,八九十年代乃至 2000 年以后都间有考古工作展开,但重点一直围绕在含元殿、丹凤

---

①　为了规范表述,图 5.1 当中的所有表述均来自安磊《国家考古遗址公园实用手册》当中的原文表述。事实上,在省级评审的阶段也有可能出现邀请考古学家担当评审的情况。但由于原文中未有提及,因此不在正文表格中体现。

门等有限的建筑遗址上。即使为了建设考古遗址公园从而对单体建筑以外的整体区域进行了勘探和试掘，完成普探面积 280 万平方米，但是这距离复原整个大明宫遗址的全貌仍有较大的差距。在这种情况下，设计者所强调的"主题"和"风格"与考古学所推崇的实证主义意义上的复原显现出愈发明显的不尽吻合之处（中国文化遗产研究院，2016）。规划设计与考古之间的潜在矛盾正如考古学家安家瑶所提出的，"遗址公园规划建设是前人没有做过的事情，不同的部门有不同的想法。我们文物考古部门想按照国际上世界遗产的保护原则尽量保留遗址的真实性和完整性；城市规划部门考虑这个公园的城市功能，希望公园的景观漂亮"（安家瑶，2009）。

这导致的现实问题首先反映在用地上。在当代建筑设计和园林设计理念影响下，大明宫遗址开始大量涉及铺设硬地和使用现代材料的问题，这即使能在技术上保证不对地下遗迹现象造成过多的影响，但是一旦设计付诸实施，未来想要就该地重新开展挖掘式的考古工作在立项初始便会存在合理性和可行性的问题。其次，现实问题还在于工程项目式的展示规划仍然期待在确定的时间内对所做方案作出确定的答案，但考古却是一项永远无法保证未来将会有怎样颠覆之前认知的发现的工作。尽管规划设计已经在不断重视可持续性、可逆性、开放性等理念，但仍然无法满足考古天然具备的偶然性和未来可能性。

这方面的矛盾并非没有办法解决，大明宫遗址案例当中呈现出来的解决方案便是：将考古学家摆在了一个事前咨询、事后审核的角色上。在大明宫遗址公园的设计当中，规划设计者仍然会从考古学家处提取相应所需的考古报告与数据，并在设计时，至少在书面层面上也会使用这些考古材料作为自身设计的理据；若设计完成之后，依旧发现存在冲突之处，则进一步协商讨论，直至一方妥协。例如，设计者曾考虑对宣政殿、紫宸殿的建筑设计都作出较大尺度的复原想象，并使用较为高大的乔木和钢构营造"展示装置"，但最终遭到考古学家的反对而放弃，仅采用了最为保守但准确的土台展示；在寝殿遗址区曾试图考虑建设植物和游览步道，但由于需要为后续的考古工作留出余地而放弃；对麟德殿则依靠文献记载中所传达出来的时代风格，试图利用现代材料手段重新营造出类似的风格效果，但同样因为硬地铺设导致后续考古工作困难而放弃（朱小地等，2012）。

但是，这种解决方案在有效性上的不足很快便暴露出来。理想意义上的咨询和审核实际上要求合作双方的信息能够足够互通流畅，在矛盾发生之时能有足够强势而中立的第三方主体充当仲裁身份。但是，单霁翔在 2010 年大明宫考古遗址公园专家论证会上的一段表述实际上将此问题表达得更为直接。他提到，"我们也知道实施单位的社会压力……必须拿出让社会各界和各级领导能够理解和接受的考古遗址公园成果，毕竟广大参观者中专业人士所占比例很少……每次听到专家的一些意见后，下决心要求必须彻底纠正，但是，听到实施单位强调困难的情况说明后，往往又有所犹豫"（单霁翔，2015）。这段话一方面印证了上文所说的规划团队与考古学家的价值差异的问题，另一方面也显示出，国家文物局在此问题上并不是最为理想的第三方主体。正如上一章对国家文物局的职能定位描述时便已指出的，作为中央层级的部门行政机关，当信息传递到这一层级之时往往需要具备事出"重大"这一前提条件。它在自身的人员业务精力上也并不可能具体落实到一个项目的全部流程进展中。在这种情况下,考古机构与规划团队在机构属性上的分而治之使得该合作过程被切分为了流水线式生产,而信息无法得到及时更新,同时咨询和审核意见又无法得到时刻匹配的强制力保障。如此一来,反而容易出现的现象是,设计团队一方面难以真正体会全面的、强调细节准确度的考古学含义,从而使考古学家满意,另一方面也遭受着考古学家的事后意见会给其带来"破坏式"压力的风险。

在这之后,也有学者总结出了一种"'边发掘、边设计、边建设、边开放'的过程"(王西京,2012)。但是,这样的想法实际上也仅是将咨询和审核的事前和事后切分为了更多个单元,让"提意见"的过程在各个流程环节内重复多次发生。它理论上解决了信息更新的问题,但是依然没有在强制力保障上作出突破,同时也增加了人员和事务多次往返的耗损成本。

总体来说,何处才是考古学家在大遗址展示当中的最佳位置,大明宫遗址案例给出了一些可能的选择,但却更多地留出了未能解决的挑战。

5.2.2 "便利性"陷阱:仅被作为基础材料的考古工作

相较于大明宫遗址案例,在 2000 年前后,最为常见的一种考古学家身份转换的合作困局,还不仅仅在于这种咨询和审核层面的冲突。在更多数的情况下,考古工作仅被定性为后续展示工作的一份基础材料,考古学家仅是一种配合者的身份。而出现这种困局的原因则在于,它无论是对考古学家抑或是规划团队而言,都是最为便利的一种做法。这种便利意味着在制度规范意义上的"合规",并且通常是一种在操作过程上经济有效的做法,只不过在结果质量上并不具备更多的追求。

我在讨论此问题时,惯以用一种"市场"的思维来加以讨论。我所谓的"市场",不是在指代一个区别于公共部门的盈利性市场主体,也不是在讨论经济动机或经济价值的问题。我所考虑的问题是,在考古学家、规划团队以及大遗址展示的"甲方"(通常是地方政府),他们在就如何展示、如何设计的问题上其实在事实上形成了一种供需关系,形成了一种市场。他们之间相互的交流、合作模式所展现出来的逻辑,实际上也是一个在经典经济学意义上的买方如何找到卖方、卖方如何进一步分包、买卖双方如何实现供需平衡的问题。

在此框架下,我们再来看上文所述的合作困局。我们能够看到,首先,我国的规划领域本身便不是一个充分市场化的领域。在传统的城乡规划领域,城乡规划机构多是事业单位体制。随着近年来的公司化转型,开始在此领域内引入了大量的市场化色彩。但是,传统的城乡规划编制需要国家认定的资质方可操作(详见《城乡规划法》第二十四条),并且在文化遗产领域,国家文物局又推出了《文物保护工程勘察设计资质管理办法》,其中明确指向为文物保护工程而进行的规划编制需要具备由国家文物局认可的甲、乙、丙三级资质。由此一来,与文化遗产相关的规划领域实则形成的是一种有限市场化的情况,资源仍然集中在少量有资质的规划机构当中,他们与地方政府之间形成的也是一种委托制关系。与此同时,我国各地方的规划机构和考古机构大多分属两套部门体系,曾经一度往来甚浅。在这种情况下考虑考古学家与规划机构的合作便意味着：其一,需要一种更为强制性和细节化的制度设计,来弥合机构间的间隙问题,然而国内的大遗址相关政策却不能完全满足这一点;其二,在经典的经济学逻辑当中,越是有限市场化的领域,其对于质量的追求越不自发。缺乏考古学家合作的规划成果即便会在"质量"上受到质疑,但也依然能够满足需求方的基本要求,因此是符合市场法则的。从而,从市场的角度,考古学家的介入其实并不能算是有着充裕的空间。

由此一来,考古学家的介入变成了一种市场上不自发、制度上大范围作出规范但缺乏各流程环节上的有效性的行为。面对这种现象,考古学家与规划团队的合作开始追求如何在制度框架下便利地完成任务,而不必要顾及进一步在质量上的深度追求。

以一处从 2006 年便列入"十一五"期间的"重要大遗址"名录的遗址为例。地方政府在 2010 年前后对待该遗址的发展思路依然围绕着作为旅游资源如何带动地方发展的角度。据 2011 年时我们在现场的实地调查记录,当地从 2000 年开始推动与遗址所代表的"Z 文化"相关联的节庆,并带动民俗村等周边文化产业发展;2008 年前后,随着遗址进一步的考古发现,从而加速了地方政府将该遗址的展示利用与遗址所代表的更宏观意义上的"Z 文化"议题结合起来的欲望;2010 年时,便邀请当地的研究院为其制定了一本旅游规划,意图在于想要借此形成纲领性的文件,为后续工作保驾护航。但是,面对这样的规划,主要从事该遗址考古工作的亲历者却如此表示：

> 我们会提(意见),比如说今天来了个县长,给人家说几句,但是我们没有提过这种正规的建议。另外,也没有人来问咱们,人家想怎么弄就怎么弄。他们只会要资料,很少来这么问(意见)。

在此情况下,该遗址现有的展示形态被迅速上升到"Z 文化"这类宏观主题之上。该地于 2009 年建成的旅游景区覆盖了遗址的核心区域,并依靠大量新建的人文景点和仿古建筑成为主要的展示形态。而对于遗址本体的内容,则仅有裸露地面可见的部分土墙得到了标识性展示。至于 2010 年的旅游规划则将此方面的特点更进一步地发挥,引入了周易、中华姓氏之源等故事性更强的通俗题目。在这个过程当中,由于遗址本体立足于原有的山林,考古发掘之后也已回填,现有的施工工程没有明显地对地下遗址产生破坏,考古工作短期内也并没有计划回到景区内再次开展,因此,考古学家们虽然对已有的保护展示做法心有不满,但是仍然保持在怒而不言的状态中,缺乏以更积极的态度去干预这原本属于他们专业之外的事务的动力。

对于那些受政府层面的重视程度较深的遗址案例而言,尤其是当参与主体由此而愈发复杂、专业性愈强时,供需双方往往会在质量问题上提出更多的要求,从而动摇上文所说的市场现状,考古学家的参与也变得"有机可寻"。但是即便如此,不同机构之间分而治之的现状,依然会为多方参与造成现实中的惰性。

以另一处同样从 2006 年开始便列入"十一五"期间的"重要大遗址"名录当中的遗址为例。在遗址博物馆奠基等一系列事件的正式催动下,该遗址想要申报新一批的国家考古遗址公园时,长期在该地从事考古工作的考古学家在访谈中依旧表示:

> 现在地方文物局他们是考古遗址公园申报的主体啊,他们在不给我们打招呼的情况下,就已经委托别的机构开始做申报书了。他们跟我说,能不能提供资料啊。现在国家局都已经说了,考古方必须介入。我说那样,已经发表的你们拿去用吧,至于具体的那些,咱们再说吧。他们的态度是,这些东西就该我们交资料完事。那我说你们自己搞去吧。

除了由上述的机构间隙所导致的双方的合作局限之外,不同专业不同的专业习惯也同样会为合作增添困扰。长期从事大遗址相关的考古遗址公园规划的工作者在访谈中描述了这样一个现象:

> 考古行业长期的习惯是自己给自己设立一个目标,然后几年甚至几十年的时间一步一步地研究去……一般都是做一个规划,一年或者两年,要你拿一个初稿。考古行业在这个过程当中是一个基础……但是,有些遗址挖了几十年专题的报告还没有出来……他的态度一定是很好的,这是我们发现的一个共性,但是就是在规定的时间拿不出东西。

对于这种情况,规划工作者常见的解决办法是:

> 一般情况下我们为了避免耽误事情,在初期我们会有一个基础资料的清单。首先是不管你能不能拿出最终的成果,你先把你手里有的东西给我。就算他没有专题的报告,也会有一些简报,或者说简单的文章啊、报道啊总会有的。这些资料里面会有一些引用的内容。就是他打算怎么去研究这个遗址。我们只能在短期内做一些他长期想做的事情。我们来找他引用的一手资料,组织专家团队来研究这些东西。

综上,有趣的现象正在于:上述案例无论是基于怎样的考虑、站在哪方的立场,他们最终都不约而同地选择了以考古学家提供基础资料来作为解决方案。这种方式在合作成本上最为低廉便利,最能在不动摇原有的供需关系前提下满足一条制度底线。但是,这种合作方式,我还是更愿意将其仅视为一种机械的配合,它与制度设计上所原初设想的充分的智力交流与质量提升仍然相去甚远,从而形成了一种"便利性"的陷阱。

5.3 考古学家的参与：持续工作、持续合作

尽管存在上述两方面的困局,但是也并不意味着本章第一节所提出的政策呼吁已然全部落空。近年来在大遗址展示的现实实践上,考古学家的身份问题也开始屡有突破。

5.3.1　常见的参与模式

落实到具体案例上,考古学家在大遗址展示相关的不同环节的参与已多见实例。

其一体现在展示前期的保护规划上,对于具体选择哪些遗址点进行后续工作,继而放弃哪些点,考古学家与规划团队之间有了更为长期的交流空间。

例如,2006 年时已位于大遗址十一五规划的"重要大遗址"名录当中的 Z 遗址是一处典型的古今叠压的城市遗址。虽然早已有保护规划明确了具体的土地性质,但是由于保护面积和当代社区居民的生活面积过于重合,因此屡有破坏规划的现象发生。为了改变这种现状,在 2017 年当地试图对原有规划的修编工作当中,承担修编工作的规划团队开始提出:

> 现在我们就开发了一个 GIS 保护规划的分析平台,打算给他算一笔账。我现在的遗址,保护的范围和控制的范围到底占了城市多少土地。你新郑市的发展按照你最高要求的设想你需要多少土地,需要多少建设面积。然后我们来算一算,我能够还给你的和你最低限度要走的,能不能匹配。如果能匹配当然最好了,如果不能,那我们能不能各退一步。你少要一点,我的遗址少控制一点,核心多保一点。

这种就事论事的"算账"思想看似简单,但实际上确实是在一种解决当代燃眉之需的立场下的妥协方案。而在这种方案的操作思路下,考古学家与规划团队的持续交流已经是呼之欲出了。为此,该项目的负责人也承认,在下一步的工作当中理应是和考古学家不断沟通,将其考古成果落到 GIS 的成果图上。

类似的做法,张剑葳等(2010)在扬州城的遗址规划当中也有尝试。尤其是对于古今叠压的城市遗址而言,GIS 平台的搭建便是利于考古学家和规划团队在同一平台上建立起对话的空间,从而为实现持续工作、持续合作提供可能。

其二是由考古学家来直接参与到展示设计环节,事实上完成过去主要由规划团队所完成的部分工作。

例如,同样是 2006 年列入"十一五"期间的"重要大遗址"名录的 S 遗址,早已作为了考古遗址公园面向公众开放。在重新接受国家文物局的评估检查时,为了应对时代之需,2014 年以来该地开始着力编制新一轮的规划,而该新规划的大纲便不再是由传统的规划机构来完成,而是交由当地的考古研究院承接。

再如,中国社会科学研究院考古研究所(后文简称社科院考古所)文化遗产保护研究中心从 2007 年开始正式成立,中心依然由考古学家带领,业务内容却逐步转到与遗址规划相关的工作上,如今已经承接或参与过《偃师商城遗址保护规划》、《偃师商城遗址保护展示方案》、《偃师二里头遗址保护规划》、《安阳殷墟遗址保护与展示方案》、《扬州城考古遗址公园规划》①等一批相关工作。

---

① 详见中国社科院考古所官网相关页面(http://www.kaogu.cn/cn/renyuanxinxiku/2013/1026/43753.html)。

这样一批由考古学家所带领的团队,在风格上自有与传统规划机构不同之处。在对该机构的前任负责人杜先生的访谈中,他也表示,中心愿意在具体的遗址规划上放慢速度,愿意将其当作研究个案来对待,甚至在员工考核绩效时,也不以项目数量为导向,而是强调员工在项目基础上所做的研究论文。此外,中心本身还保有了大量的考古学特点,这主要体现为,中心的主流业务也并不完全是遗址的保护或展示利用规划,还承担大量的实验室考古、出土文物现场保护等与考古发掘密切相关的业务。

其三是在遗址展示设计工作完成之后,考古学家依旧能够与之长期可持续合作,并与后续的展示经营项目的调整和创新形成互动。

例如,殷墟遗址从机构管理的角度来说,1987年便已正式对外开放的殷墟博物苑,在遗址管理和考古工作之间早已形成一套惯习做法。

1958年,社科院考古所便在当地建立安阳工作队,开始专门负责殷墟遗址的发掘与研究工作,延续至今,一直少有中断(杨宝成,2008)。而他们与后成立的殷墟博物苑之间的关系,在对殷墟博物苑管理者的访谈当中得以窥见:

> 如果我们要改动土,那么必须要找考古所。他们①做好了发掘的规划,也要通知我们。相当于我们是管理部门,他们是技术部门。咱们苑里建设的时候基本上都已经钻探过了。

对殷墟遗址如今的展示形态形成重要影响的事件便是2000年以后的殷墟申遗。早期的殷墟博物苑曾经一度依托在环境部门,公园色彩更重,因此对于文物的所有权乃至展示权的问题均一直悬而未决。直到2000年以后的申遗过程,借助申遗经费,殷墟博物苑建成了正式的下沉式博物馆建筑,文物有了可展示的空间。在此基础上,社科院考古所(出土文物的实际所有者)与博物苑方面达成一致,在不改变文物所有权的基础上,选择部分交予该博物馆进行展示。并且,在这个过程当中,时任安阳考古工作站站长的考古学家事实上在博物馆的展陈设计中积极扮演了"策展人"的角色,这样的沟通性身份也成了考古队和博物苑得以继续合作下去的重要条件之一。

而就博物苑内的其他遗址的展示问题,2000年以后的考古工作已经对过去已有的认识部分作出了修正,而作为遗址展示主导者的博物苑方面也重视了这些新成果,借助申遗契机,对展示形态作出了新一轮的修正(李阳生等,2006)。

类似的案例还包括二里头遗址博物馆的建设。二里头遗址从2006年开始列入"重要大遗址"名录,在访谈中,长期在该地从事考古工作的队长许宏表示,2017年开建的二里头遗址博物馆已经表达出想与考古学家持续长期开展合作的意愿。这一方面包括将遗址博物馆的展陈大纲交由考古学家团队来主力操刀,另一方面还愿意在机构关系上寻求更加密切的联姻。

---

① 指社科院考古所。

他们现在想建一个早期中国研究中心，让我们入驻二里头遗址博物馆，联署办公。博物馆 3.1 万平方米的建筑里面是有我们 3 000 多平方米的院子的。他们已经意识到，离开我们这个博物馆是根本不可能的，这个博物馆需要学术支撑。

5.3.2　金沙遗址案例的启示

在诸多的考古学家转换身份参与到大遗址展示的案例当中，位于四川省成都市的金沙遗址将此问题进行得最为彻底。

金沙遗址于 2001 年正式发现，并由于学术研究价值重大，当年即被评为"全国十大考古新发现"，2004 年开始地方政府正式投入启动资金，谋划对该遗址的保护和展示工作，2006 年时评为第六批全国重点文物保护单位，同年也列入"十一五"期间 100 处重要大遗址，2007 年 4 月金沙遗址博物馆正式建成开馆，2010 年以"金沙国家考古遗址公园"的名义列入第一批国家考古遗址公园。

从展示形态的角度看，当时地方政府划定的遗址中心区为 28.9 公顷，在原设计当中将场地空间划分为了三个部分，自西向东分别为：生态环境保护区——以模拟地方生态环境和古蜀文化为主题；文化遗产观光区——以现场展示遗址挖掘为主题；城市开放景观区——以城市公共活动和绿地休憩为主题（莫修权等，2007）。进入博物馆区域之后，观众首先接触到的是以考古遗址为展示内容的遗迹馆和周边公园区域，随后为陈列馆。周边公园区域日常可用作市民活动、休闲所需。金沙遗址博物馆在品牌营销和市民开放等方面一直保有着较强的活力，时常组织各类群体走进金沙，并逢时利用公园场地举办各类节庆活动（王毅等，2009），因此即便是兼备收费类旅游景点的性质，公园区域内仍常见各类适用于市民休闲的景观设计和装饰。与此同时，公园区域也常见对考古学意象的强调。诸如树木栽种时采用乌木，便是有意向古生态环境靠拢；作为金沙遗址代表性出土器物的太阳神鸟，也以放大雕塑的形式出现在园区醒目位置。陈列馆与通常展示可移动文物为主的博物馆则并无较大差异，内容围绕金沙遗址的出土文物。

在这样的展示形态当中，最值得关注的自然还是遗迹馆的展示。该馆之所以会采用探方式的展示形态、保留考古现场工作的效果（详见图 5.2），亲历者的回忆是：

> 你不做遗迹馆给观众看啥啊，而且我们的遗址没有挖完呢，现在才挖了大概三分之一没到。没挖完就需要保护嘛。我们当时想的是，保下来慢慢挖，现在没有一个探方到生土了。因为保护的原因，我们当年 11 月份就停工了。下面还有多得很的东西，我们已经不敢做了。你把它挖下去挖完了，上面层的现象也没有了，我们还是觉得给后人留点吧。我们的探方应该可以有 18 层，但是现在只到 6~7 层。所以为什么要修个馆，就是这样的考虑。

从中可以看出，遗址发掘尚未结束，考古学意义上的学术价值和保护价值都依旧占据着主导地位；但是如果将金沙遗址案例与其他同样是学术价值和保护价值占主导地位的

图5.2　将考古探方作为主要展示形态的金沙遗址
常伴有日常修复人员的工作,同时也起到表演式的效果和传达研究工作正在进行中的氛围

案例相比,决策者考虑将展示价值融入金沙遗址案例的时间又是相对较早的。不同于大多数案例中所呈现的发掘彻底结束之后再考虑保护、保护妥善之后再考虑展示,展示在一开始便介入其中。

2001年由中房集团成都房地产开发总公司在修建"蜀风花园城"房产项目时发现金沙遗址,但这也同时意味着建设项目需要就此暂停,等待考古工作的完全结束。当时的考古工作由成都市文物考古研究所主持进行。在金沙随后的保护和展示历程当中,成都市文物考古研究所承担的工作却不仅限于考古发掘而已,而是以更积极的姿态参与到了遗址的保护和展示当中。到2002年时,开发商已经开始频频要求地方政府恢复建设工作,而地方政府初步的反应也是"希望按原城市规划,尽量缩小保护范围,以保障土地经济效益";对此提出反对意见的仍然是成都市文物考古研究所。它采取一种主动先行抢占遗址所在地的土地性质的方式,提出方案:由地方政府主要出资、吸引其他渠道筹资,将金沙遗址中心区域全部保护,并建设遗址博物馆;而开发商已购买的土地则交由地方政府用周边土地置换补偿(汤诗伟,2010)。换言之,在这个过程当中形成的合作关系是由政府承担保障和支持工作,而包含发掘、保护、展示在内的业务工作都由考古学家们组成的核心团队来把控。对于这段经历，亲历者提到：

> 当时市委书记就说，这个效果是你把关，我不管，钱给你们了，你该找什么专家找什么专家。当时主管的市长到现场开会，说的是有什么方案你们不要天天找我们汇报，你们该组织什么就组织什么工作。我们的要求是 2006 年底必须要开馆，那个时间卡死，质量必须是国内一流的，然后钱我们政府保证。

实现这样的合作局面有助于遗址以最专业的面貌得以保护和展示下来。这不仅体现在遗址本体得以最为"考古"的面貌被保护和展示下来，并且以展示可移动文物为重的陈列馆内也展示着大量成组套箱的遗迹现象。据亲历者回忆，由于陈列馆、遗迹馆和考古发掘的工作几乎是同时进行着的，因此同一批工作团队的人员可以较为方便地在这个过程当中互相了解信息、互取所需。陈列馆内的这些遗迹现象也是在发掘的时候便已经考虑到了后期的展示需要从而有意识地进行了套箱提取。

但是，这种合作局面所带来的压力同时也客观存在。发掘、保护和展示三方面工作的同步开展不仅需要主导者拥有先进的意识，这对于团队的能力本身也是一场考验。

首先，这依然要求团队具备过硬的研究能力。考古学家来参与保护和展示工作的合理性正在于他们具备最充分的研究能力和对研究对象的理解能力。金沙遗址在 2001 年初发现之后，截至 2004 年底，根据中国知网搜索引擎可得的数据，3 年的时间内由成都市文物考古研究所为主体发表的面向金沙遗址出土文物的研究文章已超过 13 篇，内容包括考古学和文物保护两大部分。

其次，团队还需要具备展示意识。成都市文物考古研究所此前同时管理着成都博物馆，因此，此次介入金沙遗址的发掘和博物馆筹划之后，主创团队当中也一直不乏博物馆展览等相关经验的人员参与。2004 年 5 月至 2005 年 5 月，金沙遗址部分出土器物又迅速整理赴日参展①，这同样是一个展览语言影响主创团队的过程。

主创团队虽多是专业的研究人员，但是在金沙遗址博物馆的建设过程当中便已传递出极强的公众意识。在博物馆尚未全部建成、正式对外开放之时，2005 年便已传出信号，愿意将新建成的遗迹馆率先面向市民限时限人开放（张婷婷，2005）。这在当时的遗址博物馆建设当中尚属少见。

成都市文物考古研究所作为主导者所起到的决策力量也可从金沙遗址博物馆的规划设计者的一段叙述中得以体现："文物界和从事保护规划的专家主张对待遗址应该服从保护，不要在其范围内进行任何建设活动，完全以考古发掘为主……他们主张易地建馆，遗址和馆舍分离。而我们认为，对历史遗存的态度不应该是消极的封存和隔绝……易地建馆就如同文物建筑保护中的易地重建一样，文物脱离了原生环境，其价值势必大打折扣，更辜负了成都市政府收回整个园区土地的初衷。在上述两种观念交锋的过程中，成都文

---

① 详见金沙遗址博物馆官网（http://www.jinshasitemuseum.com/jishi.html）。

化局和博物院的领导给了我们很大的支持,突破阻力,搁置争议,使规划方案终能实施。"(莫修权等,2009)

总言之,成都市文物考古研究所的积极姿态成了地方政府层面保持支持态度同时又敢于放手的重要原因,也使得开放建成之后的金沙遗址博物馆依然能够在很长的时间内获得考古学家的学术支持。从人员组成上,今天金沙遗址博物馆的大量主事者也都来源于成都市文物考古研究所,双方的合作未曾间断。

5.4　突破的意义

通过上述讨论,我可以对以考古学家为代表的知识群体在大遗址展示这场博弈格局当中所扮演的角色作出以下总结:

首先,至少在我国现有的语境下,考古学家这样的知识群体确实不应被直接理解为批判研究内常提的"官方"。从设计的全流程的角度来看,大遗址展示所形成的"官方"设计成果早已是一个多方主体合作之后复合的产物;甚至,考古学家在很长时间内都并不处在生产出这个官方成果的闭环内的主流位置上,长期仅作为了咨询和基础资料的提供者,在漫长的合作困局之后才开始在特定个案中出现了部分突破。

其次,这些所谓的突破对于考古学家而言所意味着的转变实际包含了两个层面,其一是一种业务项目上的延伸(例如搭建合作平台、受托完成专项设计等),其二则涉及整个机构定位上的纠葛(例如新的研究中心的成立以及金沙遗址案例式的整体人员和机构的重组)。

面对这样的现状,我余下来的问题便在于:首先,这一系列的突破足够彻底吗?彻底到以至于能够动摇原有的格局,从而形成新的价值和权力关系吗?其次,这一系列的突破的意义究竟在于何处呢?

5.4.1　特定条件下的突破

首先,我依然认为,已有的突破均是在特定条件下形成的,尚不具备普遍性,并不足够彻底。

所谓的特定条件,其一便是考古学家的个人意志和影响力。

例如,上文提到的社科院考古所文化遗产保护研究中心,杜先生本人的意愿和影响力对其发展产生了重要的作用。之所以要创办这样的机构,杜先生在访谈中给出的直接理由是,基于对遗址本身以及遗址当地人的情感触动。文化遗产应为全民所有,而不能是考古学家的自留地,考古学家已经通过遗址获得了大量的自身成绩,而当地人却因遗址保护的需求产生了种种不便,因此考古学家理应为当地有所反馈。这是在杜先生心中更接近于道德层面的理据。而从理性层面,考古发掘对遗址本身可能造成的破坏是杜先生的出发点。他在访谈中提到:

在许多情况下,考古对遗址的破坏更是不可避免的,我们怎么就没想到我们破坏了那么多,干了什么事儿呢? 我们说,我们做了研究,通过发掘我们认识了遗址,认识了它的价值,然后促成了对遗址的保护。我们终于把话说圆了,我们搞了那么多破坏是有益处的。但,毕竟,很多很多遗址的空洞化是考古造成的。很多考古完了之后,遗址实际上不存在了,遗址只变成了空壳、变成了符号……从这点上来说,大遗址的保护应该是要体现在考古活动中,而不是考古活动之后。你挖都挖完了,破坏完了,还讲什么保护呢。首先你挖的时候就应该保护。

并且,仔细观察该中心已经开展过相关工作的主要规划对象,这与杜先生本人过去以考古学家身份所工作过的遗址具有很高的重合度,这也明显体现出一种个人特点。

再如,同样是上文提及的考古学家与管理机构持续合作的两个案例——殷墟遗址案例和二里头遗址案例。这两个案例背后的考古机构都是中国社会科学院考古研究所,这样的一处国务院直属科研机构所代表的话语权与通常的地方考古力量本身不可同日而语。此外,这两个遗址都是社科院考古研究所历来最为重视的工作重地之一,这两个遗址的考古领队又都是目前在国内的传统考古学领域内较早转型涉足公共考古领域的学者,在社会影响力和学术研究以外的业务沟通能力也不完全等同于传统意义上的考古领队,这些都为考古学家的合作角色创造了有利条件。

其二是特定的外部环境的助推。

环境之一在于特殊事件或政策的刺激。同样以殷墟遗址和二里头遗址案例为例,两个案例虽然同为大遗址,也确实在 2000 年以后的大遗址保护和展示运动的框架内,但是推动两个案例走上建设道路的直接动因均有超越大遗址以上的成分存在。殷墟遗址案例如上文所说是受到了申报世界文化遗产的影响;而对于二里头遗址案例而言,则更是受到了现任国务院总理李克强的直接关心。李克强在 1999 年开始任河南省省长,2001 年时亲赴二里头遗址参观,并提出"要高度重视二里头遗址的保护工作,抓紧时间做个方案,资金问题我们来考虑";2014 年升任国务院总理之后仍然在国务院会议上反复强调二里头遗址保护的重要性,并一再表达出应该展示建设的催促(佚名,2015)。在其影响下,于 2016年出台、作为整个国家在未来一段时间内的发展指南的《国民经济和社会发展第十三个五年规划纲要》当中"二里头夏朝遗址博物馆"作为唯二的两家被点名的遗址类展示项目之一出现在了"专栏 25 文化重大工程"当中。这种超越了地方壁垒的政治重要性已经使得殷墟遗址和二里头遗址案例都理所当然成了不同于一般的地方文化项目。

环境之二也可回到更为普遍的地方政府层面。尽管我在上一章中已经勾勒了一个以经济诉求为主要价值倾向的地方政府的形象,但是也并不意味着所有的地方政府在所有的时候都一定会对遗址保护和展示这类文化事务置若罔闻。如,H 市文物考古所近年来也在 H 市内的诸多遗址保护和展示案例中介入颇深。在地方建设与遗址保护产生矛盾时,能有效地担当进言献策的角色;在开展展示规划等后续利用工作时,也能较好地进行

顾问咨询。对于这种现象,亲历者将其原因归纳为:

> 我觉得一来是这里历来有文化方面的氛围,政府方面鼓励你这样做,政府能听进去……你的发掘不仅仅是科学研究的需要,也有遗产保护的需要。这跟当地政府也有很深的关系。如果政府想搞开发,那当然会说你挖完了走掉好了,你不要搞别的。我们从来没有强调过要把遗址发掘完。

在这个过程中,H 市所展现的实际是一种地方政府与考古学家之间的良性鼓励机制。如亲历者所说:

> 考古的人即便有这个理念,你呼吁了半天没有用,那积极性很快就被打压下去了。但是如果政府在听你的意见,就会慢慢培养起来了。

综上,这一系列特定条件的出现实际也意味着整个机构在定位上的转换其实并不充分。上文所述的突破的两个层面,愈是进入第二层面之后,愈发显得困境重重。

此现象形成的原因在于,首先,对于考古学家而言,传统考古业务压力的负担一直未能疏解。呼吁考古学家参与遗址展示,涉及考古学家对自身业务的价值认知,但是这种价值认知显然是有优先等级排序的,传统意义上的考古学研究依然是放在首位的,这也显得无可厚非。在此情况下,传统考古业务压力使得考古学家们只能选择优先等级更高的工作。

以 2014 年国家文物局编订的《中国文物年鉴 2014》当中的数据为例,2013 年度全国各省市直辖区的考古机构均承担着 10 项以上的考古发掘工作,并且仍多以配合基本建设工程为主;其中,年鉴中所述的"重要考古项目"可视为是各地方当年内最为核心的考古发掘项目。若仅以提供了"发掘面积"这一指标的 79 个项目为例,平均单个遗址的发掘面积约达 1 208 平方米(国家文物局,2015)。并且,这还仅是以提供了发掘面积数据的项目为统计口径,大量的墓葬、宗教遗址未在其中,调查、勘探、后期整理以及公众社教等工作尚不能用此指标来衡量。由此,更可见各地方考古机构的任务之繁重。

上文提到过的试图借助 GIS 平台寻求突破的 Z 遗址案例也面临类似的情况。亲历者表示,近年来该地的考古力量极为有限,常年工作都在配合基本设施建设,难有最新的主动研究的考古成果面世,导致新一轮的 GIS 平台上还需要大量使用早期的考古勘探成果。即便是想要为了本次项目而亡羊补牢,也面临着人手不济的窘境。

类似的案例还有一些地方性的考古机构,虽然已经以文化遗产为名或将文化遗产相关工作名义上纳入其考虑范畴,但是仍然很难真正地参与到文化遗产的规划、展示等工作中去,已有的部分文化遗产相关工作仍然是与"本人的个人抱负和兴趣"有关,而究其原因,其亲历者只能在访谈当中表示说"这还是与机构的定位有关吧"。

其次,所谓的机构定位上的转换还面临着一系列制度上的瓶颈。例如,以一家由考古学家为基础而生发出来参与遗产规划事业的团队为例。该团队由于原本依托于事业单位,因此长期人员编制受限,随着业务的发展,开始采用合同制定期雇佣的方式扩充团队,而这笔经费则由团队通过项目运营、自负盈亏的方式来完成。在访谈当中,团队负责人提到:

> 我们自己养这批人对我们来讲是极大的挑战。第一是制度创新问题,在事业单位里头居然出了一个半公司类的,是要经营的。有一次一个领导来调研,我们把这作为经验介绍。我们领导说,这可不能对外说啊,我们不提倡这个。这在有些人思想里头就是"吃皇粮"的。

这种制度瓶颈所形成的原因有着更为广泛的政治经济背景。对此问题,我将在下文论及两对二元结构时进一步展开。

5.4.2　两对二元结构以外的模糊地带

在意识到上述的突破并不足够彻底之后,我余下来的问题还在于,这是否意味着这种突破便失去意义了?

要想更为全面地回答这一问题,其实可以将这一系列的突破放在更大范围的价值与权力关系内去讨论,由此来评价它所具备的意义以及这些意义目前所面临的风险。

我认为,要理解这种意义首先需要看到从第一章到上一章,我实际上已经铺陈出来了的两对二元结构。

首先,第一对二元结构即在第二章引出的传统批判研究当中的"官方"与"非官方"的关系。

其次,在上一章我关于政府的讨论当中,我所针对的看似仅是"官方",但是我在讨论的过程中实际上已经引出了另一对二元结构,即"政府"与"市场"的关系。

在传统的批判研究当中,关于"市场"的讨论实际上是相对薄弱的,远不及对于"政府"问题的重视,而"政府"有时被直接等同于"官方";而在第四章所构建的体系当中,我所试图做出的突破在于两方面。一方面,我对"政府"进行了拆分,看到了所谓"官方"内部的价值和权力关系。另一方面,我也意识到,"市场"的身份其实通过对"政府"(抑或"官方")的讨论已经显露了出来,毕竟我所强调的"政府"是一个保持着"政府"的身份、在"政府"和"市场"双重失灵的困境下但又继续引入了"市场"逻辑的"政府"。

那么,在这个背景下,我们再去考虑以考古学家为代表的这类知识群体的身份,我们意识到,它的意义之一其实便可以被理解为,它处在这两对二元结构以外的模糊地带之上。

首先,在"政府"和"市场"这对二元结构当中①,考古学家在现有情况下所表现出来的对学术价值的独立认知实际上已经意味着它并不完全站在"政府"或"市场"的任何一侧,它的咨询、审核身份也正是说明在制度设计之初它是被置于一种第三方监督和纠正的权

---

① 实际上,第四章的讨论已经部分说明了这对二元结构的可突破性。"政府"与"市场"的对立不意味着二者是截然分开的,在"政府"当中已经吸收了大量的"市场"逻辑和合作关系。

力位置上。即便是当我们意识到现实中实际存在的困境使得这层权力并没有得到如理想般的实施之后,考古学家后续所作的一系列突破开始在既有的框架下,借助更长期的合作向"市场"层面进行更为主动的渗透,从而寻求权力落地的可能性;但是,这种努力依然是不彻底的,考古学家未能完全地转向"市场"一侧,机构性质上,并未完全脱离原有的事业单位身份。所以,它如今的位置依然还是在"政府"和"市场"之间的。从而,这便形成了我在上段所提的两对二元结构中间的第一个模糊地带。

其次,在"官方"和"非官方"这对二元结构当中,考古学家所处机构的事业单位性质确实会易于让人直接将其理解为"官方"代言人的身份,至少会承认它与传统的批判研究当中"非官方"所指向的那群被忽略的人群也有着本质上的区别;但是,上文的讨论已经充分呈现了考古学家与政府或市场之间,乃至其他知识群体彼此之间的价值和权力差异,这足以证明,直接将考古学家等同于"官方"是过于草率的。因此,考古学家的身份同样也是在"官方"与"非官方"这对二元结构以外的,属于我所想要指涉的第二个模糊地带。

那么,对于这两个模糊地带应该如何评价呢?

简言之,这两个模糊地带是既具备意义,又面临着风险的。

首先,对于"政府"和"市场"之间这个问题可以回到上一章所论的双重失灵之上。面对这种失灵,在既有的学术研究当中无外乎在寻求三条路径。

路径一在于对继续完善政府职能的追求,强化法规约束、增进执法能力建设、回归政府"守夜人"职能等呼声均是试图在此方面有所突破,尤其是对"社会治理"概念的提倡更是试图在公共事业上强调社会自发的黏合剂的同时,由政府推动更为严格的禁止性制度和政策,力求让政府做到进退有度(燕继荣,2017)。我在上一章的最后小结中所提到的政府公共性初衷的丧失实际上也正是在呼吁这一点。

路径二则是试图在市场中嵌入公共目标,尤以"社会企业"概念的提出①最具代表性。所谓"社会企业"指向一批包含了社会目标的市场实体。它在具备了传统自由市场内的企业对效率、利润和市场风险的敏感能力的同时,在目标上寻求经济利益与社会利益之间的平衡,不以短时性的利益最大化为唯一行为准则,从而被视为"非营利组织和市场经济的有机结合"(王名等,2010)。我在上一章中重提遗址旅游,并在最后愿意对市场导向下地方政府的突破保持期待,在部分程度上也是意识到近年来这类社会公益意识浓烈的思潮在营利性市场环境当中的发酵。

路径三则是寻求独立于政府与市场之外的机构的发展,从而实现制衡的效果,这也是所谓的"第三部门"的出现。这一概念,继承了"非政府组织"(即 NGO)当中对作为"第一部门"的政府失灵的批判,以及"非营利组织"(即 NPO)当中对作为"第二部门"的市场失

---

① 通常认为,社会企业概念的出现晚于第三部门概念。在一定程度上,部分学者认为正是由于第三部门在自我声称独立于市场之后,在灵活度和资本、信息吸纳能力上所存在的不足已日渐暴露出来。同时,即便是在公共品领域,现实中依然不可能拒绝市场交易行为,由此,第三部门真正的能力开始日渐受到质疑。在此背景下,"社会企业"的概念才进一步发酵。

灵的批判，从而期待一类兼具二者特征并且能在公共品的供给上不以盈利为导向同时兼备独立性的机构（刘大洪等，2005）。但是在我国，尤其是由于"行政吸纳社会"、以"官"承载"公"等现象的存在，第三部门的发展一直捉襟见肘（康晓光，2007；刘杰等，2010）。

考古学家所面临的现状看似更接近于这条第三路经，但也并不完全等同。

考古学家所依托的机构性质大多依属于事业单位。

在我国，对于"事业单位"这种机构身份的定性时本身便带有了一定的第三条路径的企图。例如，2011 年我国推出的《关于分类推进事业单位改革的指导意见》便明确提出，"事业单位是经济社会发展中提供公益服务的主要载体"。在由此而作出的改革分类体系当中，实际上也是遵照转行政机构、转企业和留事业单位序列这样的三分逻辑；而留事业单位序列的恰是那些"从事公益服务的"、"强化其公益属性"的机构。考古学家所依托的科研类机构则大多属于第三类。

但是，即便承认了这种企图，我们也还是应当认识到，目前来看，公益性事业单位依然存在着行政化色彩突出，管理制度和决策运行均依照行政机关式的模式，尤其是在运行经费上仍大量依附财政拨款，理事会制度推行举步维艰，政府继续长期干预事业单位管理等方面的问题（罗重谱，2012；朱仁显等，2014）。上文论述考古机构的突破并不彻底时实际已经一再为此提供了例证。在这当中，尤其是所谓的"公益"概念、"非营利"概念并没有得到清晰的理解。现实中依然将"非营利"理解为完全拒绝一切营利行为，将自身的非企业的性质理解为规避一切市场法则。这构成了考古学家在寻求突破时无法彻底的一个重要原因。正如本章所述，当考古学家参与到市场环节之后，主事者仍然在纠结于业务扩充过程中产生的营利性收入和分配行为是否会冲击固有的"非营利"性质。

这种纠结如果放在更为纯粹的"第三部门"、"非营利机构"内，会相对较轻。对于它们而言，实际上对于"非营利"的理解已形成"不以营利为目标"、"利益有限分配"等基本共识；而当这套共识嫁接到事业单位之后，受到传统机构文化、会计财务体系重新合并的限制，依然接受和理解度较低。尤其是在事业单位体制内长期不变的预算制度使得大量的市场收入成了"额外"部分，在官方制度内和从业者的日常理解内得到的认可均颇为有限。

所以，考古学家的现状类似于上文所述的第三条路径，但又不能完全等同。这种模糊地带与经典理论蓝图中的理想状态仍然存在着较大的距离，缺乏了制度保障和明确的身份定位之后，很难全面地体现其功效。

但是，我认为它依然具备意义。原因在于，它依然为突破"政府"和"市场"这一对二元结构、在一定程度上摆脱自由市场经济当中追求短期效率最大化对包括了政府与企业在内的各方参与主体的局限提供了重要的可能性。

其次，对于"官方"与"非官方"之间这个模糊地带而言，我们首先应该意识到，在这个模糊地带当中，2000 年前后考古学家面向"官方"和"非官方"的距离存在着明显的变化。

如果回溯到第三章论及的既往理论对于知识分子身份的探讨，继承一种"批判的知识分子"和"实践的知识分子"两分的思路，那么通过从第三章到本章为止所有关于考古学家的实证行为的讨论,我们能够看到,在过往的合作关系中,考古学家的身份实际曾处于被压抑的过程当中,这使其更具备了"批判"的精神,而从价值倾向上也惯于基于遗址的研究和保护价值,与经济自利的原则相区别,从考古学自身的性质出发,在这个过程中保持着相对的"纯洁性"。随着大遗址展示进程的推进,他们的身份转换过程实际上也是不断向"实践"靠拢的过程。"官方"的渗透力在这个"实践"的过程中不断地体现出来。但就目前的情况来看,也不能完全认为考古学家的身份已完全被"官方"所吞没了。毕竟在上述大量2000年之后的案例当中,我们还是能看到其自身的坚持所在。

因此,对于第二个模糊地带,我认为,它在打破"官方"与"非官方"的二元结构,增添更具多元和中立的价值导向,形成更为有序的多方权力结构等角度而言均是有意义的。

只不过,它所面临的问题恰在于:一方面,尽管有着"公众考古"等呼声,但是在当下的大遗址展示当中,考古学家在实际操作中面向"非官方"的亲近度依然显得愈发有限;另一方面,在缺乏了明确的身份定位、只能被称为一种"模糊"之后,它还是面临着被原有的二元结构所重新纳入的风险。考古学家所依托的机构目前尚未完全市场化地作为"乙方"或尚未完全政府化地作为"甲方"来参与整套体系;如若这二者之一得以实现,那么考古学家是否还能保证上述的基本价值倾向,也依然值得观望。

综上所述,考古学家的身份转换和种种突破是无论于实践而言还是于理论层面的二元结构而言,均具备重要的意义。但这些意义需要建立在考古学家的基本价值倾向不变的前提下;而要想让这个前提长期得以保持,需要更加明确的政策引导。现有的模糊在未来也可能是两种后果,其一是使得转换最终无疾而终,其二是使得其他更加强势的价值和权力力量侵入并感染这一领域。

第六章　遗忘与隐现：大遗址展示与在地社区发展

作为本书所集中讨论的最后一个主体，我选择将焦点集中到在地社区上。

"社区"这一概念在整个人文社会科学领域内均尚存争议。它的英文"community"本身在英文语境内便是一个应用极广的词汇。但总体来说，主流的学术解释还是会强调该词指代的是在价值体系、利益趣旨或者地缘层面享有共同性的特定群体（Barker，1991）。在具体的问题中，取决于切分标准的不同，也可以切分出不同层面的共同体社区。而在批判遗产研究常见的讨论当中，"土著"（indigenous）社区、"关联"（related）社区或其他具备特定文化政治色彩的社区等，均是被经常提及的话题（Smith，2007；Macdonald，2011）。

在这个过程中，社区的在地特性往往是学术界所热议的一个话题。它本身与文化遗产研究当中所强调的真实性原则密切相关。尤其是当学术界对于遗产价值的观点扩充到进一步强调地方性知识、平民生活、活态传承之后，这一问题便显得更加重要；同时，这也涉及国际常见的文化遗产管理体系当中所挥之不去的外来主导者与本土自主权之间的冲突。需要强调的是，在地社区的意义不应仅被视为后现代语境下对官方话语权的简单反叛和解构。很多时候，在一种当代人类学思维和文化相对论的影响下，它意味着对一种曾经被忽视的知识体系的再发现过程。从更广义的角度来说，它的重要性在一定程度上甚至等同于价值多元和权力民主的重要性。

具体到大遗址展示的问题上，关于在地社区的重要性在第一章学界既往研究中已有提及。从中可以看到，既往的研究在涉及在地社区时更主要是基于一种功利主义的思维，类似于"没有在地社区的支持，这项工作将很难被圆满地完成"。但是，越是怀抱着对"怎么做"的追问，越需要我们对"是什么"和"为什么"展开更加细致的观察。无论是在地社区的"去"和"留"，抑或是背后所掩盖的，同时也最常被提及的在地社区的"上"与"下"的问题上，关于在地社区在大遗址展示问题上的现状及其原因，都尚有大量的空间值得我们去梳理和进一步探讨。

与这种功利主义思维方式相对应的，实际上还可以追问的一个反向思维在于——从伦理正当性的角度，吸纳在地社区的价值和权力究竟有何意义。

本章的使命恰在于此。

本章将试图从不同的侧面对当下大遗址展示中在地社区的现状予以描述，从而呼应批判研究当中所惯有的理论诉求，也借此进一步论述当下中国大遗址展示所形成的价值和权力关系。同时，我也会把关于伦理正当性的考虑渗透其中，在本章的最后对此问题作出回应。

6.1　移民与搬迁：从起源到争议

关于大遗址展示中的在地社区现状，首要不能忽视的现象便在于大范围的移民与搬迁。

6.1.1　思路的提出与现状

移民搬迁这种思路的提出实际上不仅限于对展示问题的考虑。

从合理性上来看，对移民搬迁做法的提倡在一定程度上受到早期的自然遗产和生态保护思想的影响。在19世纪末20世纪初的生态学研究当中，学者开始意识到原住民的日常生产生活对生态环境会产生客观上的破坏效果，当环境最终下降至一定程度后实际也会引发自发的移民后果。为了阻断这种破坏，最直接的办法便是抢在破坏发生之前将原住民先行移出。在此思路影响下，实践中，以生态保护为名而组织的人群迁移行为屡有发生，较为著名的案例包括加拿大的因纽特人移民、非洲喀麦隆的可鲁普国家公园等。到2000年以后学术界开始广泛使用"生态移民"一词在狭义上来描述为了保护特定生态系统而发生的移民行为，这也从另一个方面说明该现象的普遍性（杜发春，2014）。而在文化遗产领域，至晚从1972年UNESCO的《保护世界自然与文化遗产公约》之后，在国际组织层面开始正式倡导将文化遗产与自然遗产同理视作脆弱并值得保护的资源要素，并不断嫁接起步较早的自然保护思想进入文化遗产领域内，从而在世界各地的文化遗产实践中出现了各类程度不一的移民讨论。

实际上，只要是存在着保护或旅游开发，存在着土地性质的转变，土地不再是纯粹意义上的住宅或建设用地，继而一定会产生住民搬迁的现象。只是，搬迁的程度和方式常常饱受争议，稍有偏差便会被视为是一种过于绝对的隔离式保护思想。因此，从20世纪70年代以来，保护伦理与社会学、人类学对这些被移民群体的关照也在不断兴起，一再冲击和平衡着这种隔离思想，例如，在博物馆领域内的社区、生态博物馆的发展也可视为该背景下寻求整体式保护的产物之一。在文化遗产领域内自20世纪90年代以来也有一大批力主在地社区权力的国家文件面世[①]。尤其是到了2000年以后，可持续性（Sustainability）思想正式发展到寻求自然、文化和社会三极平衡的程度（以2005年的世界首脑会议为代表），从而大力修正了过去追求长期效应而牺牲少数群体利益的做法（王

[①]　典型的当如1990年的《考古遗产保护与管理宪章》(*Charter for the Protection and Management of the Archaeological Heritage*)、1999年的《国际文化旅游宪章》(*International Charter on Cultural Tourism*)、1999年的《巴拉宪章》(*The Burra Charter*)等。

思渝,2017)。

在此影响下,具体到我国而言,虽然对在地社区的移民搬迁问题一直在学术层面上饱受争议,但是在现有的基于利益相关者层面的研究当中,我们依然能够看到大量关于包括在地社区和各类管理者在内的多元主体的讨论。他们在利益分配和决策程序等方面所存在的竞争关系和矛盾冲突也从侧面表明,移民搬迁的做法在更广的范围内依然存在着(倪斌,2011;刘中山等,2012;李丰庆等,2013)。

更具体到大遗址而言,国内大遗址在面临在地社区关系这一问题时,时任国家文物局局长单霁翔在2006年时的一段表述代表了在很长时间内主流学者和执政者们的主要态度,"解决大型古代城市遗址保护与当地民众发展生产、改善生活的关系问题……最佳办法是将二者在空间上分开,即将'不可移动'的大型古代城市遗址在原地妥善保护,将'可移动'的农民、城市居民、机关和企事业单位在遗址外妥善安置"(单霁翔,2015)。

这类思路在第三章论及圆明园遗址案例的搬迁过程时便已有提及。支持这类思路的观点通常认为,在地社区在遗址区内所开展的生活活动(包括取土、挖井、生活性建房等)、生产活动(包括种植、耕作、生产性建房等)以及蓄意的盗掘都会对遗址产生破坏威胁。在这当中,最为令人忧心的还是存在于在地社区日常行为中的大量难以控制的法外行为。以汉长安城遗址为例。该遗址位于陕西省西安市,2006年列入十一五期间的"重要大遗址"名录。除了基本的农田开垦和村落公路建设以外,统计数据表明,从2000年到2004年,保护区内的违章企业就从116家上升到200余家(张祖群等,2005)。根据余洁(2008)的调查研究可以发现,受市场经济原则诱导,汉长安城遗址区内存在明显的农户在规制之外私下将农地非法转租给单位收益率更高的工业和建筑业的现象。

由此一来,国内大遗址采用移民与搬迁式做法的案例频现。

上文已多次讨论过的大明宫遗址案例在此问题上便采取的是一种集中搬迁的方式。安家瑶(2004)曾经就土地问题明确提出,"为了全面地保护遗址,一个将村民全部迁出遗址保护范围的规划必须制定"。最后其形成的展示形态当中,也确实践行了这一基本思路,迁出了在地社区,将其变为了彻底的公园。

与之相类似的,殷墟遗址早在2001年底以申报世界遗产为契机便已经开始启动面向核心保护区内的部分村落的移民搬迁工作,主要针对小屯、花园庄等6个村庄进行拆迁,搬迁社区居民137户800余人。2009年初在大遗址思路的助推下,为了建设殷墟国家遗址公园,为保护展示留出用地,开始正式整体搬迁花园庄村,部分搬迁小屯村,涉及284户1300余人。补偿方式为另择地段兴建村民小区,每月给予补助,耕地按照每亩2000元的价格实施租赁(王立,2012)。

汉长安城遗址虽然远离西安市区,但是遗址所在的保护区仍然涉及3个乡、55个行政村,2011年时的研究文章所公布的居住人口数据达57260人。新一轮的保护工作始于2010年新通过的《汉长安城遗址保护总体规划》,明确提出"征收遗迹本体范围土地",对其所划定的"重点保护范围"内的居民作出必须搬迁的要求,而更广的"保护范围"内则于近期允许村镇维持现状(陈稳亮等,2012)。2012年底到2013年初,为了成为"丝绸之路"的一部分而申报世界文化遗产,汉长安城未央宫遗址区更是搬离了1.6万居民,安置点一度选址选在绕城高速以北区域,并采取的是一次性补偿措施,一时引发在地社区的严重不满(陈稳亮等,2014)。

高句丽遗址位于吉林省集安市,同样也是2006年便列入十一五期间的"重要大遗址"名录。它同样由于在用地上与现代集安市区、太王乡、麻线乡和青石镇等城镇重合,因此在保护规划中要求,在重点保护区内全部征购"与文物本体安全性关联土地",其余土地性质全部划归为非建设用地,一般保护区内不得在现有基础上扩大建设用地,并逐步削减建筑物、迁移现代坟(韩福今,2007)。在2004年的报道中,涉及搬迁人数1 150人,用3个月的时间完成从动员到大部分拆迁的工作,鼓励搬迁的方法仍然是按照每平方米960元人民币的方式进行补贴,并另外择地建设新村(佚名,2004)。陆建松(2005)提供的数据是,高句丽规划总体投入2.8亿,"其中15万平方米的搬迁费占了1.5亿"。

在此基础上,更进一步回到展示的角度来说,支持移民搬迁的理据还在于,耕地和普通住宅比起公园式的景观而言不利于遗址的展示观瞻。这种动机在大遗址展示初兴之时,从地方政府到学者们所强调的"环境整治"中便包含此意(国家文物局,2009)。在实际的大遗址案例当中,仍以殷墟遗址为例。目前,该遗址的展示形态中基本不见与曾经生活于此的在地社区相关的内容。面对原有的花园庄村,地方政府在最初选址的时候便已经提出"村里的剩余耕地由政府租下后用于绿化"。此后又有研究指出,随着2010年殷墟列入第一批国家考古遗址公园,首先启动的便是2011年的花园庄绿化工程,面积达102 203平方米,以公园景观式的方式开始做绿化(王鹏,2014)。在2018年的现场调查中,原花园庄的位置还在绿化建设过程当中,作为了殷墟博物院向外延申的景观地带而开展着植物种植、雕塑等景观工作。整体而言,这种思路的普及实际上也代表着,一套"自上而下"、"自外而内"的"再设计"、"再改造"的思维凌驾在了在地社区原本的面貌之上。

在这种思路之下,遗址展示自身也开始出现诸多问题。正如王璐艳(2013)所评价的,目前国内遗址公园已经开始出现在绿化建设中照搬城市经验、千篇一律、过分追求覆盖率等现象。这与国际其他地区的遗址展示中充分考虑在地社区生活的案例形成区别,进而暴露出我国在大遗址展示的问题上过于追求模式化的复制、追求所谓的"清洁"与"统一"、展示内容过度锁定在历史价值之上、缺乏废墟审美等价值倾向。

例如,贵州海龙屯遗址目前的展示形态主要围绕在考古遗址及其对应的历史价值上。在其核心景区内,尽管仍然开辟出了诸如"黔北民居"、"黔北农村传统生活展示馆"等展示区域在名义上继续对应在地社区的生活。但是,"黔北农村传统生活展示馆"在展示理念上以在地社区的传统农耕生活为展示内容,以在地征集的农具、家居物品为主要的展品,思想上接近王思渝(2016)所讨论过的乡土博物馆的形态,但是同时却也常年处于大门紧闭的状态。至于"黔北民居",之前的确是在地社区的生产生活用房,但是经历过移民搬迁之后,它们的原始功能已经发生了根本的置换。置换之后,主要功能是充当旅游设施(如各类便民点)和会所。

同时,遗址核心区内还存在着一处名为海潮寺的建筑。由于整个遗址范围的展示主题都是围绕着遗址本身的历史价值,因此海潮寺的官方展示版本也是将该建筑解读为:该建筑是与海龙屯遗址直接相关的"平播战争"结束后的第二年为安抚亡灵所建,在历代改建和破坏后,现存主体建筑为民国时代的风格(何烨等,2015)。但是实际上这样一处寺庙,在其存续数千年的过程中早已逐渐成为在地社区的一处日常信仰中心。对于在地社区而言,这座寺庙可以"求神求佛,什么都拜"。但是,伴随着对在地社区的移民搬迁过程,这层信仰纽带也被随之切断,寺庙本体孤立在一片考古遗址当中,仅作为了镇压亡灵的神庙来对外展示,至于更加地方性的内容则由此被掩盖了(详见图6.1)。

1. 海龙屯遗址核心景区内的乡土博物馆　　　2. 海龙屯遗址海潮寺

图6.1　海龙屯遗址上的乡土博物馆与孤立在遗址上的曾经的信仰中心

在经历了移民搬迁、当地已无在地社区可言的情况下,二者依然被保留下来作为重要的展示形态

这类现象并非仅在海龙屯遗址一处可见。类似的案例还当如晋阳古城遗址案例。该遗址位于山西省太原市,在遗址范围内还存续着一处与之在文化属性上有着所谓的"延续"渊源,并在地方政府的眼中试图联合打造的明太原县城。在对该城的"拆"与"留"问题上,我在2017年的现场调查中,能够看到当地已经在开展大规模的移民搬迁工作和仿古建筑的重建。有趣的是,在这个过程中,部分拆迁前已存在于该地域范围内的民居、宗教建筑,因其曾接受过太原市相关文物部门的认定,从而具备了特定的"文物"性质,进而得以保留。但实际上,这些"民居"、信仰类建筑的核心价值应与其背后的在地社区密切相关。可是,在地社区已被搬迁,仅留下了本应以社区为价值的建筑,如此一来,相当于在社会价值与建筑本体之间作出了畸形的断裂(详见图6.2)。

图 6.2　晋阳古城遗址范围内明太原县城

城内的民居已被拆除一空，在地社区也均已搬迁，信仰类建筑却成了一个断面被保留下来

6.1.2　繁重的实施成本

上述例证让我们看到了大量在地社区搬迁的现象。其中，展示作为了重要的理据之一。同时，这样的现象也塑造了我们今天所习以为常了的展示图景。

而在这样的现象和图景背后，实则还隐藏了更多的问题和矛盾。实施成本，便是其中之一。

在我国以公权力来主导遗址展示相关议题的背景下，其实有助于省掉不少的成本。例如，在这类移民搬迁的过程中，土地产权的问题往往显得至关重要。而对于我国的国情而言，正如我们在第三和第四章都已经分别指出的，长期奉行的土地公有制使得无论是因保护还是展示动机而发生的土地变革都极少在事实上需要通过个人或社区的同意，整个操作工程基本停留在机构与机构之间的对话层面，私权远未纳入议定程序当中。这种做法加速了移民搬迁过程的可行性，使得工作得以迅速而强势地开展。第三章当中，平粮台古城遗址案例的讨论实际上正呼应了这一点。

但是，随着当代民权意识的发展、法律制度的完善，以及大遗址范围的不断扩张，这种"节省"开始逐渐不复存在。

同样以平粮台古城遗址为例。在我的文章中曾提到（王思渝，2019），2013 年之后的平粮台古城遗址为了顺应大遗址浪潮，数度开始追求在既有的围墙范围内外扩。但此时，由于 20 世纪 80 年代以来所形成的并不良好的在地社区关系，以及我国整体土地政策从"征"向"租"的方向引导，这一轮的外扩只能不断依靠土地租用的方式与逐家逐户谈判。而在这个过程当中，若是涉及他人的宅基地，则通常会使谈判陷入尴尬，而使其成为公权力也"动不了"的地。同时，在外扩范围内涉及的坟地，管理者也需要发展出一套更为细致的处理办法，设计出《土地租赁协议书》和《公墓土地租赁协议书》来确保获得在地社区的支持。

再如，以一处 2006 年时便列入"重要大遗址"名录的 Y 遗址为例。当地地方政府在整体搬迁方案正式落实之前，关于搬迁地的选择问题曾有过四次徘徊。先前三次都曾选择过距离原村落更远同时也距离遗址核心保护区更远的安置地，但是均因会给村民生活带来严重不便或因新搬去移民会给安置地的原有居民带来抵触而被迫叫停，最后只能以距离原村落较近但仍然处于遗址保护的建筑控制地带内的区域作为最终选择。而这样的选择虽然照顾到了在地社区的意愿，但却仍然距离遗址核心保护区太近。因此当地特意赶在作出该提案的一个月内召集了一批国内著名的考古学家、国家文物局领导和地方政府直管领导协同开会，会议上本着"两害相权取其轻"的原则通过了这对于在地社区而言相对更为友好的方案。

再如，移民搬迁的思想在良渚遗址案例中由来已久，屡有谋划，并由此衍生出了一套补偿机制。从 2001 年的《杭州市良渚遗址保护管理条例》开始，便已经对整个保护范围内的土地用途严格控制，若需改变，必经良渚遗址管理委员会的同意（第十九条）；并且未经批准，禁止保护范围内的一切包括取土、挖井、平整土地在内的建设行为（第二十条）。可以说，按此规范，已经为当地的在地社区活动作出了严格的约束。从 2004 年起，良渚遗址管理委员会开始正式筹集资金对良渚、瓶窑两镇重点遗址上的农户进行搬迁，由此产生的一项重要成果便是 2005 年开始实施的《良渚遗址保护区文物保护补偿办法》。根据后来的报道，该办法包括直接经济补偿、协调转变产业结构、建设农居安置点以及专门的奖励或补偿专项经费。从 2005 年实施以来，该办法原则上试图涵盖保护区内的所有行政区和村落。截至 2015 年时已涵盖了 19 个行政村、5 个社区；补偿资金由最初每年 40 余万上升至 590 余万，累计财政发放 2 500 余万，资金渠道包括了余杭区一级的固定经费、杭州北部新城的土地出让金、杭州市政府专项、良渚街道和瓶窑镇一级的财政（黄莉，2016）。

但是，即便是在这样的制度保证当中，在 2009 年的《良渚国家考古遗址公园控制性详细规划》中的数据显示，数年来的搬迁尚未将社区全数迁出。在东至安溪路和良渚博物院、南至新 104 国道、西至华兴路、北至东苕溪，规划总用地面积约 10.65 平方公里的范围内"用地一半为农田，现状的建设用地以工业用地和村镇居住用地为主"。从规划图中来看，当时的工业用地主要集中在规划区的东南及老 104 国道沿线，规划区的西南有较为集中的公共设施用地、居住用地和工业用地，应是有城镇聚集。为此，2009 年的规划仍然执意要将居住用地近乎全数搬出，仅在规划区的东北位置保留零星，而原有的居民聚集区也主要并非是变为了文物古迹用地,而是变为旅游综合体用地(主要即"良渚广场"所在地)和公园绿地。

在 2017 年的现场调查中,当地管理者提供的情况是,在 42 平方公里的保护区内,在 2013 年时依然约有 5 万人在生产生活。

但是,到了 2017 年我开展现场调查时,管理者的思路也开始有了转变。一方面,为了完成这一系列的社区搬迁工作,良渚管理委员会与余杭区方面还要继续通过另择地建设安置新城、提供补偿款等方式来实现搬迁。搬迁之后留下的土地,按照租用的方式来由遗址管理者进一步使用,并逐年提高租金,以达到安定民心和提高待遇的效果。另一方面,对于核心保护区以外的区域不再着力于搬迁,而是采取继续控制其生产生活活动、建筑层高,政策上鼓励外迁,环境整治等方式。管理者在访谈中提及良渚遗址的搬迁问题时表示:

> 我们觉得没必要都搬掉。外围我们现在也在想结合美丽乡村、五水共治这些工作做村庄的整治。现在由我们出总体规划,请设计单位提出要求,剩下的就由两个镇——瓶窑镇和良渚街道他们按照相应的要求自己去做,资金的问题上区政府啊、我们这里啊,都会支持的。

这样的思路所催生出的更进一步的产物便是 2018 年公布实施的《良渚遗址农村私人住房外迁鼓励补偿办法(试行)》。在这一轮的补偿办法当中,在"自愿"和"鼓励"的前提下予以分散安置和集中安置相结合的方式对农户予以引导,而力度上每户予以 35 万元和 20 万元一户的包干制补偿资金,外迁房若还在保护区内则需满足文物保护和景观控制要求。所谓的"包干",包括了房屋拆除、交还集体土地并验收合格等程序。这项制度虽然参照良渚附近地区的实时房价,会显得吸引力不足;但是它背后蕴藏的逻辑是,伴随着良渚国家遗址公园新一轮的大规模扩建工程,整片地区已经日渐"公园化",留在区域内的私人住宅将面临着既不能立刻转为商用又要严加受各项制度管控的"尴尬"局面,因此索性用一次性补偿的方式进行套现,何况,这笔补偿金额相较于前述各年来说已是纵向增长不少。

综上所述,新近的案例在提醒我们,在地社区搬迁背后的实施成本实际上是愈发繁重的。这种繁重不一定体现在巨大的经济数额之上,而是表现为它需要主导者在制度设计、多方斡旋、操作步骤等过程性的环节付出更为精细的考量,时间、人力和制度成本在当代不断发展的民权与法权意识下会继续地累进和叠加。

6.1.3　基于遗产话语体系以外的影响

除了这种繁重的实施成本以外,不难看出,上述支持移民搬迁的理据更多是基于遗产话语体系以内而言的,即,通过移民搬迁,有利于遗产自身的保护和展示。但是,如若跳出遗产话语体系的束缚,我们实则有必要就移民搬迁对于一个区域范围内的在地社区究竟会产生什么样的影响重新进行全面考量。只有有了这样的考量,我们对于伦理正当性的考虑也才会更加全面。

　　再以一处列入"十二五"期间"重要大遗址"名录的 H 遗址为例。与该遗址的旅游开发进程相同步，当地也开始了涉及整个遗址保护核心区的移民搬迁进程，而在这个过程当中，该遗址的在地社区也不得不随之接受一套生产生活方式的整体转变。

　　既然是要移民搬迁，那么必然需要解决的便是在地社区的去向问题。当地主要采用了划地安置、经济赔偿、建安置房等方式来加以解决。但是，这套方式在操作过程中，由于用地规划变更，使得原本计划空出的安置地被上级再次征用，在地社区需要一再等待新的安置地。并且，随着这种远距离的移民搬迁，在地社区原本所习惯的农耕生活被强制割裂。割裂之后所带来的重要问题包括，当地留出来的大量中老年劳力虽然曾经是所在家庭单元的重要劳力，但是如今无法如青壮年一般迅速开始再就业到其他的第二和第三产业当中，一方面对家庭收入造成了事实上的影响，另一方面又对村民心理增添了失业的紧张感。当然，随着旅游业的开展，村民们也可以再就业。只不过，从失业到再就业的过程中，决策权主要依靠旅游公司来把握。而在 2017 年的现场调查当中，原处于该遗址区域内的村委会相关负责人在访谈中表示，旅游公司会依据应聘者的学历、相貌等条件来择优录取，甚至连最基本的体力劳动相关的工作也要凭此标准，从而出现了"现在公司找个清洁员、扫地，都需要大专文化程度，初中的不行！扫地的都要文化"的情况。对于在地社区自发进行的经营、售卖行为，则是被视为"野导游"、"黑导游"，予以坚决打击。

　　随着该遗址旅游业的发展，在地社区与旅游公司之间的矛盾也一再显现。例如，当地为了更好地提升旅游质量，开始试图组建滑竿队。为此，旅游公司所采用的方式是，先从在地社区当中选择出特定的代表人，再与代表人进行谈判，随后再由代表人向广泛的在地社区转达谈判意见。而由于涉及明显的利益分配问题，广泛的在地社区对所谓的代表人也并不信任。至于旅游开发之后的商铺位，当地已经开始通过统一招商的方式进行运营。但是，统一招商之后所带来的市场价值开始逐渐将在地社区挡在门外。即便是想要借助旅游发展之后带来溢出效应，但是对于文化水平较低又缺乏相应的扶持政策的在地社区而言，"就是有游客，但是需要卫生许可证、这样的证那样的证，老百姓搞不来。就是他合理合法去办，也办不了"。

　　并且，在当地的这种产业转型的过程中，想要清楚而有效地割裂农耕经济本身便不是一件容易的工作。在遗址所在的山地农村，农地边界历来便是一个悬而未决的问题，因此在这次的征地赔偿过程中也必须处理这样的模糊地带。由于本次移民搬迁是以遗址保护和后续的展示利用为目的的，因此，在选择征地范围时，仍然是站在旅游公司的角度考虑对应的地块是否有用。由此产生的尴尬境地是：农户本人的住宅和部分农地被视为有用，从而被征走；留下了部分农地和林地被视为无用，从而旅游公司不愿对其负责，继续留给农户。但是，已被搬到了数公里之外的农户显然已经失去了再次经营这片土地的兴趣和能力，从而产生了大量土地的荒废危机。

　　此外，在访谈过程中，当地还流传着这样的一个故事：在该遗址的展示改造工程的建设过程中，施工方依照规划所设计，意图拆除曾长期生活在遗址范围内的一处行政村村内的古桥。村委会表示，古桥大约是清末所建，桥已存在百年，已成为村民集体记忆的一部分，当年便是村民们集体建设的成果，建桥者的后人们都还世代生活于此，希望能将其视作地方老百姓的"文化结晶"而加以保留。但是，这一诉求遭到了拒绝，也未受到地方文物部门和相关学者的重视。在这当中最重要的理由便是，该桥尚未申报为特定级别的文物保护单位，在法律意义上不具备身份，拆除自然也合理合法。

实际上，这类现象总体上反映的依然是一种价值排序和权力切割的问题。随着知识专长和部门分工愈发精细化，各主体愈发习惯就自己所辖的特定范围谈论特定事务。在此背景下，在地社区认知体系内的遗产价值需要在取得特定的官方身份（诸如列入特定的名录、受特定的法律保护或者被特定的学术研究理解为构成了遗产价值要素的一部分）之后才能得以承认，进而获得特定的权力位置，即通常所谓的"遗产化"（heritagization）或"博物馆化"（muselization）的过程。而在此之前，它所代表的话语体系以及由此所产生的基于遗产话语体系之外的影响，便难以被传统的遗产和博物馆部门所重视。不同话语体系之间的隔阂依然严重。实际上，这也在一定程度上解释了，为什么移民搬迁会带来如此繁重的实施成本和广泛影响的同时，依然在基于遗产保护和展示的话语体系中能够长期得以实践。

当然，越是将遗产以外的话语体系纳入考虑，越不能就此全面否定移民搬迁的正当性。在大量的案例当中，也存在着在地社区期待依靠大遗址展示为名实现该地的移民搬迁，从而改善原有区域混乱落后的局面。例如，Z市从2017年开始大力推行所谓的"生态保遗"项目，旨在从2017年到2020年间对全市范围内75处遗址公园、5万亩面积进行生态绿化调整，形成"遗址生态文化公园文化带"。由此一来，看似又是一场大面积的以遗产保护展示为名义、与在地社区相割裂的行动，但是，在2018年的现场调查当中，推动者表示，该项目的目标正是基于以绿化的形式服务和提升在地社区生活。为了避免出现盲目上马、忽视在地社区等现象，在该政策中明确加入了"以人为本"、"分级建设"的基本目标，旨在确保被绿化之后的公园能为特定的在地社区服务，主要的项目地点也会最远辐射至城乡结合部，不至于在农村或荒野地区也模式化照搬这种做法。

总体而言，这种情况正是在提醒我们，移民搬迁的"对"与"错"不可简单全然判定，仍然需要回到特定的可接受程度之内来考虑。在判定的过程中，也不可仅视为遗产话语体系自身的问题，而需要超脱遗产之外，从区域调整、政府行为的正当性以及对在地社区的整体影响等多方面来权衡。

6.2　在地社区的参与

在结束了对移民搬迁问题的讨论之后，与之相对的，国内也有不少大遗址展示案例开始希望并尝试在不同程度上保留在地社区。如此一来，这便涉及在地社区在整个大遗址展示的过程和结果当中的参与问题。

6.2.1　展示的先声：管理问题上的在地社区参与

目前来看,在地社区的参与在我国的大遗址中常见于遗址管理层面。它代表了遗址方与在地社区之间现存的一种常见的沟通渠道,并在侧面上依旧会影响展示形态的呈现。

在遗址管理与社区参与的问题上,常见的做法是吸纳在地社区成员成为遗址的管理或后勤工作人员,简单的当如吸收其作为保安、票务、清洁等人员。以一处位于农牧地区的遗址为例,该遗址在 2013 年列入十二五期间的"重要大遗址"名录。由于地处草原地区,尤其是在冬季,当地牧民正式进入闲期,因此,遗址管理者近年来不断利用这段时间雇佣在地社区来充当遗址公园的安全保卫工作,被雇佣者的主要工作围绕着园区内基本的安保、巡逻、基础设施维护等方面,工作从当年的 10 月份一直持续到次年的 5 月份,每两人一班,7 天轮换一次。该遗址自 2013 年开展考古和园区建设工作以来,累计雇佣工人150 人次,周边村民占 50 名左右。这种管理模式也是与遗址本体较为分散、园区较为开放的展示形态相呼应的。

此外,通过特定的项目设计来增进在地社区活力、促进就业也不失为一类重要的尝试。C 遗址位于我国的东南山区,从 2013 年开始列入"重要大遗址"名录。该遗址曾经由于事实上侵占了村民山地,而造成在地社区的负面情绪一度严峻。为了缓解这种局势,遗址管理者所采取的形式便是通过不断丰富遗址博物馆自身的活动,使其成为地方经济增长点,从而带动地方发展,以达到缓解在地社区与遗址之间的关系的效果。具体做法主要体现为近年来遗址方不断推出的种荷花、采莲子等项目,均是以在地社区居民为主要的劳动力。如此一来,主体上是作为了遗址发展旅游、推动活化的手段,同时兼顾起让在地社区参与到这些小项目中,为其增加就业机会的效果。从另一个角度而言,也正是有了这样的在地社区的参与管理,才会让荷花成为该遗址展示形态重要组成部分的这一设想得以实现。

这种以遗址发展来带动地区经济并为在地社区提供就业机会的做法在国内诸多大遗址的思路当中都能得以体现。最为典型的当如秦始皇兵马俑遗址这样同时肩负着旅游热点身份的遗址,通过遗址博物馆的展示开放,不仅直接雇佣了大量的在地社区人员,而且也通过旅游业的溢出效益带动了周边市镇的发展。

6.2.2　展示设计当中对在地社区的呼唤

尽管有了上述在管理环节对在地社区的融入,但是展示毕竟并不完全等同于管理。展示更接近于一种前台工作,管理则更像是后台支持。如果在地社区只进入管理而无法涉足展示,这在某种程度上也暗示着在大遗址展示的价值倾向当中依然没有将在地社区所代表的价值体系视作可展示、可宣扬的一部分。

关于此问题,国内目前已频见在大遗址展示当中融入在地社区的呼声和实践。

例如,上文已有所提及的汉长安城遗址。该遗址在需要整村搬迁时,规划者也试图尽量做到在保护区外就近安置,并试图对新旧村落的地理位置进行连接,在村落的原有地段留出一定的"历史文化民俗"展示空间,对村落建筑进行整修再利用,从而实现对现代村民所留下的历史痕迹也予以充分的重视和展示(陈稳亮等,2011)。

陈稳亮(2010)也以雍城遗址(2006 年列入十一五期间的"重要大遗址")为对象,提出过融合历史遗迹与乡土建筑,将包括了当代在地社区生活痕迹的不同文明阶段的遗产要素整合成一个整体的展示区的思路。

元上都遗址位于内蒙古自治区锡林郭勒盟,2006 开始列入十一五期间的"重要大遗址"名录。在其 2010 年编制完成的保护管理规划当中,由于在最初的价值认定时便大量强调了草原民族的独特性,尤其提出"遗址的所在地正蓝旗至今保留了浓郁而纯正的'敖包祭祀'等蒙古族传统风情,保护了民族文化的多样性",因此在随后的正文中将以敖包为代表的民族多元文化视为"人文环境保护管理规划"当中的一部分,将其作为体验内容面向游客进行展示开放。

再以殷墟遗址为例。在新版的遗址公园设计当中,开始提出"武官民俗文化旅游村"等概念,试图将遗址核心区范围内曾长期发展受限的行政村落加以改造重塑,展示农村文化、保留当地建筑,实现社区融入。实际上,在 2018 年对武官村的现场调查当中,亲历者在访谈中提到,民俗文化村的想法早于规划编制之前便在当地已有孕育。由当地的地方文化企业带动,近年来一直在试图为这样一座传统产业发展受限的村落寻找经济上的突破路径。因此,试图借用民俗文化村的形式,来形成当地的未来发展模式。具体做法上,除了成立民俗文化旅游公司、对外招商引资、向上换取地方政府支持以外,同时吸收在地社区以自身住宅的占地面积和建筑材料做股,一方面鼓励投资、承诺回报共享,另一方面也形成直接的动力,促进在地社区自愿腾退用房。同时,值得注意的是,虽然规划当中的"民俗文化"等内容依然是围绕着在地社区的近现代生活传统而展开,但是由于地处殷墟遗址核心地带,因此,来自地方乡贤和推动者的设想依然是要让该民俗文化村未来的内容继续与考古、遗址等内容紧密相关,试图以中国文字起源地、青铜发现地等旗帜发展节庆,作为文化村未来招揽游客的重要招牌,与经典意义上的"民俗"含义并不完全相同。

比起上述呼声来说,城头山遗址的做法落地更早。该遗址位于湖南省常德市,2006年入选十一五期间的"重要大遗址"名录。由于从考古学本身对遗址的解读来看,该地最重要的考古发现之一便是稻作农业的发现,因此曾一度被称为"世界上最早的稻田"。与大多数仅在地缘上保持着联系但文化内涵上早已中断的考古遗址不同,由于自然地理环境的延续,这种稻作农业习惯在当地传承至今,并成为当地农民的主要生产生活方式。因此,在 2016 年正式开园的城头山国家考古遗址公园当中,频见大量以稻田为主题的展示设计,包括对稻田遗址的专门展示、以稻田画为主题的"彩绘园"。设计者为了试图"再现农业景观",最为典型的做法包括设计架高 4 米的玻璃桥,在下方种植水稻,在地社区日常的水稻种植行为也以一种"表演"的性质被纳入展示范畴之内(佚名,2017)。再加上,当地近年来不断力推"现代农业"、"田园综合体"、"青少年拓展基地"等概念,因此即便是在狭义上的公园范围之外，也依然保留着大量的在地社区和农田景观，至少在观者视角上呈现出古今一体、遗址与在地社区共生的景象。

那么，上述做法所折射出来的是在遗址展示问题上怎样的对待在地社区的态度现状呢？

至少，将上述做法便直接理解为一种"胜利"，体现了西方经典理论中所提倡的对被忽略社区的价值和权力地位的重塑，这显然是不尽准确的。在本章的开始便已提到，西方理论中的这种倡议本质上是价值多元和权力民主的产物，强调的是一种不一定依附在遗址本身的经典价值身上的价值再发现的过程。但是，上述在展示环节融入了在地社区的案例在很大程度上是存在着限制条件的，并且这种限制条件均与西方理论中的倡议不完全一致。

例如，汉长安城遗址和雍城遗址中提倡更多的是出于外来学者的学术呼吁，元上都遗址则更多得益于这种民族身份的独特性。在元上都遗址案例当中，民族身份已经融入了对遗址历史价值的整体解释当中，因此，与当代意义上的民主地位问题存在着模糊的空间。

而对于殷墟遗址案例而言，它更多的是与包含了经济诉求的整体区域发展相绑定。在地社区的融入是以经济利益为导向的，即便权力的民主位置已有所体现，但是社区当代生活的价值在这个案例当中依然没有得到足够重视，重新以遗址的考古学内涵为导向的"民俗村"对于在地社区而言已是另一个意义上的重塑了。并且，在这类做法下，在地社区本身的"去"与"留"都依然伴随着随资本而动的风险，整体发展模式都更接近于在资源拼合的思路下以经济发展和市场为导向。

相对而言，城头山遗址的情况要更为复杂。对在地社区延续至今的价值的强调和权力位置上的民主，在城头山遗址案例当中均能见到。前者在上文的描述中已有体现，将稻作视作一种价值元素本就是当代在地社区在即便不考虑遗址的考古学内涵的情况下也能接受的。至于权力民主的问题，当地作为农业大县，一直在积极推行新时期的专业合作社制度。这套制度从 2006 年以来便在我国大力推行，当时出台的《农民专业合作社法》将其明确定性为"自愿联合、民主管理的互助性经济组织"，成员可通过货币或其他方式作价出资，并且提出在成员当中"农民至少应当占成员总数的百分之八十"。湖南省在 2009 年有了针对落实该法的实施办法，而城头山遗址所在的澧县也从 2008 年开始便有了响应该法、以农业为内容的专业合作社。在 2018 年对城头山遗址的现场调查当中也证实了遗址公园范围内外大片的水稻种植均是采取此方式，依靠当地所称的"包头"所组织起来。

即便如此，对于此类现象的判定也不应过于单纯。应该意识到，对于城头山遗址而言，遗址性质与当代村庄整体发展战略上的契合对这种展示形态上的协调是功不可没，也是其他类型的遗址所难以复制的。并且，即便是在这样的情况下，在地社区在遗址公园范围内的"表演"性质也是依然存在的。据当地村民称，遗址公园为了吸引游客的注意，园区内的水稻与村民日常所种植的水稻在品种和耕种方式上均有所不同。为了勾勒出图案，需要"专门请广州的技术"。并且，在地方政府为当地所勾勒的蓝图当中，所谓"田园综合体"，包含了稻田酒店、农耕文化博览园和现代农业观光园，这均是以外来旅游为导向性的，范围也不断囊括了公园附近的现代村庄。在这一不断旅游化的过程中，若要寻求平衡，以村庄内在为导向的自治性组织显得至关重要。而上文提及的各类专业合作社是否具备这样的凝聚力还有待质疑，因为在现场调查当中也能听到"我们是被雇来打工"的类似的声音。

总体来说，这一系列在遗址展示当中不同程度融入在地社区的呼声和实践依然是值得学术界继续关注的。它们对于过于僵化的移民搬迁而言至少提供了一种别样的可能。但是，它们也同样面临着各种特殊性和旅游、市场等资本流动所带来的挑战，这种挑战的未来是宣告着西方理论的"失败"，还是探索出了一条更为适合我国国情的道路，值得进一步观察。而观察这个问题所无法回避的两个视角，其一是对权力位置的"自上而下"还是"自下而上"的讨论，其二是对价值本身的正当性的讨论，这些都将在本章余下的部分展开。

6.3　"上"与"下"的纠结

上文的讨论实则勾勒了一幅在地社区与大遗址展示之间的"去"与"留"的基本画面。在地社区似乎一直被放置到一个"被动"的位置上，接受着来自其他主体的是"去"是"留"的安排。在这个现象的基础上，我们很自然地便会引申到下一个问题：我们能否让在地社区更加"主动"？对这种"主动"的强调，是否会成为冲破上述基本画面的突破口所在？

在当代的文化遗产和博物馆研究当中，每当碰触到此类问题时，通常会指引到另一个恒久的议题之上，即所谓的"自上而下"与"自下而上"的对比和差别。

相关的研究不胜枚举，我仅择其理论层面的逻辑和分歧来加以概括：

如果说，包括且不仅限于批判遗产和博物馆研究中所主张的在地社区的价值多元和权力民主这一前提是正确的话，那么，最能理解在地社区的价值诉求的主体应当是在地社区自身，而最能确保这种价值诉求被真实有效地表达出来的方式则应当是让在地社区自身拥有自由选择如何表达（乃至于不表达）的权力。因此，价值和权力的流通方向都应当是"自下而上"的，而最"好"的制度自然应是能为此提供保障的制度。

但是，随着人口和资本流动、全球化、现代化、国家意识下的政府治理等一系列当代变革，制度并不会总如理想般地迅速被建构起来。这其中的责任不仅仅在于制度的建设者本身，学术界还开始质疑在地社区是否具备与这种制度相映衬的意愿和能力。如果在地社区对自身的价值和权力都处在不自知的情况下，或者当激发在地社区的价值和权力成了一件就操作层面而言非常不经济有效的事情时，这种价值和权力转为由更精英阶层的官方和学术群体来"自上而下"进行代理，对此制度加以调整，似乎也未尝不可。

具体到我国的文化遗产现状来看，这种现象在各类型的文化遗产当中均有显现。孙华（2015）曾就村民自治制度的瓦解对于传统村落保护的影响展开过讨论。这种制度层面的缺失也是诸多博物馆和文化遗产领域内关于中西方社区现状进行对比时所通常提及的现象（邓明艳等，2007；莫筱筱等，2016）。在此基础上我们再去回看上文已有描述的我国大遗址展示的整套制度体系，确实从中不难发现，在这套体系当中对于在地社区的主动性问题一直着力较少，大量的笔墨都集中在了遗址本体的保护或展示和政府的关系之上。

　　当然，这是否意味着在我国的国情下，来自"下"层的反叛能力已全然不复存在？在制度层面，我们应当看到，我国对于村委会、社区委员会一类组织的自治色彩一直是承认和鼓励的。而从研究层面，社区自身面向官方的一种自发的对抗和自我协调能力一直构成了当代农村社会学和人类学诸多研究的基础。例如，张静（2001）曾提出，国家在不断完善其政权建设的过程当中，官僚的身份虽然在不断普及，但是农民依然处在原有的"分割化的政治单位"当中，由此并不能就此断定这种政权建设过程便一定是与自治相对立的，与之对应的现象诸如基层在"响应号召"、"政令畅通"上的困难。实际上，在诸多的文化遗产案例当中，尤其是活态特性更为明显的历史城市、文化景观中，这种"下"层的反叛能力还是有所显现的。

　　如果我们将这个问题进一步细化，具体到大遗址展示之时，本章上两节的讨论以及日常的观察似乎都在提醒我们，愈是高等级、大规模、常年埋藏于地下的考古遗址，愈难以看到既成的案例当中有着来自"下"层在地社区的、成体系的自治性力量参与到遗产的建构当中。那么，现实是否全然如此？在"上"和"下"的问题上，大遗址展示所呈现出来的是怎样的面貌？

　　若想要将此问题全然穷尽，恐怕需要更为系统的样本选择和田野调查，这所需的笔墨便远非本书的这样一个章节所能覆盖。在这里，我仅从两个不同的层面来对此问题加以讨论。

　　第一个层面我想强调的是在制度意义上。

　　为了说明此问题，我可以位于河南省、从 2016 年开始列入"重要大遗址"名录的 J 遗址为例。

　　在 J 遗址当中，文化遗产在制度意义上的"上"层属性首要体现在组织层面上。为了保护和展示遗址，该地从 2014 年开始成立了遗址管理委员会，作为县级所辖的专业部门，与遗址所在地的镇政府之间形成了一个微观的条块关系。双方事实上形成的政治生态实际上也可成为本书前文所述的政府问题的一个补充。它与前文所述的地方政府强势、中央业务部门式微的情况恰恰相反，作为业务部门的遗址管理委员会由于每年可争取到来自市政府和县政府的资金投入，并且遗址本身成了该地最具吸引资金能力的资源点，遗址博物馆和公园的建设又作为了市一级重点支持的项目，因此，遗址管理委员会的权力显得更为强势。当地形成了由管理委员会来设计围绕遗址的专项项目、争取相应经费，而镇政府必须相应地负责配合的格局。这里所谓的配合工作，主要是以村民为对象，解决与村民有关的土地征用、思想宣传等一系列问题。

在这套组织关系不断向下推进的过程当中，值得说明的问题是，自治性的组织关系在J遗址所在村落依然是有广泛的基础的。例如，要想推进这一系列的政策，村委会的职能便显得至关重要，它们成了在镇政府的管理下直接开展基层工作的组织。而村委会的人员委任同样来自在地社区，在教育和日常生活习惯等方面也与村民无异。他们关心在地社区的日常事务，任职同样需要接受村民代表的投票认可。并且，当地至今依然会有村民代表大会这样的机制存在，村民代表由村内的"小组"推选产生，而所谓"小组"实际上便是曾经拥有着广泛群众基础的生产队的转型。在村口的告示牌中也明确指出，村级组织在村内的"重大事项"、采购招标、日常管理、村务公开、集体资产处理、财政救助等大小事务上享有绝对的权力。

但是，即便如此，在遗址展示及其所引发的整体村落风貌整治的事务上，在在地社区的心目当中，这些大事均是"上面来的"、"公家修的"，村委会不属于他们所认定的"上面"、"公家"的范畴，这些政策也不需要再通过村级的自治程序来实质性地对此产生影响。

之所以会在当地的在地社区心目当中形成这么明显的内外、上下之别，除了程序上的空降之外，原因也在于，在地社区清楚地意识到了，近年来影响整个村落面貌发生巨大转变的一系列政策来源是远非一个村委会乃至镇政府层级所能操控的。J遗址的考古学价值早从20世纪80年代以来便已为学术界所广泛认可，2013年借助学术界在该地重新召开国际学术研讨会的机会，地方政府开始重新重视该遗址的保护与展示问题。而当时在涉及邻近的现代村落的问题时，该地在"美丽乡村"的号召下，决定将村落也一并保留。原本单纯指向文化遗产问题的遗址管理委员会，以"美丽乡村"的名义向国家文物局争取项目，面向的不仅仅是遗址本体的保护和展示工作，也包括紧邻遗址的村落的环境整治。在这套项目当中便包含了在地社区房屋的门面改造、道路、电力、照明、排污管网、改厕，乃至试点房营建、湖体清淤等工作。在管理委员会的思路当中，这一系列的努力都是与遗址展示密切结合的，这些工作以后期的旅游发展为名义，在一定程度上均是为了配合后续的遗址展示，实现风貌协调。而对于在地社区而言，即便不了解其间的细节，这样一套远超出同地区其他村落的配置也足以能够让他们明白，这得益于村和镇这一层级之上的更高力量的推动。

这种"上"层的控制力还有一项更为具象化的体现。在由管理委员会所带来的诸多项目当中，其中一项便是在村口改建了全村最为"气势恢宏"的建筑作为办公大楼。这栋办公楼由管委会和村委会共同使用，作为了全村的行政中心。而大楼修建完成的同时，也正是国家要求县级干部进基层的时间。因此，管委会的领导也常年进村，生活工作在此大楼当中。如此一来，来自"上面"、"公家"的权力渗透在当地便也表现得更为明显。

由此一来，实际上存在着一个吊诡的现象。一方面，自治性的组织关系在该村依然存在，但另一方面，由遗址展示所引发的一系列对村落面貌的整体改造，既如此深刻地影响了在地社区近乎每个人的利益，却又不在这套自治性的组织关系所触及的范围之内。我认为，这正是缘于遗址展示所具备的一套超出了"日常"的价值和权力性质。它在本质上是不容抵抗和质疑的，凌驾于这套自治关系之上，它的流动方向和本质与本书已述的平粮台遗址案例 20 世纪 80 年代的情况一致，依然是"自上而下"的。

那么，这是否意味着在 J 遗址案例当中已看不到来自"下"的声音？

这也并不尽然。时至今日，绝大多数的在地社区已经开始将这套"上"层政策看作是一种"得益"，但是，在项目推进过程中，一种来自"下"的反叛能力一直是存在的。例如，在实际过程中，房屋的处置权一直把握在村民的手中。早期项目的推进即便资金充裕，但是在没有既成结果的情况下，村民依然继续保持观望的态度，致使项目难以推进。项目只能依靠部分空置房屋，先做成试点房，随后再作为"诱饵"，促使村民转而同意项目。在后期，涉及整体的环境整治时，部分看似空置的房屋依然还是需要在获得原产权所有人的同意之后再行决策；部分与整体景观协调相违背的村民自发行为虽然会受到谴责，但是也并不会遭到强制性的改变。对于官方组织的管理委员会会强调他们已经反复面向村民们开展了宣传教育工作，对于楼层限高、外立面景观都作出了引导，但是即便是时至今日，村民们在新建自家的房屋时依然会对这一类的引导不以为然。对于在地社区而言，他们实际上拥有清晰的产权意识，即"这是我自家的房屋"。

在此，有必要重提村委会的职能。在 J 遗址这样的案例当中，把村委会全盘理解为村口告示牌中所示一般的强势，抑或是在地社区口中一般的形同虚设，可能都是不够准确的。它们构成了将这套不容抵抗和质疑的"上"层政策和实际存在的"下"层反叛相黏结起来的重要纽带。如上文所述，在项目开始初期，绝大多数村民采取观望态度时，只有依靠以村委会成员带头，率先接受项目的改造，再以自身为示范向余下各家说明项目的有效性，并不断主动向村民们许诺，描绘项目改造之后所带来的旅游收益对各家的好处。当该地试图推行新型的文化产业，以带动村落整体发展之时，相类似的，率先与这一系列陌生产业相对接的农户依然是村委会自身的成员。总体来说，J 遗址案例当中的村委会既不被在地社区看作是"上"层的，又实际履行着"上"层所赋予的职能。这样的组织设置的存在在"上"与"下"相互混杂的过程中反而形成了一种张力和缓冲。

第二个层面我想强调的是在认同意义上。

国内在论及文化遗产的认同问题时存在着一个有趣的现象：一方面，大量的研究从整体上肯定已有的展示成果在促进在地社区的集体认同方面的积极作用，并提倡通过展示这种"有所作为"的做法来带动认同（孟宪民，2001；国家文物局，2009；侯卫东，2016）；另一方面，又有大量的个案研究描述的现象是，在地社区对待遗址的认同在"展示"这一过程和结果当中反而会有所流失（张国超，2013；朱珏，2014；李冬雪等，2015）。

我在本章本节的工作并不想直接介入上述二者之一的讨论当中。我的焦点既然一直集中在"上"与"下"的关系之上，那么我所想要解决的核心问题也自然围绕在认同的建构过程上。

我意识到，尤其是在那些描述认同有所流失的研究当中，一种基于个人视角的观察愈发明显。个人视角的问题即便是在经典的社会科学研究当中，也是近年来才开始日益受到重视的。尤其是我们通常认为，文化遗产应是一种集体的产物，受到更加结构式的记忆、认同或制度力量所影响，其保护和展示的正当性所代表的也是社会全体或至少大多数人的共同性（莫里斯·哈布马赫，2002；宋峰等，2012；王云霞，2013；程振翼，2014；皮埃尔·诺拉，2015）。但是，实际上凡是集体性的概念均不应忽视其中的个人成分。从政治合理性上来说，集体和公共概念的成立必须建立在广泛而清晰的个人对特定事务或组织的承认之上。从认同的生成方式来说，近年来也不断有学者开始挑战集体对个体的规范和约束能力，突出个体行为在这个过程当中的反抗和重构能力（安东尼·吉登斯，1998；刘亚秋，2010；扬·阿斯曼，2015）。

这种个人视角一方面是基于情感角度的，例如，赵振斌等（2015）针对汉长安城遗址的讨论。他发现在地社区与遗址地点发生情感联系的首要因素仍然是基于个人视角的"地方适应"，即该地对于个人而言是否日常方便、是否熟悉和习惯了现有环境；其次，是基于感性视角的故土怀念；再次，才是所谓的历史文化特征，对"汉城人"的集体性认同。而且即便是这种集体认同，仍然是建立在特殊地点与个人成长记忆的连接之上。

另一方面则是基于个人利益角度的。例如，张丹（2012）关于殷墟遗址启动移民搬迁进程时的研究可以看到，社区居民一开始采取了不满和抗拒的态度，并且根据赔偿原则开始采取"一听说我们村要拆迁了，谁家不想多得点儿拆迁补助啊?! 别人家能盖，我们家也可以"的举措。对于这种做法，官方的回应是"其实他们这样的房子根本没有房产证，属于违章建筑。可是，最后拆迁的时候考虑到老百姓的切实利益，我们在合法面积赔偿款的基础上还是象征性地给了加盖房的成本费"。而动摇社区居民的态度则恰在于新房政策的推出，高额的新房市场价充分调动了居民的积极性，并且"谁先拆迁谁先挑新房"，促成了社区居民对此问题的积极配合。上文中 J 遗址案例的讨论所反映出来的问题与张丹所述的殷墟遗址的情况是类似的。J 遗址案例当中所述的来自"下"层的反叛在本质上也是这样一种个人利益下的产物。

那么，对于这种源于"下"层的个人视角的讨论，除了能够有力地对文化遗产和博物馆当中"铁板一块"的集体概念提出挑战，那么，它是否意味着我们已经寻找到了一个"上"层所无法触及的空间呢？

对此问题的回答恐怕无法过于肯定。在我国的语境下，"上"对"下"的影响在这种个人视角的认同层面，也依然挥之不去。

我可以陕西省岐山县的周公庙遗址为例。它从 2006 年开始列入"重要大遗址"名录。在我 2011 年的现场调查当中，在地社区对于自身的"周公后人"身份表现出了较强的认可度，对近年来该地的重要考古发现和遗址展示工作也确有耳闻，表示出了一定程度的兴趣。而在进一步的调查当中，实际上能够发现：这与地方政府从 2000 年以后开始所推出的一系列将考古遗址与遗址周边的古建筑群、民俗村以一种资源整合的方式聚合到一起的政策倾向是密切相关的。对于在地社区而言，这一系列政策深刻地影响到了他们的个人生活。在地社区最重要的经济发展手段便是打造民俗村或发展配套服务设施，而这种旅游业整体均建立在"上"层对周文化的营销策略之上。因此，这类历史文化的话题对于他们来说从不陌生，并大受欢迎。但是，如果具体到更为细节的考古遗址的本体真实性及其历史价值等问题上，在地社区所表现出来的认同度则需要大打折扣。这与地方政府的政策导向是一致的。当地方政府对遗址的话题有所强调之时，在地社区对于遗址的认同度会有所提升；但当地方政府呈现出更为杂糅的政策态势之时，在地社区的认同也随之更为模糊混杂。

相类似的话题还可再回到前文我反复提到过的平粮台古城遗址案例（王思渝，2019）。在 2000 年以后，该遗址在在地社区认同的问题上曾经一度好转。在平粮台遗址，村民之间一直盛传着该遗址正是当地重要的信仰对象——伏羲——曾经的居址。2000年之后平粮台遗址的管理者基于旅游发展的价值动机，在围墙内修塑了一尊伏羲像，从而在在地社区之间形成了巨大的轰动。村民们开始每逢特定的时间来围墙内祭拜伏羲，并一直延续至今，毕竟，祭拜伏羲是与他们的个人情感和个人利益均息息相关的。在这个过程当中，需要注意的是，作为"官方"的代言人、平粮台古城遗址最初的考古发掘者确实曾提出过平粮台遗址正是伏羲居址的学术假说（曹桂岑，2012）。当时的考古学家提出这一观点之后本无意向在地社区宣扬，但是由于考古现场历来有雇佣在地社区民工的习惯，而当有外来的学者或官员前往遗址参观时，考古学家自然需要向来客解释这座遗址的性质，由此，民工们也便耳濡目染得知了这一消息。随后这一消息在乡村社会里便迅速传播开来。以至于时至今日，当问及为何会在该地修筑伏羲像时，在地社区的回答也全部围绕着"这儿是人祖爷①的生宅"。而当我再次向在地社区问及，这样的观点有何依据、是何来源之时，在地社区也均会表示，这是有考古学家们的官方解释的。换言之，在平粮台古城遗址的案例当中，作为官方解读、带有"上"层色彩的考古学家所提供的版本恰好与在地社区的本土知识、"下"层理解寻找到了契合，构成了加固这种认同度的重要力量。

综上所述，我实际上很难对"上"与"下"的问题像在其他章节论及其他主体时那样做一个全面性的概述。相反，通过上文对制度和认同层面所补充的若干案例，我做的不是一个总结性的工作，而是一个挑战性的工作。一方面，我强调"下"层力量的存在，尽管它在当下所体现出来的更接近于一种反叛能力，更像是一种"困难"，但是作为一种社会事实，它不应被忽略和排斥，在更多成熟的社区营造、"自下而上"的案例当中，大多正基于对这种反叛能力的合理引导和利用；另一方面，我还是想突出"上"层所具备的控制能力，在制度意义上它以一种超出"日常"的身份而凌驾，在认同意义上它也在一定程度上引导着个人视角的去向，这种现状的出现与文化遗产传统所不愿舍弃的伦理正当性相关，也与我国整体的治理模式密切配合。

---

① 即伏羲。

6.4　小结

综上，我的论述从对在地社区的"去"和"留"的现状开始，进一步进入"上"或"下"问题的纠结上。

无论是对现状的讨论，还是对"上"与"下"问题的考虑，都还有更多的实证案例可以展开、更多的思路可以探索，这也是社区研究在文化遗产领域内的魅力所在。但是我希望，本章所做的工作不以穷尽这一话题为目的，但是至少能够看到：寻求社区参与、向社区释放权力，一直被批判研究理解为消解和平衡来自政府、强势经济团体乃至官方学术话语权的重要手段；但是当这样的手段运用到我国的具体国情之时，需要克服各个层面的水土不服，混杂是无处不在的。本章所完成的工作，仅是这一系列的克服工作中最初始的一步。

在本章的最后，我需要重提在一开始提及的那个希望在本章的讨论中能够不断渗透的问题，即，在当下大遗址展示的话语体系内，究竟在多大程度上接受了在地社区的价值和权力关系？这一问题又到底具备多大程度上的先验意义上的正当性。

文化遗产领域内对于价值含义的理解逻辑，从本书第二章中提到以"石块"为基础的价值认知时便可见端倪。它实际上讨论的是，将一种特定的物质本体拆解为可描述的组成要素（例如外观、材质、体量、形成原因等），然后讨论这些要素在横向（主要指与已知的同类型的物质本体相比）和纵向（主要指放归到历史和时间维度）上的稀缺性，并引申出哪些群体才是对这些具备稀缺性的要素最具贡献力的群体。那么，由此引发到考古遗址上容易出现的现象便在于，如今生活在考古遗址周边的在地人群往往并不具备传承性，遗址的创造者和使用者都不是这批如今生活于此地的在地社区人群，他们对于遗址的稀缺性的各个要素实际上是缺乏贡献力的。

当然，这也并非是学术界的全部意见。从"文化遗产"这一大概念出发，依然有学者提倡即便不从功利主义、当代衍生利用等角度出发，也同样肯定当代在地社区与文化遗产之间的联结的价值意义。例如，我在第二章中所论及的一系列主体性更强的价值定义便多倾向于这类看法。这类看法多带有了更强的人文主义关怀的色彩，将在地社区在近代以来的活动视为遗产生命链中的一部分。

但是，总体来说，至少以一种价值排序的思维而言，在考古遗址这类文化遗产当中，在地社区的位置是相对末位的。

与此同时，在权力意义上，在地社区对考古遗址又在事实上享有长期存在的使用权。这一权力问题与土地紧密相关。

在我国的土地产权制度当中，长期所遵循的改革方向事实上是一种土地所有权与使用权（及其所引发的其他权属）相分离的趋势。第四章便已指出，我国从1982年《宪法》开始便已经奠定了城市土地国有、集体土地私有的基本框架。黄鹏进（2014）曾经指出，即便是在农村地区的"集体所有"，它也与西方产权意义上的"共有"不同，它脱离个人而存在，并且带有鲜明的国家控制性。国家通过法律制度上的规划权、征用权实际上可以随时主导土地产权。

但这并不意味着这种自上而下的所有权便代表了一切。这种意见描述的是制度层级的现状，而张静从社会现实层级又对此问题作出了补充。张静（2002）提到，农村地区的土地虽然是以集体为名义，造就了一种"全权性秩序"，即村社能够决定个人的全部事项；但是，这种制度能够在农村地区长期得到承认和存续是建立在个人对集体的一种分配正义的期待之上的，本质上是一种限制财富分化的生存选择。换言之，一旦最终的分配结果侵犯了这种个人主义的期待，实则会轻易地遭到村民的不断反对和上访。事实上，近年来我国土地制度改革的整体趋势也正是在强调对这种个人权力的不断尊重，例如"土地承包权"的转让、《物权法》的通过以及土地确权制度的推进等。这种权力的实质正是建立在个人对土地长期的使用权的基础之上的。

在此背景下，落实到大遗址的问题上，我们在本章中所看到的移民搬迁的现象实则正是一种以文化遗产保护或展示为名义的土地权力调整。尤其是，它在事实上动摇了原有的在地社区的使用权基础。这种动摇所反映的是土地的所有权与使用权在国家/集体与个人之间的矛盾，也是部分学者所论的文化遗产权的公益或公权特性与个人在物权意义上的使用和收益权之间的矛盾（邢鸿飞等，2005；王云霞，2011）。并且，无论是依靠征收，还是租用，这种动摇都会在事实上存在。

因此，从权责保护的角度，在地社区的话语权正当性又是理所应当的。

综上，我实际上描述了就在地社区的伦理正当性问题上，价值与权力角度的一种错位。如果说，在价值意义上在地社区的相对末位意味着一种对在地社区位置的相对"容后"处理的话，那么，在权力意义上的动摇又意味着在地社区位置的不可怠慢。正是这种错位，在一定程度上导致了我国的大遗址展示在在地社区问题上围绕着"去"与"留"的争议数度纠结，对于制度层面上的组织问题和个人视角相较于传统村落、文化景观等活态遗产而言也鲜为关注。

面对这种错位，我们其实也并非束手无策。或许我们依然可以遵循一些更为折中的方式。例如，在特定区域内确保最具价值的内容得到妥善保护和展示的同时，依然赋予在地社区一定的使用权乃至以之为基础的收益权空间。这种使用权，其实依靠展示便是一种有效的选择。展示在特定时候可以脱离本体而进行，可以成为一种"即时性"的活动，甚至可以成为一种宣泄的空间。而且，如果遵照当代博物馆理论当中所追求的那样，展示空间实质上也是一处社会公共文化空间，那么它对处理该问题应当具备更充分的先天优势（Crooke，2007；Janes，2009）。

第七章　结　语

通过上述章节的讨论，从研究边界到对过往既已形成的现实展示形态和理论基础的回顾，从对 2000 年以前的政治动机、以"公"为基础的价值与权力关系的讨论再到对考古学家身份的铺垫，从中央与地方在双重"失灵"困境下各自的行为与表现再到考古学家在 2000 年以后所呈现出来的整体图景，从在地社区或"去"或"留"的现状到我对"上"与"下"问题所提出的挑战，至此，我希望已基本完成了在一开始所预设的以价值和权力作为关键词对中国大遗址展示加以观察和反思的任务。

这种观察和反思不是面面俱到的。如果以一种更加全面的视角来审视，我所着力讨论的国家文物局的政策、地方政府的经济诉求、考古学家的身份转换以及在地社区所面临的种种个案，都只是大遗址展示这个大框架当中的种种侧面，我还留下了更多的问题等待学术界去补充和讨论。

即便存在着这些"未完结"之处，但是，如果通过本研究，能够在某些程度上展现一种批判式视角的切入，学术界可以去理解隐藏在作为一种现象的大遗址展示的背后的主体问题，看到大遗址展示是怎样成为一种话语而被一步步生成出来的，那么本研究便完成了它其中的一个重要初衷。

通读全书，读者们或许能意识到诸多来自政治、经济、社会方面的议题在反复交织，这些议题在遭遇文化遗产这样一个专门领域之后时而还会呈现种种变形，因此显得混杂而又繁复。但是，这种混杂而又繁复的现状也正是我所理解的文化遗产研究与实践都切实面临的一种现状，也是批判理论这样一个本身不够封闭的理论所能体现出来的意义之一。

未来，从理论研究的层面，还可以有更多的研究进入文化遗产背后的主体问题中，批判只是暂时看来行之有效的视角之一而已，远非全部。从现实实践的层面，大遗址展示是否可以如愿进入一个崭新的阶段，还需要时间去进一步检验。但是，例如作为中央的专项政策还将在这个价值和权力关系当中被放在什么样的位置；地方政府是否真正可以摆脱一种粗放式的经济诉求而更具公共性，同时也更有技术性地追求发展；以考古学家为代表的知识群体的模糊地带是会成为下一个突破口，还是将再一次在市场浪潮中被淹没；在地社区的"去"与"留"以及"上"与"下"，对整个文化遗产价值和权力体系形成的挑战能否催生更多更具观察价值的实证案例。诸如此类的诸多在本研究当中所暴露出来的问题，我想还会继续被带到下一个阶段，甚至成为制约着下一个阶段成败的关键性问题。

无论如何，我都希望未来的文化遗产研究与实践可以朝更为开放的方向而继续前行和探索。

参 考 文 献

中文文献

阿兰·斯威伍德(2013)著,黄世权、桂琳译:《文化理论与现代性问题》,北京:中国人民大学出版社,2013 年。

安东尼·吉登斯(1998)著,赵旭东、方文译:《现代性与自我认同:现代晚期的自我与社会》,北京:生活·读书·新知三联书店,1998 年。

安家瑶(2004):《大明宫在期盼》,《人民政协报》2004 年 3 月 11 日第 2 版。

安家瑶(2009):《陪同单霁翔委员检查大明宫遗址公园建设》,《人民政协报》2009 年 12 月 17 日第 1 版。

安磊(2015):《国家考古遗址公园实用手册》,北京:文物出版社,2015 年。

白晓燕(2016):《遥感考古在大遗址保护中的应用与实践——以河北大遗址为例》,《北方文物》2016 年第 2 期,第 47~49 页。

包小萍、黄莉(2016):《大遗址保护的良渚实践》,《中国文物报》2016 年 11 月 4 日第 5 版。

北京市地方志(2004):《北京志·世界文化遗产卷·周口店遗址志》,北京:北京出版社,2004 年。

贝拉·迪克斯(2012)著,冯悦译:《被展示的文化:当代"可参观性"的生产》,北京:北京大学出版社,2012 年。

博文(2001):《曲阜水洗"三孔"事件尘埃落定》,《团结报》2001 年 5 月 19 日第 1 版。

曹桂岑(2012):《曹桂岑考古文集》,北京:科学出版社,2012 年。

曹恺宁(2011):《城市有机更新理念在遗址地区规划中的应用——以西安唐大明宫遗址地区整体改造为例》,《规划师》2011 年第 1 期,第 46~50 页。

柴晓明、刘爱河(2014):《大遗址历史文化内涵的展示与阐释》,《中国文物科学研究》2014 年第 1 期,第 7~12 页。

陈德胜(2013):《大遗址保护理念与我国文化遗产事业管理体系研究》,《华夏考古》2013 年第 4 期,第 135~140 页。

陈明星、陆大道、张华(2009):《中国城市化水平的综合测度及其动力因子分析》,《地理学报》2009 年第 4 期,第 387~398 页。

陈容(1955):《在配合基建清理发掘工作中必须贯彻"重点发掘"的方针》,《文物参考资料》1955 年第 4 期,第 4 页。

陈弱水(2006):《中国历史上"公"的观念及其现代变形》,载许纪霖《知识分子论丛》第五辑,南京:江苏人民出版社,2006 年,第 3~39 页。

陈同滨(2005):《城镇化高速发展进程下的中国大遗址背景环境保护主要规划对策》,《中国文物报》2005 年 10 月 14 日第 7 版。

陈同滨(2009):《中国大遗址保护规划与技术创新简析》,《东南文化》2009 年第 2 期,第 23~28 页。

陈稳亮、杨新军、赵荣(2007):《城郊大型遗址区农村居民生活质量研究——以汉长安城遗址保护区为例》,《规划师》2007 年第 2 期,第 84~88 页。

陈稳亮(2009):《大遗址管理制度改革的探索——基于风景名胜区管理制度改革的经验与教训》,《旅游学刊》2009 年第 9 期,第 79~84 页。

陈稳亮(2010):《大遗址保护与区域发展的协同——基于〈汉长安城遗址保护总体规划〉的探索》,西北大学考古学及博物馆学博士学位论文,2010 年。

陈稳亮(2010):《村落型大遗址保护的现状、问题及对策研究——以雍城遗址为例》,《干旱区资源与环境》2010 年第 3 期,第 119~125 页。

陈稳亮、励娜(2011):《大遗址保护与新农村建设的协同——以汉长安城遗址区周家河湾村新农村规划为例》,《规划师》2011 年第 1 期,第 62~66 页。

陈稳亮、赵达(2012):《大遗址保护与区域发展的协调性规划探索——以汉长安城遗址保护总体规划为例》,《城市发展研究》2012 年第 4 期,第 44~49 页。

陈稳亮、孙圣举、高举等(2014):《共生还是绝离？——居民融入汉长安城遗址保护与发展问题探究》,《城市发展研究》2014 年第 11 期,第 53~59 页。

陈星灿(1996):《公众需要什么样的考古学》,《读书》1996 年第 12 期,第 26~31 页。

陈昀(2015):《大遗址的概念与分类研究》,《中国文物科学研究》2015 年第 4 期,第 24~27 页。

程振翼(2014):《文化遗产与记忆理论：文化遗产研究的方法论思考》,《广西社会科学》2014 年第 2 期,第 39~43 页。

丛林、陈阳洋(2008):《鸿山打造生态农业"金字招牌"》,《无锡日报》2008 年 8 月 20 日第 6 版。

崔愷(2007):《无锡鸿山遗址博物馆》,《建筑创作》2007 年第 8 期,第 36~37 页。

戴维·奥斯本、特德·盖布勒(2006)著,周顿仁译:《改革政府》,上海:上海译文出版社,2006 年。

戴维·奥斯本、彼德·普拉斯特里克(2010)著,谭功荣、刘霞译:《再造政府》,北京:人民大学出版社,2010 年。

戴维·思罗斯比(2011)著,王志标、张峥嵘译:《经济学与文化》,北京:人民大学出版社,2011 年。

党春红(2012):《大明宫国家遗址公园:道路系统规划设计》,《建筑创作》2012 年第 1 期,第 146~151 页。

邓国芳(2007):《加快推进良渚大遗址公园综合保护》,《杭州日报》2007 年 11 月 17 日第 1 版。

邓国芳(2008):《建好良渚国家遗址公园打造大遗址保护良渚模式》,《杭州日报》2008 年 10 月 10 日第 1 版。

邓国芳(2009):《加快实施南宋皇城大遗址综合保护工程》,《杭州日报》2009 年 11 月 7 日第 1 版。

邓明艳、罗佳明(2007):《英国世界遗产保护利用与社区发展互动的启示——以哈德良长城为例》,《生态经济》2007 年第 12 期,第 141~145 页。

杜发春(2014):《国外生态移民研究述评》,《民族研究》2014 年第 2 期,第 109~120 页。

杜金鹏(2009):《新时期大遗址考古工作探讨》,《中国文物报》2009 年 8 月 14 日第 3 版。

杜金鹏(2010):《大遗址保护与考古遗址公园建设》,《东南文化》2010 年第 1 期,第 9~11 页。

杜兴强、曾泉、吴洁雯(2012):《官员历练、经济增长与政治擢升——基于 1978~2008 年中国省级官员的经验证据》,《金融研究》2012 年第 2 期,第 30~47 页。

范佳翎(2013):《"公众考古学"和"公众考古理念"辨析》,《南方文物》2013 年第 4 期,第 121~124 页。

范佳翎(2016):《新中国文物古迹保护史(1949~2005)》,北京大学考古文博学院博士学位论文,2016 年。

范琪、胡晓鸣(2015):《市场导向的大都市近郊新市镇开发策略研究——以杭州万科良渚文化村为例》,《建筑与文化》2015 年第 8 期,第 77~79 页。

冯峰(2010):《时间中的宫殿——大明宫国家遗址公园中轴线标识性建筑宣政殿、紫宸殿设计方案》,《美术学报》2010 年第 4 期,第 71~79 页。

费尔登·贝纳德、朱卡·朱可托(2008)著,刘永孜、刘迪等译:《世界文化遗产地管理指南》,上海:同济大学出版社,2008 年。

费孝通(2008):《乡土中国》,北京:人民出版社,2008 年。

傅勇、张晏(2007):《中国式分权与财政支出结构偏向:为增长而竞争的代价》,《管理世界》2007 年第 3 期,第 4~12 页。

葛承雍(2015):《唤醒大遗址废墟中的审美记忆》,《西北民族大学学报(哲学社会科学版)》2015 年第 2 期,第 88~92 页。

关中牛(2013):《叩访远古的村庄》,西安:陕西师范大学出版社,2013 年。

顾朝林、于涛方、李王鸣等(2008):《中国城市化:格局·过程·机理》,北京:科学出版社,2008 年。

郭桂香(2007):《圆明园遗址的保护与利用》,《中国文物报》2007 年 10 月 26 日第 8 版。

国家文物局（2009）：《大遗址保护高峰论坛文集》，北京：文物出版社，2009 年。

国家文物局（2013）：《大遗址保护荆州高峰论文集》，北京：文物出版社，2013 年。

国家文物局（2015）：《中国文物年鉴 2014》，北京：文物出版社，2015 年。

国家文物局（2017）：《文物政策理论研究辑要》，北京：文物出版社，2017 年。

国家文物事业管理局（1987）：《新中国文物法规选编》，北京：文物出版社，1987 年。

郭文、王丽（2008）：《影视型主题公园旅游开发"共生"模式研究及其产业聚落诉求——以央视无锡影视基地为例》，《旅游学刊》2008 年第 4 期，第 64～71 页。

韩本毅（2010）：《城市化与地方政府土地财政关系分析》，《城市发展研究》2010 年第 5 期，第 12～17 页。

韩福今（2007）：《集安市高句丽遗址保护与城市建设、旅游开发的协调发展》，《黑龙江科技信息》2007 年第 23 期，第 291～292 页。

韩骥、吴晓丛、傅清远等（2007）：《西安唐大明宫国家遗址公园建设规划研讨会（专家发言摘要）》，《建筑与文化》2007 年第 83 期，第 100～103 页。

何光磊（2010）：《遗址公园规划设计理论和方法研究》，西安建筑科技大学城市规划与设计硕士学位论文，2010 年。

何文君（2005）：《政府的基本职能：代理与服务——国家起源的政治学与经济学再解读》，《思想战线》2005 年第 6 期，第 124～128 页。

何烨、陈季君、刘世野（2015）：《播州土司文化遗存图释》，北京：中央民族大学出版社，2015 年。

侯卫东、王伟、贺林等（2005）：《唐大明宫含元殿遗址保护工程》，《文博》2005 年第 4 期，第 52～53 页。

侯卫东、王伟、许艳（2009）：《含元殿、麟德殿遗址保护工程记》，《中国文化遗产》2009 年第 4 期，第 94～103 页。

侯卫东（2016）：《遗址的生存抗争与公众认同——遗址公园在中国》，《遗产与保护研究》2016 年第 1 期，第 68～72 页。

胡畔（2007）：《遗址公园景观规划研究——以杜陵遗址为例》，西北大学城市规划与设计硕士学位论文，2007 年。

湖南省文物考古研究所（2013）：《考古与文化遗产保护——理论与实践》，上海：上海古籍出版社，2013 年。

胡桃、荣倬翔（2014）：《三大吴文化地标期待"串珠成链"》，《无锡日报》2014 年 3 月 17 日第 1 版。

华芳、王沈玉（2013）：《转型发展背景下城市遗址的保护利用研究——以杭州市南宋临安城为例》，载中国城市规划学会编《城市时代，协同规划：2013 中国城市规划年会论文集》，北京：中国建筑工业出版社，2013 年，第 223～236 页。

黄莉（2016）：《建立补偿机制，有效保护遗址——良渚遗址文物保护补偿机制的实践与思考》，《浙江文物》2016 年第 1 期。

黄鹏进（2014）：《农村土地产权认知的三重维度及其内在冲突——理解当代农村地权冲
突的一个中层视角》，《中国农村观察》2014 年第 6 期，第 14~24 页。

黄胜平（2006）：《无锡新区文化开发的思路与对策》，《中国高新区》2006 年第 1 期，第
76~80 页。

黄洋（2014）：《中国考古遗址博物馆的信息诠释与展示研究》，复旦大学文物与博物馆学
博士学位论文，2014 年。

霍克海姆、阿道尔诺（2006）著，渠敬东、曹卫东译：《启蒙辩证法——哲学断片》，上海：上
海人民出版社，2006 年。

吉频（1998）：《灵山胜境：旅游新热点》，《江苏政协》1998 年第 7 期，第 46~47 页。

贾博宇（2011）：《中国考古学大众化历程研究》，复旦大学文物与博物馆学硕士学位论文，
2011 年。

贾兰坡（1958）：《北京人的故居》，北京：北京出版社，1958 年。

贾兰坡（1975）：《周口店——"北京人"之家》，北京：人民出版社，1975 年。

蒋芳（2009）：《南京：为了命悬一线的老城南》，《瞭望》2009 年第 19 期，第 42~44 页。

焦鑫（2012）：《遗址公园景观空间营造探究——以河姆渡遗址公园景观规划为例》，华东
理工大学设计艺术学硕士学位论文，2012 年。

John Urry（2009）著，杨慧、赵玉中、王庆玲等译：《游客凝视》，桂林：广西师范大学出版
社，2009 年。

康晓光、韩恒（2007）：《行政吸纳社会——当前中国大陆国家与社会关系再研究》，《中国
社会科学（英文版）》2007 年第 2 期，第 116~128 页。

克里斯·巴克（2013）著，孔敏译：《文化研究——理论与实践》，北京：北京大学出版社，
2013 年。

赖国芳（1984）：《试谈县（市）级中小型博物馆的类型设置》，《江西历史文物》1984 年第 2
期，第 84、68 页。

劳拉简·史密斯（2018）著，张煜译：《遗产本质上都是非物质的：遗产批判研究和博物馆
研究》，《文化遗产》2018 年第 3 期，第 62~71 页。

劳伦·勃兰特、托马斯·罗斯基（2010）著，方颖译：《伟大的中国经济转型》，上海：格致
出版社，2010 年。

雷炜（2013）：《遗址保护性展示建筑设计研究》，北京建筑大学建筑学硕士学位论文，
2013 年。

李春华（2006）：《吉野里公园给中国遗址博物馆建设的启示》，《中国文物报》2006 年 7 月
28 日第 6 版。

李冬雪、李倩、李卓璋等（2015）：《遗址区改造下的原住民地方依恋研究》，载中国城市规
划学会编《新常态：传承与变革——2015 中国城市规划年会论文集·08 城市文化》，

北京：中国建筑工业出版社，2015 年，第 382~391 页。

李丰庆、王建新(2013)：《文化遗产地资源管理中利益相关者参与结构关系探析》，《西北大学学报(哲学社会科学版)》2013 年第 2 期，第 132~136 页。

李慧竹(2007)：《中国博物馆学理论体系形成与发展研究》，山东大学考古学及博物馆学博士学位论文，2007 年。

李经国(2010)：《谢辰生先生往来书札》，北京：北京图书馆出版社，2010 年。

李靖华、朱玉槐(1984)：《发展陕西旅游业刍议》，《人文杂志》1984 年第 3 期，第 23~28 页。

李军(2005)：《什么是文化遗产——对一个当代观念的知识考古》，《文艺研究》2005 年第 4 期，第 123~131 页。

李立(2014)：《嵌入山水之间——阖闾城遗址博物馆建筑创作》，《建筑学报》2014 年第 11 期，第 65~67 页。

李零(1996)：《说考古"围城"》，《读书》1996 年第 12 期，第 3~10 页。

李让(2003)：《洛阳在毁什么?!》，《中国文物报》2003 年 1 月 23 日第 1 版。

李绍明(1987)：《日本平城京的发掘与研究》，《四川文物》1987 年第 1 期，第 64~66 页。

李文静(2016)：《殷墟国家考古遗址公园建设与运营管理研究》，《殷都学刊》2016 年第 2 期，第 121~124 页。

李修松(2004)：《如何化解保护文物与发展旅游之间的矛盾》，《探索与争鸣》2004 年第 8 期，第 35~37 页。

李雪茹、白少君、瞿小璐(2012)：《"政产学研用"协同创新模式解析——以西安曲江文化创意产业为例》，《科学进步与对策》2012 年第 29 卷第 22 期，第 71~75 页。

李阳生、杜久明、周伟(2006)：《殷墟古遗迹——保护与展示的智慧》，《中国文化遗产》2006 年第 3 期，第 54~59 页。

李韵(2005)：《文化遗产不是城市发展的包袱——访国家文物局局长单霁翔》，《光明日报》2005 年 4 月 15 日第 1 版。

李韵(2017)：《国家文物局将启动"考古中国"研究》，《大众考古》2017 年第 2 期，第 95 页。

梁思成(1963)：《闲话文物建筑的重修与维护》，《文物》1963 年第 7 期，第 5~10 页。

良渚博物院(2009)：《良渚博物院：平民化的专业博物馆》，《中国文化遗产》2009 年第 1 期，第 82~89 页。

林琴(2012)：《考古遗址保护规划研究——以长沙铜官窑国家考古遗址公园为例》，湖南师范大学设计艺术学硕士学位论文，2012 年。

刘斌、王宁远(2016)：《数字化手段在大遗址考古工作中的应用——以良渚古城为例》，《中国文化遗产》2016 年第 2 期，第 25~29 页。

刘波(2013)：《遗址旅游利益相关者共生机制研究——以良渚遗址为例》，浙江工商大学旅游管理硕士学位论文,2013 年。

刘大洪、李华振(2005):《政府失灵语境下的第三部门研究》,《法学评论》2005 年第 6 期,
　　第 11~16 页。

刘辉(2012):《大明宫国家遗址公园:太液池景观设计》,《建筑创作》2012 年第 1 期,第
　　116~137 页。

刘杰、田毅鹏(2010):《本土情境下中国第三部门发展困境及道路选择》,《社会科学研
　　究》2010 年第 5 期,第 88~94 页。

刘璟煜(2013):《遗址博物馆展示传播问题研究》,复旦大学文物与博物馆学硕士学位论
　　文,2013 年。

刘军民(2006):《中国文物大遗址保护利用与区域经济发展研究——以陕西省为例》,西
　　北大学政治经济学博士学位论文,2006 年。

刘克成(2009):《解说大明宫国家大遗址保护展示示范园区暨遗址公园总体规划》,《中
　　国文化遗产》2009 年第 4 期,第 112~119 页。

刘克成、肖莉、王璐(2012):《大明宫国家遗址公园:总体规划设计》,《建筑创作》2012 年
　　第 1 期,第 28~43 页。

刘克成(2012):《汉阳陵帝陵外藏坑保护展示厅》,《建筑与文化》2012 年第 11 期,第 16~
　　21 页。

刘庆华(2010):《中国公众考古学的初步探索》,北京大学考古文博学院硕士学位论文,
　　2010 年。

刘世锦(2010):《中国文化遗产事业发展报告(2010)》,北京:社会科学文献出版社,
　　2010 年。

刘世锦(2015):《中国文化遗产事业发展报告(2014)》,北京:社会科学文献出版社,
　　2015 年。

刘守英(2010):《城市化:土地从外延扩张转向理性增长》,《中国国土资源报》2010 年 7
　　月 30 日第 8 版。

刘守英、周飞舟、邵挺(2012):《土地制度改革与转变发展方式》,北京:中国发展出版社,
　　2012 年。

刘卫红(2013):《大遗址展示理念方法问题的探讨》,《地域研究与开发》2013 年第 2 期,
　　第 171~176 页。

刘卫红(2013):《大遗址区域产业集群机制与模式研究》,《商业研究》2013 年第 6 期,第
　　200~205 页。

刘文科(2013):《近十年来国内公共考古学研究述评》,《丝绸之路》2013 年第 14 期,第
　　30~33 页。

刘修兵(2009):《洛阳定鼎门遗址保护工程动工》,《中国文化报》2009 年 2 月 20 日第
　　1 版。

刘亚秋（2010）：《从集体记忆到个体记忆：对社会记忆研究的一个反思》，《社会》2010 年第 5 期，第 217～242 页。

刘怡（2010）：《基于演化博弈论的西安市房屋拆迁补偿研究》，西安建筑科技大学土木工程建造与管理硕士学位论文，2010 年。

刘正山（2015）：《当代中国土地制度史（下）》，大连：东北财经大学出版社，2015 年。

刘中山、代合治（2012）：《国内旅游利益相关者研究进展及启示》，《旅游纵览》2012 年第 11 期，第 121～123 页。

陆建松（2002）：《文物单位不能企业化经营》，《社会科学报》2002 年 6 月 27 日第 2 版。

陆建松（2005）：《中国大遗址保护的现状、问题及政策思考》，《复旦学报（社会科学版）》2005 年第 6 期，第 120～126 页。

陆建松、朱峤（2012）：《浅议遗址博物馆的功能及其展示传播学术支撑体系建设》，《园林》2012 年第 4 期，第 42～45 页。

罗重谱（2012）：《中国事业单位分类改革轨迹及走向判断》，《改革》2012 年第 4 期，第 5～15 页。

罗新宇（2001）：《"三孔"文物惨遭"水洗"》，人民网，2001 年 2 月 6 日，http://look.people.com.cn/GB/channel2/3/15/200102/06/34774.html。

罗哲文（2003）：《罗哲文历史文化名城与古建筑保护文集》，北京：中国建筑工业出版社，2003 年。

吕勤智、冯阿巧、刘美星（2009）：《主题公园景观设计中的文化表达研究》，《哈尔滨工业大学学报（社会科学版）》2009 年第 6 期，第 39～43 页。

吕舟（1997）：《文物建筑的价值及其保护》，《科学决策》1997 年第 4 期，第 38～41 页。

吕舟（2000）：《从雷峰塔的重建谈历史建筑的复原问题》，《建筑史论文集》2000 年第 2 期，第 195～232 页。

马建昌（2015）：《中国城市区域大遗址管理运营研究》，西北大学考古学博士学位论文，2015 年。

麦奎根（2011）著，李朝阳译：《文化研究方法论》，北京：北京大学出版社，2011 年。

孟宪民（2001）：《梦想辉煌：建设我们的大遗址保护展示体系和园区》，《东南文化》2001 年第 1 期，第 6～15 页。

孟宪民、于冰、李宏松等（2012）：《大遗址保护理论与实践》，北京：科学出版社，2012 年。

莫里斯·哈布瓦赫（2002）著，毕然、郭金华译：《论集体记忆》，上海：上海人民出版社，2002 年。

莫筱筱、明亮（2016）：《台湾社区营造的经验及启示》，《城市发展研究》2016 年第 1 期，第 91～96 页。

莫修权、张晋芳（2007）：《适时、适地、适度——金沙遗址博物馆设计实践》，《城市建筑》2007 年第 9 期，第 21～23 页。

莫修权、庄惟敏、张晋芳(2009):《文化·保护·营造——金沙遗址博物馆规划设计》,
《建筑学报》2009 年第 2 期,第 56~57 页。

木樨(2002):《旅游部门不能经营文物保护单位》,《上海文博论丛》2002 年第 2 期,第
68 页。

倪斌(2011):《建筑遗产利益相关者行为的经济学分析》,《同济大学学报(社会科学版)》
2011 年第 5 期,第 118~124 页。

倪明涛(2011):《基于"曲江模式"的地产开发企业战略创新体系研究》,《西安建筑科技
大学学报(社会科学版)》2011 年第 6 期,第 60~65 页。

庞荣瑞(2012):《对文化根源的价值判断——再论企业文化的推进策略》,《中国旅游报》
2012 年 4 月 16 日第 16 版。

裴胜兴(2015):《基于遗址保护理念的遗址博物馆建筑整体性设计研究》,华南理工大学
建筑设计及其理论博士学位论文,2015 年。

皮埃尔·诺拉(2015)著,黄艳红等译:《记忆之场:法国国民意识的文化社会史》,南京:
南京大学出版社,2015 年。

皮建才(2012):《中国式分权下的地方官员治理研究》,《经济研究》2012 年第 10 期,第
14~26 页。

齐明山、李彦娅(2006):《公共行政价值、公共利益与公共责任——政府公共权力科学运
作的三维构架》,《学术界》2006 年第 6 期,第 28~35 页。

齐燕铭(1960):《为文物、博物馆事业更大跃进而奋斗!——文化部副部长齐燕铭在全国
文物博物馆工作会议上的报告》,《文物》1960 年第 4 期,第 11~20 页。

乔坤元(2013):《我国官员晋升锦标赛机制:理论与证据》,《经济科学》2013 年第 1 期,
第 88~98 页。

秦始皇兵马俑博物馆(2011):《开创宏图——秦始皇兵马俑博物馆三十年纪念集》,西安:
西北大学出版社,2011 年。

邱晓华(2003):《北京元大都遗址公园局部改造方案确定》,《中国花卉报》2003 年 3 月 27
日第 7 版。

曲志红(2001):《国家文物局通报曲阜文物受损事件》,《人民日报》2001 年 2 月 17 日第
1 版。

阙维民(2015):《"考古遗址公园"的名称悖论——以"圆明园遗址公园"为案例》,《中国
文化遗产》2015 年第 5 期,第 56~61 页。

任剑涛(2011):《公共与公共性:一个概念辨析》,《马克思主义与现实》2011 年第 6 期,
第 58~65 页。

阮仪三、林林(2003):《文化遗产保护的原真性原则》,《同济大学学报(社会科学版)》
2003 年第 2 期,第 1~5 页。

单红(2011):《吴都阖闾城外景基地奠基》,《无锡日报》2011 年 4 月 14 日第 2 版。

单霁翔（2010）：《大型考古遗址公园的探索与实践》，《中国文物科学研究》2010 年第 1 期，第 2~12 页。

单霁翔（2015）：《大型考古遗址保护》，天津：天津大学出版社，2015 年。

石兴邦（1998）：《半坡遗址的发掘和半坡博物馆的建立——纪念半坡博物馆建立 40 周年忆事》，载西安半坡博物馆编《史前研究——西安半坡博物馆成立四十周年纪念文集（1958~1998）》，1998 年，第 380~389 页。

史永高、李立（2014）：《形式的追问——关于无锡阖闾城遗址博物馆的对话》，《时代建筑》2014 年第 6 期，第 78~87 页。

斯图尔特·霍尔（2013）著，徐亮、陆兴华译：《表征——文化表征与意指实践》，北京：商务印书馆，2013 年。

宋峰、熊忻恺（2012）：《国家遗产·集体记忆·文化认同》，《中国园林》2012 年第 11 期，第 23~26 页。

苏秉琦（1984）：《提高学术水平，提高工作质量》，《四川文物》1984 年第 3 期，第 9~13 页。

孙福喜（2009）：《从〈西安宣言〉到〈西安共识〉——大明宫国家遗址公园的构想与实践》，《中国文化遗产》2009 年第 4 期，第 104~111 页。

孙华（2015）：《传统村落的性质与问题——我国乡村文化景观保护与利用刍议之一》，《中国文化遗产》2015 年第 4 期，第 50~57 页。

孙华（2016）：《我国大型遗址保护问题的思考》，《中国文化遗产》2016 年第 6 期，第 61~71 页。

孙鸣飞（2014）：《遗址公园景观设计的模拟展示方法研究——河南商丘宋国故城遗址公园景观设计》，中央美术学院景观设计及其理论硕士学位论文，2014 年。

孙鹏（2015）：《朝阳市牛河梁遗址保护利用现状及其改进对策》，大连理工大学硕士学位论文，2015 年。

孙霄（1987）：《西安半坡史前文化村陈列布局设想》，《中国博物馆》1987 年第 3 期，第 52~55 页。

孙霄（1989）：《试论遗址博物馆的个性特征》，《中国博物馆》1989 年第 4 期，第 62~66 页。

孙秀丽（2002）：《中国的大遗址问题》，《文物天地》2002 年第 4 期，第 5~12 页。

孙秀林、周飞舟（2013）：《土地财政与分税制：一个实证解释》，《中国社会科学》2013 年第 4 期，第 40~59 页。

孙轶琼（2016）：《晋阳古城遗址公园试图还原古代文明》，太原晚报，2016 年 11 月 25 日，http://news.163.com/16/1125/03/C6MGQTCH000187VE.htm。

孙优依（2010）：《杭州要出"皇城牌"》，《观察与思考》2010 年第 8 期，第 11~16 页。

锁言涛（2011）：《西安曲江模式：一座城市的文化穿越》，北京：中共中央党校出版社，

2011 年。

檀馨(2003)：《元土城遗址公园的设计》，《中国园林》2003 年第 11 期，第 16～18 页。

汤诗伟(2010)：《"金沙模式"——成都金沙遗址保护与利用研究》，西安建筑科技大学建筑学系硕士学位论文，2010 年。

陶亮(2008)：《土遗址展示方式的初步探讨》，西北大学考古学及博物馆学硕士学位论文，2008 年。

陶然、苏福兵、陆曦等(2010)：《经济增长能够带来晋升吗？——对晋升锦标竞赛理论的逻辑挑战与省级实证重估》，《管理世界》2010 年第 12 期，第 13～26 页。

涂冬梅(2012)：《基于遗址保护的大明宫周边地区土地开发策略研究》，西安建筑科技大学城市规划与设计硕士学位论文，2012 年。

涂纪亮(2009)：《新康德主义的价值哲学》，《云南大学学报(社会科学版)》2009 年第 2 期，第 3～10 页。

托尼·本尼特(2016)著，王杰等译：《文化、治理与社会：托尼·本尼特自选集》，上海：东方出版中心，2016 年。

王昌兴、徐珂、田立强等(2011)：《洛阳隋唐城明堂遗址保护建筑施工可逆性设计实践》，《建筑技艺》2011 年第 6 期，第 240～244 页。

王方、田湘萍(2016)：《关于考古遗址公园文化景观及其展陈问题的一些探讨》，《中国博物馆》2016 年第 3 期，第 19～24 页。

王国平(2009)：《加快推进"1+6"工程，全力打造南宋御街国际旅游综合体》，《杭州通讯》2009 年第 6 期，第 5～7 页。

王宏钧(2008)：《中国博物馆学基础》，上海：上海古籍出版社，2008 年。

王宏伟(2008)：《古遗址如何在现代社区"安家"》，《新华日报》2008 年 4 月 17 日第 3 版。

王焕丽(2009)：《鸿山遗址博物馆的设计亮点》，《中国文物报》2009 年 1 月 2 日第 6 版。

王洁林(2011)：《大明宫国家遗址公园建设对周边住宅价格的影响研究》，西安建筑科技大学技术经济及管理硕士学位论文，2011 年。

王立(2012)：《殷墟遗址旅游景区开发进程中社区居民搬迁问题研究》，西南大学旅游管理硕士学位论文，2012 年。

王理万(2015)：《行政诉讼与中央地方关系法治化》，《法制与社会发展》2015 年第 1 期，第 32～42 页。

王路(2006)：《关联的容器：当代博物馆建筑的一种倾向》，《时代建筑》2006 年第 6 期，第 22～27 页。

王璐艳(2013)：《国家考古遗址公园绿化的原则与方法研究》，西安建筑科技大学建筑设计及其理论博士学位论文，2013 年。

王名、朱晓红(2010)：《社会企业论纲》，《中国非营利评论》2010 年第 2 期，第 1～31 页。

王鹏(2014)：《殷墟大遗址保护与安阳市殷都区城市建设协调研究》，河南农业大学城市规划与设计硕士学位论文,2014 年。

王曙光(2011):《中国城市化发展模式研究》,吉林大学经济学博士学位论文,2011 年。

王思渝(2016):《从〈国际博物馆〉看世界博物馆的发展》,《东南文化》2016 年第 1 期,第 111~117 页。

王思渝(2016):《日本乡土博物馆的源起、发展与现状》,《中国博物馆》2016 年第 4 期,第 57~63 页。

王思渝(2017):《可持续性视野下的遗产保护与地区发展——以印度 Nizamuddin 城市更新项目为例》,《青年考古学家》内部资料,2017 年。

王思渝(待刊):《公地与私意识:遗产化进程中的在地社区》,载首都师范大学公众考古学中心编《公众考古学》第一辑,待刊。

王西京(2012):《大明宫国家遗址公园:规划建设工程感悟》,《建筑创作》2012 年第 1 期,第 66~71 页。

王新文(2013):《考古遗址公园三论》,《东南文化》2013 年第 3 期,第 19~25 页。

王晓梅(2007):《陕西省遗址文化遗产资源管理模式变迁及创新》,西北大学行政管理硕士学位论文,2007 年。

王雁(2003):《我国城市绿化理念探索的回顾与发展趋势》,《浙江林学院学报》2003 年第 3 期,第 315~320 页。

王冶秋(1997):《王冶秋文博文集》,北京:文物出版社,1997 年。

王毅、朱章义、王方(2009):《中国文化遗产标志的守护地金沙遗址博物馆》,《中国博物馆》2009 年第 1 期,第 36~49 页。

王幼麟(1985):《四川文物考察团访日纪实》,《四川文物》1985 年第 2 期,第 73~75 页。

王玉樑(1992):《客体主体化与价值的哲学本质》,《哲学研究》1992 年第 7 期,第 16~24 页。

王玉樑(2006):《百年价值哲学的反思》,《学术研究》2006 年第 4 期,第 5~13 页。

王语萌(2008):《金沙遗址公园景观设计研究》,西南交通大学设计艺术学硕士学位论文,2008 年。

王云霞(2011):《论文化遗产权》,《中国人民大学学报》2011 年第 2 期,第 20~27 页。

王云霞(2013):《文化遗产法学:框架与使命》,北京:中国环境科学出版社,2013 年。

魏爱棠、彭兆荣(2011):《遗产运动中的政治与认同》,《厦门大学学报(哲学社会科学版)》2011 年第 5 期,第 1~8 页。

魏峭巍(2011):《分歧与整合:公共考古学基本理论问题的探讨》,《江汉考古》2011 年第 2 期,第 39~44 页。

魏小安(2002):《损坏文物,错不在公司》,《社会科学报》2002 年 6 月 27 日第 2 版。

文宝(2001):《国家文物局就曲阜文物遭破坏发出通报》,《中国文化报》2001 年 2 月 20 日第 1 版。

吴荔(2008)：《基于价值倾向的陕西省大遗址资源管理体制研究》，西北大学行政管理学硕士学位论文，2008 年。

吴良镛(1983)：《历史文化名城的规划结构、旧城更新与城市设计》，《城市规划》1983 年第 6 期，第 2~12 页。

吴晓丛(2006)：《弃宏大而就无形——陕西汉阳陵博物馆遗址保护性展示建筑的创新实践》，《时代建筑》2006 年第 6 期，第 46~51 页。

吴永琪、李淑萍、张文立(1999)：《遗址博物馆学概论》，西安：陕西人民出版社，1999 年。

吴铮争、张萌(2013)：《真实性视野下考古遗址公园文化展示的思考》，《西北大学学报（自然科学版）》2013 年第 6 期，第 992~996 页。

西安曲江大明宫遗址保护改造办公室(2009)：《"拆"出一个大遗址，"迁"得一片新生活》，《中国文化遗产》2009 年第 4 期，第 126~130 页。

向勇、陈娴颖(2010)：《文化产业园区理想模型与"曲江模式"分析》，《东岳论丛》2010 年第 12 期，第 139~143 页。

肖金亮(2012)：《大型城市遗址的保护与展示——以隋唐洛阳城的实践为例》，《建筑学报》2012 年第 6 期，第 69~73 页。

谢辰生(1983)：《认真执行文物保护法，开创文物工作新局面》，《文物》1983 年第 1 期，第 6~9 转 34 页。

谢辰生(1984)：《在考古发掘工作汇报会闭幕式上的讲话》，《四川文物》1984 年第 3 期，第 19~24 页。

谢辰生(2002)：《新中国文物保护工作 50 年》，《当代中国史研究》2002 年第 3 期，第 61~70 页。

邢鸿飞、杨婧(2005)：《文化遗产权利的公益透视》，《河北法学》2005 年第 4 期，第 71~74 页。

邢宇、黄慧妍、董卫(2016)：《"保护为本，发展并行"的大遗址保护新思路——以隋唐洛阳城国家遗址考古公园为例》，载中国城市规划学会编《规划 60 年：成就与挑战——2016 中国城市规划年会论文集（08 城市文化）》，北京：中国建筑工业出版社，2016 年，第 1245~1254 页。

徐贲(2005)：《全球化、博物馆与民族国家》，《文艺研究》2005 年第 5 期，第 43~54 页。

徐光冀(2016)：《大遗址保护与国家考古遗址公园建设》，《遗产与保护研究》2016 年第 3 期，第 78~82 页。

徐苹芳(2015)：《中国城市考古学论集》，上海：上海古籍出版社，2015 年。

徐嵩龄(2003)：《中国文化与自然遗产的管理体制改革》，《管理世界》2003 年第 6 期，第 63~73 页。

徐嵩龄(2005)：《第三国策：论中国文化与自然遗产保护》，北京：科学出版社，2005 年。

徐现祥、王贤彬(2010)：《晋升激励与经济增长：来自中国省级官员的证据》，《世界经济》

2010 年第 21 期,第 5~36 页。

燕继荣(2017):《社会变迁与社会治理——社会治理的理论解释》,《北京大学学报(哲学社会科学版)》2017 年第 5 期,第 69~77 页。

颜京宁(1998):《百年住户:向圆明园说声"拜拜"》,《城建档案》1998 年第 5 期,第 41~42 页。

严文明(1997):《走向 21 世纪的考古学》,西安:三秦出版社,1997 年。

扬·阿斯曼(2015)著,金寿福、黄晓晨译:《文化记忆:早期高级文化中的文字、回忆和政治身份》,北京:北京大学出版社,2015 年。

杨宝成(2008):《殷墟发掘 80 年的学术成就——纪念殷墟发掘 80 周年》,《殷都学刊》2008 年第 3 期,第 1~4 页。

杨凯(2018):《曲阜鲁国故城国家考古遗址公园现状调查与思考》,《齐鲁艺苑》2018 年第 2 期,第 9~13 页。

杨龙(2015):《府际关系调整在国家治理体系中的作用》,《南开学报(哲学社会科学版)》2015 年第 6 期,第 37~48 页。

杨戍标(2004):《现代城市发展中历史街区的保护与复兴——杭州河坊街保护的实践与研究》,《城市规划》2004 年第 8 期,第 60~64 页。

杨晓青(2011):《结合圆明园遗址展示与利用规划的大遗址展示研究》,天津大学建筑历史与理论硕士学位论文,2011 年。

杨振之(2016):《全域旅游的内涵及其发展阶段》,《旅游学刊》2016 年第 12 期,第 1~3 页。

叶维军(2006):《注重保护,营造和谐——良渚遗址保护十年之路》,《杭州通讯》2006 年第 1 期,第 52~54 页。

佚名(2004):《千户居民为保护高句丽古迹迁离保护区》,新华网,2004 年 7 月 2 日,http://www.huaxia.com/zt/zhwh/2004-54/800877.html? ejnc5。

佚名(2005):《曲江模式:盛唐风韵下的泛地产宏大叙事》,《中国建设报》2005 年 8 月 17 日第 4 版。

佚名(2010):《良渚国家考古遗址公园》,《中国文物报》2010 年 11 月 13 日第 12 版。

佚名(2012):《无锡吴都阖闾城遗址公园简介》,《群众》2012 年第 3 期,第 39 页。

佚名 a(2015):《李克强与河南文化建设》,大河报,2015 年 9 月 23 日,http://hn.cnr.cn/hngd/20150923/t20150923_519942522_1.shtml。

佚名 b(2015):《文保政策"十六字方针"》,新华网,2015 年 11 月 28 日,http://shuhua.chinaso.com/detail/20151128/1000200032782681448674068262372635_1.html。

佚名(2017):《2017WAF 景观项目奖——城头山国家考古遗址公园(土人设计)》,搜狐旅游,2017 年 9 月 21 日,http://www.sohu.com/a/193724545_99929896。

于冰(2016):《大遗址保护财政制度需求特征与现状问题分析》,《中国文物科学研究》

2016 年第 1 期,第 25~32 页。

喻波、常征(2012):《影视无锡》,《云南经济日报》2012 年 5 月 17 日第 2 版。

余洁、唐龙(2008):《城郊区大遗址保护用地流转的制度分析——以西安市汉长安城遗址区为例》,《城市发展研究》2008 年第 5 期,第 128~134 页。

俞可平(2016):《权力与权威:新的解释》,《中国人民大学学报》2016 年第 3 期,第 40~49 页。

俞孔坚、石颖、吴利英(2003):《北京元大都城垣遗址公园(东段)国际竞赛获奖方案介绍》,《中国园林》2003 年第 11 期,第 14~16 页。

于欣淼、秦洛峰、戚爱飞(2012):《历史街区的改造与更新模式研究——以杭州河坊街、南宋御街、小河直街为例》,《建筑与文化》2012 年第 5 期,第 77~79 页。

袁俊杰(2012):《浅谈裴文中先生对中国博物馆事业的贡献》,《博物馆研究》2012 年第 4 期,第 3~9 页。

袁柳(2011):《打造春秋遗址"旅游综合体"》,《无锡日报》2011 年 12 月 21 日第 1 版。

苑清名(2017):《邯郸创建国家全域旅游示范区》,人民网,2017 年 12 月 15 日,http://travel.people.com.cn/n1/2017/1215/c41570 - 29708368.html。

约瑟夫·斯蒂格利茨(2005)著,郭庆旺、杨志勇、刘晓路等译:《公共部门经济学》,北京:中国人民大学出版社,2005 年。

张成渝(2008):《评"'不求原物长存'——从圆明园重建之争小议'假古董'建筑"》,《建筑学报》2008 年第 12 期,第 84~86 页。

张岱年(1990):《论价值的层次》,《中国社会科学》1990 年第 4 期,第 3~10 页。

张丹(2012):《我国大遗址保护与利用中利益冲突问题研究——以安阳殷墟为例》,郑州大学社会学硕士学位论文,2012 年。

张关心(2011):《大遗址保护与考古遗址公园建设初探——以大明宫遗址保护为例》,《东南文化》2011 年第 1 期,第 27~31 页。

张果、刘玉(2012):《大明宫国家遗址公园:含元殿南区景观设计》,《建筑创作》2012 年第 1 期,第 100~103 页。

张国超(2013):《楚纪南故城遗址区内居民行为及影响因素实证研究》,《湖北经济学院学报》2013 年第 1 期,第 121~126 页。

张辉、岳燕祥(2016):《全域旅游的理性思考》,《旅游学刊》2016 年第 9 期,第 15~17 页。

张家振(2013):《良渚国家考古遗址公园变身别墅"盛宴"》,《中国经营报》2013 年 7 月 21 日第 14 版。

张建林、张博(2010):《唐陵大遗址考古的思路与方法——2007~2008 年度中国田野考古一等奖获奖项目介绍》,《考古与文物》2010 年第 1 期,第 103~106 页。

章剑生(2014):《行政法与行政诉讼法》,北京:北京大学出版社,2014 年。

张剑葳、陈薇、胡明星(2010):《GIS 技术在大遗址保护规划中的应用探索——以扬州城遗址保护规划为例》,《建筑学报》2010 年第 6 期,第 23~27 页。

张锦秋(2012):《大明宫国家遗址公园:丹凤门遗址博物馆设计》,《建筑创作》2012 年第
　　1 期,第 18~27 页。

张静(2001):《国家政权建设与乡村自治单位——问题与回顾》,《开放时代》2001 年第 9
　　期,第 5~13 页。

张静(2002):《村社土地的集体支配问题》,《浙江学刊》2002 年第 2 期,第 32~39 页。

张军、王刘芳、王京芳(2003):《700 岁元大都城垣遗址展新容》2003 年 9 月 20 日第 1 版。

张俊宇(2006):《中国投资与经济增长关系的实证研究——基于基本建设投资、更新改造
　　投资与经济增长关系的研究》,《山东经济》2006 年第 1 期,第 21~23 页。

张琳、张迪凯、许凯(2010):《基于遗址保护与展示的城墙遗址公园规划探索——以唐长
　　安城城墙遗址公园规划为例》,《规划师》2010 年第 10 期,第 47~52 页。

张男(2004):《遗址博物馆建筑研究——"区外"模式遗址博物馆建筑设计初探》,天津大
　　学建筑设计与理论硕士学位论文,2004 年。

张松(2008):《历史城市保护学导论——文化遗产和历史环境保护的一种整体性方法》,
　　上海:同济大学出版社,2008 年。

张婷婷(2005):《元旦逛金沙遗址博物馆》,《成都日报》2005 年 11 月 22 日第 1 版。

张文立(2007):《杨钟健早期建馆思想及其特点》,《中国博物馆》2007 年第 2 期,第 85~
　　95 页。

张熙慧、刘玮、胡恒(2013):《淹城:全球消费时代的城市样本》,《广西城镇建设》2013 年
　　第 8 期,第 22~29 页。

张艳、彭品志(2014):《我国文化产业发展模式的转型升级——以曲江模式深度剖析为
　　例》,《经济与管理评论》2014 年第 5 期,第 42~46 页。

张颖岚(2015):《构建中国大遗址"国家公园"体系》,《光明日报》2015 年 1 月 19 日第
　　16 版。

张治强、张凌、王彬等(2015):《大遗址保护工程的管理及相关问题》,《中国文物科学研
　　究》2015 年第 3 期,第 26~31 页。

张忠培(2001):《漫议考古报告》,《中国文物报》2001 年 9 月 2 日第 7 版。

张忠培(2010):《关于建设国家考古遗址公园的一些意见》,《东南文化》2010 年第 1 期,
　　第 6~8 页。

张祖群、陈稳亮、赵荣等(2005):《大遗址保护中的破坏因素——汉长安城案例与思考》,
　　《建筑知识》2005 年第 2 期,第 5~8 页。

张祖群(2013):《基于真实性评判的雷峰塔重建争论》,《江苏师范大学学报(哲学社会科
　　学版)》2013 年第 3 期,第 98~103 页。

赵东(2013):《从"一般模式"、"曲江模式"到"理想模式"——论陕西历史文化资源的开
　　发与文化产业发展》,《西安财经学院学报》2013 年第 2 期,第 67~71 页。

赵文斌(2009):《场所的回归——鸿山遗址公园博物馆景区景观设计》,载孟兆祯、陈晓丽主编《中国风景园林学会 2009 年会文集》,北京:中国建筑工业出版社,2009 年,第 234~238 页。

赵文斌(2012):《国家考古遗址公园规划设计模式研究》,北京林业大学城市规划与设计博士学位论文,2012 年。

赵文艺、王湘君(1998):《半坡博物馆四十年来的宣教工作》,载西安半坡博物馆编《史前研究——西安半坡博物馆成立四十周年纪念文集(1958~1998)》,1998 年,第 447~448 页。

赵晔(2001):《余杭莫角山遗址 1992~1993 年的发掘》,《文物》2001 年第 12 期,第 4~19 页。

赵宇鸣(2006):《城市区大遗址保护中外部性治理的理论与实证研究》,西北大学政治经济学博士学位论文,2006 年。

赵振斌、褚玉杰、郝亭等(2015):《汉长安城遗址乡村社区意义空间构成》,《地理学报》2015 年第 10 期,第 1606~1621 页。

者之(2001):《"理想的考古报告"之我见》,《中国文物报》2001 年 7 月 22 日第 7 版。

珍妮特·马斯丁(2008)著,钱春霞等译:《新博物馆理论与实践导论》,南京:江苏美术出版社,2008 年。

郑德忠(2015):《海龙屯世界文化遗产景区正式对外开放》,当代先锋网,2015 年 9 月 26 日,http://www.ddcpc.cn/2015/zy_0926/63291.html。

郑慧(2006):《一个"典范"的力量》,《无锡日报》2006 年 4 月 11 日第 3 版。

郑立超、齐天峰(2003):《文物旅游资源保护、利用现状不容乐观》,《中国文化报》2003 年 3 月 29 日第 3 版。

郑孝燮(1983):《关于历史文化名城的传统特点和风貌的保护》,《建筑学报》1983 年第 12 期,第 4~13 页。

郑欣淼(2001):《论文物资源在旅游业中的特点及开发保护问题》,《东南文化》2001 年第 5 期,第 6~11 页。

郑育林(2009):《古迹遗址的文化形象再现——对古迹遗址展示利用形象的思考》,《考古与文物》2009 年第 2 期,第 8~12 页。

郑育林、唐远志、张立(2009):《基于博弈论的大遗址保护区政府与居民搬迁行为分析》,《西北大学学报(自然科学版)》2009 年第 6 期,第 1052~1055 页。

郑振铎(1998):《郑振铎全集》,石家庄:花山文艺出版社,1998 年。

中国大百科全书总编辑委员会《考古学》编辑委员会(1998):《中国大百科全书·考古学》,北京:中国大百科全书出版社,1998 年。

中国经济增长前沿课题组(2011):《城市化、财政扩张与经济增长》,《经济研究》2011 年第 11 期,第 4~20 页。

中国社会科学院考古研究所文化遗产保护研究中心（2011）：《中国大遗址保护调研报告》，北京：科学出版社，2011 年。

中国文化遗产研究院（2016）：《大遗址保护行动跟踪研究》，北京：文物出版社，2016 年。

钟士恩、张捷、李莉等（2015）：《中国主题公园发展的回顾、评价与展望》，《旅游学刊》2015 年第 8 期，第 115~126 页。

周飞舟（2007）：《生财有道：土地开发和转让中的政府和农民》，《社会学研究》2007 年第 1 期，第 49~82 页。

周飞舟、王昭琛（2015）：《农民上楼与资本下乡：城镇化的社会学研究》，《中国社会科学》2015 年第 1 期，第 66~83 页。

周剑虹、王建新（2011）：《解决大遗址区居民问题的"城中村"模式与"新农村"模式》，《西北大学学报（哲学社会科学版）》2011 年第 3 期，第 102~105 页。

周解清（2008）：《努力把鸿山遗址建成中国大遗址保护的典范》，《无锡日报》2008 年 4 月 15 日第 1 版。

周磊、梁爽、李海泉等（2017）：《测绘技术在大遗址保护中的应用》，《测绘与空间地理信息》2017 年第 7 期，第 212~214 页。

周黎安（2004）：《晋升博弈中政府官员的激励与合作——兼论我国地方保护主义和重复建设问题长期存在的原因》，《经济研究》2004 年第 6 期，第 33~40 页。

周黎安（2007）：《中国地方官员的晋升锦标赛模式研究》，《经济研究》2007 年第 7 期，第 36~50 页。

周其仁（2013）：《城乡中国（上）》，北京：中信出版社，2013 年。

周谦、黄胜平（2005）：《从"中国制造"走向"中国创造"的探索——江苏省无锡新区的实践及其启示》，《求是》2005 年第 11 期，第 57~58 页。

周谦（2006）：《关于无锡新区"十一五"发展战略转型的思考》，《江南大学学报（人文社会科学版）》2006 年第 1 期，第 11~17 页。

朱海霞、权东计（2007）：《大遗址保护与区域经济和谐发展的途径：建立大遗址文化产业集群》，《经济地理》2007 年第 5 期，第 747~752 页。

朱海霞、杨博、权东计等（2011）：《西安曲江文化产业园区运营模式的特质分析》，《中国软科学》2011 年第 1 期，第 152~162 页。

朱海霞、权东计等（2015）：《曲江文化产业园区运营模式与大遗址文化产业体系建设——以陕西关中地区为例》，北京：科学出版社，2015 年。

朱珏（2014）：《农村城镇化进程与文化遗址保护的契合——以良渚文化遗址保护区为样本的分析》，《温州大学学报（社会科学版）》2014 年第 1 期，第 28~34 页。

朱仁显、田明（2014）：《公益性事业单位行政化的弊端与治理对策》，《理论探讨》2014 年第 4 期，第 147~150 页。

朱小地、樊则森、刘辉（2012）：《大明宫国家遗址公园：总体景观实施方案设计》，《建筑创作》2012 年第 1 期,第 82~99 页。

朱晓渭(2011):《考古遗址公园文化展示问题探讨》,《理论学刊》2011 年第 4 期,第 86~
90 页。

邹丽敏(2003):《无锡"吴文化"旅游品牌建设的系统思考》,《企业研究》2003 年第 19 期,
第 43~45 页。

英文文献

Barker R(1991). *The social work dictionary*. NASW Press, 1991.

Barrett J(2011). *Museums and the public sphere*. Chichester:Blackwell Publishing Ltd, 2011.

Bennett T(1995). *The birth of museum:history, theory, politics*. London:Routledge, 1995.

Bryman A(2004). *The disneyization of society*. London:SAGE Publications Ltd, 2004.

Crooke E(2007). *Museums and community*. London and New York:Routledge, 2007.

Foucault M(1976). *The archaeology of knowledge and the discourse of language*. New York:
Harper Colophen, 1976.

Gray C(2015). *The politics of museums*. Palgrave Macmillan, 2015.

Habermas J(1974). *Theory and practice*. London:Heinemann, 1974.

Harrison R(2013). *Heritage:critical approaches*. New York:Routledge, 2013.

Hewison R(1987). *The heritage industry*. Methuen London, 1987.

Hooper-Gneenhill E(1992). *Museums and the shape of knowledge*. London:Routledge, 1992.

Janes R(2009). *Museum in a troubled world*. London and New York:Routledge, 2009.

Karp I, Lavine S(1991). *Exhibiting cultures:the poetics and politics of museum display*.
Smithsonian Books, 1991.

Karp I, Kratz C, Szwaja L(2006). *Museum frictions:public cultures/ global transformation*.
Durham:Duke University Press, 2006.

Kirshenblatt-Gimblett B(1998). *Destination culture:tourism, museums and heritage*. Berkeley:
University of California Press, 1998.

Li Hongbin, Zhou Li-An(2005). "Political turnover and economic performance:the incentive
role of personnel control in China". *Journal of Public Economics*, 2005(9~10):1743~
1762.

Littler J, Naidoo R(2005). *The politics of heritage:the legacies of race*. New York:Routledge,
2005.

Lowenthal D(1985). *The past is a foreign country*. Cambridge University Press, 1985.

Lowenthal D(1998). "Fabricating heritage". *History and Memory*, 1998(1):5~24.

Macdonald S(2011). *A companion to museum studies*. Blackwell Publishing Ltd, 2011.

McGuigan J(1996). *Culture and the public sphere*. London:Routledge, 1996.

Ritzer G (2004). *Postmodern social theory*. 北京：北京大学出版社，2004.

Samuel R (1994). *Theatres of memory*. London：Verso，1994.

Said E (1994). *Representations of the intellectual*. London：Vintage，1994.

Smith L (2006). *Uses of heritage*. New York：Routledge，2006.

Smith L (2007). *Cultural heritage：critical concepts in media and cultural studies*. New York：Routledge，2007.

Vergo P (1989). *The new museology*. London：Reaktion Books Ltd，1989.

Walsh K (1992). *The representation of the past：museums and heritage in the post-modern world*. London and New York：Routledge Press，1992.

Wright P (1987). *On living in an old country*. Oxford University Press，1987.

后　记

本书是我在 2013 年至 2018 年期间所完成的博士学位论文基础上修改、添加而成的。2013~2018 年,正是大遗址展示问题恰好在一个热潮期之后,有所"回落"又有所"不甘"、寻求突破的时间。时隔一年有余,所幸书中所描述的现象和问题、这个话题本身所具备的学术和现实价值都还不算过时。因此,我在原本的博士论文的基础上,修改了诸多不成熟之处,添加了部分新的材料与考量,终得以完成此书。

如今看来,受限于原学位论文式的格局,更受限于我自身有限的学识,书中的部分问题还可以进一步深入扩展,部分表述还略显晦涩,整个研究仍有不断"再研究"的空间。但是,正如我在文中曾提及的,我希望这本书能够完成它的初衷——确实做到以"价值与权力"为切入,对过去近 20 年间的大遗址展示中所存在的最为重大的几项主体问题进行全面的回顾和讨论;不时呈现的对部分问题的切入角度和理论反思是具备启发意义的。当然,我最大的期望还是它能够成为值得被"再研究"的研究。毕竟,在我看来,人文社会科学研究的意义从来都不是要"完美终结"某个话题。

在设计题目、开展研究再到最后的出版环节,本书的完成离不开诸多师长学友的支持。北京大学的杭侃教授作为我的指导老师,在研究的每一个困难关头都予以了最为精妙的点拨和最大程度的信任。北京大学的孙华教授、徐天进教授、雷兴山教授、孙庆伟教授都在不同环节直接关心过我的研究进展,提出宝贵意见,并最后促成了全书的完成与出版。北京大学的秦岭老师、张海老师,同济大学的任伟老师,都为我提供过直接的调查机会。除此之外,北京大学考古文博学院的诸多老师都曾为我的研究提供过线索、促成过相应的调查、分享过自己的建议,学院也为我开展研究提供了宽松的环境。学术界的诸多前辈学者从我博士论文阶段开始便给出了犀利的点评,甚至寄予期望。书中还涉及国内大遗址展示相关的诸多机构,在开展此项研究的过程中,我有幸能够与相关的专家、研究者或工作人员开展访谈。于我而言,这不仅是一个"调查取证"的过程,也是一个受益学习的机会。我似乎无法在此一一列出他们的名字,但也需要借此机会对这一路上的领路人和同行者一并表示感谢。

还需要感谢的自然是在我自己的生命轨迹当中相知相伴的人。研究开始时,有些引我成长的亲朋还常在身旁;全书问世后,有些却已与我天人相隔或身染疾病。万望珍重。

万幸依然有人相伴。

最后，回到研究本身，相信有关大遗址的研究今后还会继续发酵下去，引发一轮又一轮的讨论。我想，这其间最大的意义不仅在于解决了某个具体的大遗址问题，而是一个逐渐体系化和学术化的遗产研究领域已初见端倪。